Peter Schneider

Denken mit dem eigenen Kopf

Peter Schneider

Denken mit dem eigenen Kopf

Essays
und ein paar Notizen

Kiepenheuer & Witsch

Vorbemerkung

Die hier versammelten Texte sind – mit Ausnahme des ersten – in den 30 Jahren nach dem Fall der Mauer entstanden. In aller Regel habe ich meine Texte gekürzt und die Auslassungszeichen weggelassen. Dabei habe ich mir nur Streichungen gestattet, keine nachträglichen Korrekturen – es sei denn, sie betreffen die Orthographie, die Grammatik und die Verständlichkeit. Die den Essays und Artikeln beigefügten Notizen wurden entweder in den letzten Monaten verfasst oder sie entstammen meinen Aufzeichnungen. In diesem Buch kam es mir darauf an, einige Denkvorstöße und Irrtümer in den letzten dreißig Jahren kenntlich zu machen – und auch, wie andere darauf reagierten. Wenn man so will, stellt dieses Buch eine Art Bildungsroman meines Verstandes dar. Dieser Vorschlag ergibt nur Sinn, wenn man bedenkt, dass der Verstand noch von ganz anderen Kräften regiert wird als vom Verstand.

Der Fall der Mauer
und die Folgen

Was wäre, wenn die Mauer fällt?

(Juni 1989)

Welcher große Traum stand dem amerikanischen Präsidenten Ronald Reagan vor Augen, als er im Frühling 1987 unter dem Beifall der Westberliner ausrief: »Mr. Gorbatschow, tear down this wall«? Oder dem Präsidenten Bush, als er ganz in der Tonart seines Vorgängers in Mainz 1987 erklärte: »the brutal wall ... must come down«?

Der Vorschlag, die Mauer einzureißen, ist so alt wie die Mauer selbst und gehört seit 28 Jahren zur Rhetorik jedes alliierten Staatsbesuchers in Berlin. Niemand musste bisher fürchten, dass er beim Wort genommen würde; man konnte auf die Schwerhörigkeit der sowjetischen Adressaten zählen. Seit der Adressat Mr. Gorbatschow heißt, ist der Vorschlag riskant geworden. Was würde eigentlich passieren, wenn der Angesprochene heute oder morgen antworten würde: »Glänzende Idee, Mr. President. Packen wir's an, weg mit dem Ding!«?

Ich glaube, nicht nur der alte und der neue amerikanische Präsident, vor allem unsere weniger entfernten westlichen Nachbarn und die Westberliner selbst wären leicht entsetzt. Seit Jahrzehnten haben Deutschlands Freunde im Westen ein pflichtschuldiges Amen zum westdeutschen Nachtgebet für die Wiedervereinigung beigetragen. Aber wer möchte im Ernst, dass sich die zwei deutschen Staaten – jeder die führende ökonomische Macht in seiner Hälfte Europas – zusammentun und eine ökonomische Supermacht werden? Wer möchte 80 Millionen Deutsche im Herzen Europas unter einem Dach vereint sehen?

Ich überlasse die Antwort auf diese Frage gern den Franzosen, den Italienern, den Engländern und den Holländern – die Polen, die Tschechoslowaken und die Ungarn nicht zu vergessen. Und kann ihnen nur raten, dieselbe Frage an die Westdeutschen weiterzureichen: Seid ihr wirklich sicher, dass ihr die Mauer weghaben wollt?

Empörte Zurufe von den Bänken des Bundestags, eilige Beteuerungen, dass solche Fragen geschmacklos seien. Dass die Deutschen die Einheit wünschen müssen, steht fest, nämlich in der Verfassung. Aber es wäre nicht das erste Mal, dass deutsche Verfassungen und deutsche Wünsche weit auseinandergehen.

Seit Jahren geht mir ein Satz im Kopf herum, den ich von einem Beamten der Ständigen Vertretung der Bundesrepublik in Ostberlin hörte: »Manchmal kommt es mir so vor, als sei die Mauer nach 40 Jahren Teilung das Einzige, was die beiden Deutschlands noch verbindet.«

Wird der offizielle Glaube an die Einheit aller Deutschen womöglich nur noch durch die Mauer aufrechterhalten? Und würde folglich der Abriss der Mauer nicht auch diesen Glauben zu einem guten Teil zertrümmern?

Nach 40 Jahren, so meine ich, darf man die Teilung Deutschlands als ein gesellschaftliches Experiment bezeichnen und nach Resultaten fragen. Zweifellos hatten die Alliierten kein Experiment im Kopf, als sie sich auf jene Grenze in der Mitte Europas einigten, die später zur Mauer ausgebaut wurde. Einigen wir uns darauf, dass es sich um ein unfreiwilliges, aus der Not des Siegens geborenes Experiment gehandelt hat. Ein Experiment, in dem die Alliierten als wissenschaftliche Leiter und die Deutschen als außerordentlich kooperationswillige Labormäuse auftreten – oder, um es netter zu sagen: als Testpersonen.

Vielleicht sollte ich hier auf ein verwandtes wissenschaftliches Feld verweisen: auf die Zwillingsforschung. Nehmen wir der Einfachheit halber an, wir haben es mit Zwillingen zu tun, die eine kriminelle Vergangenheit hinter sich haben. Durch gemeinsame alliierte Anstrengungen werden sie endlich gewaltsam getrennt und in zwei extrem verschiedenen Internaten aufgezogen. Der Zwilling namens BRD wächst im Reizklima westlicher Werte auf, er lernt es, erst mit Mühe, dann mit wachsender Begeisterung, Demokratie, Kapitalismus, individuelle Freiheit als Grundwerte zu schätzen; vor allem erlernt er Respekt vor dem westlichen Versuchsleiter.

Der andere Zwilling namens DDR, der öfter geschlagen wird, paukt ebenso beflissen die Grundwerte der östlichen Kultur: »Solidarität«, »soziales Engagement«,

»Leidenschaft für den Sozialismus« und »ewige Freundschaft« mit dem östlichen Versuchsleiter.

Nehmen wir weiter an, dass zwischen den Zwillingen eine Mauer errichtet und eine seltsame Besuchsregel etabliert wird: Der westliche Zwilling kann sich in jede beliebige Richtung bewegen, einschließlich Osten. Für den Zwilling im Osten gelten andere Regeln. Er hat eine gewisse Bewegungsfreiheit in Richtung Norden und Süden – im Osten steht ihm ein schier unerschöpflicher Spielraum zur Verfügung. Aber der Zugang nach Westen ist versperrt. Da gibt es die berühmte verbotene Tür von gut 1400 Kilometern Breite. Legal öffnet sie sich nur im Ausnahmefall – nach einer Wartezeit von mindestens zwei Jahren; wer nicht so lange warten will, muss unter Lebensgefahr springen oder graben.

Nehmen wir weiter an, dass der Zwilling im Westen dank des Marshallplans und der westlichen Marktwirtschaft allmählich reich wird. Sein Zwillingsbruder im Osten muss nicht nur allein die Kriegsschulden an den weit ärmeren Versuchsleiter aus dem Osten zahlen; er muss auch dessen ineffizientes Wirtschaftssystem übernehmen.

Zumindest ein Ergebnis ist vorhersehbar: Der Zwilling im Osten wird eine unstillbare Neugier für alles entwickeln, was sich hinter der verbotenen Tür abspielt. Hinzu kommt, dass sich der östliche Zwilling in der undankbaren Lage sieht, auf seinen westlichen Verwandten warten zu müssen.

Eine gewisse Vorwurfshaltung ist vorprogrammiert: »Der da drüben könnte ruhig öfter kommen. Zumindest könnte er öfter anrufen oder schreiben. Und er könnte ein bisschen großzügiger sein, da es sich herausgestellt hat, dass er, rein geografisch, das bessere Los erwischt hat. Es war einfach Glück, dass er zur richtigen Zeit auf der richtigen Seite der Elbe lebte und dort gemeldet war. Aber inzwischen ist ihm der Erfolg zu Kopf gestiegen. Statt zu teilen, tut er so, als hätte er mehr Talent und würde härter arbeiten. Mir kann er nichts vormachen, ich kenne ihn, wir kommen aus demselben Elternhaus – er ist genauso faul und tüchtig wie ich!«

Inzwischen bastelt der Zwilling aus dem Westen an einem anderen Monolog. Er fühlt sich gestört durch etwas, was er »die ewige Erwartungshaltung« seines Verwandten nennt.

»Ich sehe doch, dass der Ärmste hinter seiner Mauer es nicht leicht hat. Aber seine Ansprüche, seine unausgesprochenen Vorwürfe belasten den Dialog. Weiß Gott, ich gebe gern, aber ein Geschenk zu machen, wenn ein Geschenk erwartet wird, macht keinen Spaß! Der da glaubt offenbar, dass die Autos und die Farbfernseher im Westen auf den Bäumen wachsen! Aber mit einem Mercedes wirst du nicht geboren, du musst ihn dir verdienen, musst Zinsen zahlen – ein Wort, das mein Bruder nur vom Hörensagen kennt!

Ich würde ihm das gern erklären, aber er hört ja nicht zu, er redet und redet! Natürlich ist es nicht seine

Schuld, dass er immer noch nach Apfelsinen anstehen muss. Aber er soll wenigstens zugeben, dass das sozialistische Wirtschaftssystem ein Desaster ist, dass er auf das falsche Pferd gesetzt hat – niemand kritisiert ihn als Person! Manchmal bin ich regelrecht erleichtert, wenn der Besuch vorbei ist. Es gibt ein Unbehagen zwischen uns, über das man wirklich einmal reden müsste. Das nächste Mal!«

In Westdeutschland gibt es zwei nationale Feiertage: den 17. Juni und den 13. August. Es sind seltsame Feiertage: Im ersten Fall feiern wir einen Volksaufstand gegen die Diktatur, bei dem die anderen Deutschen den Kopf hinhielten; im zweiten Fall trauern wir über den Tag des Mauerbaus, unter dem vor allem unsere Brüder und Schwestern im Osten leiden – in beiden Fällen arbeiten wir mit geliehenen Gefühlen. Die westdeutschen Feiertagstränen über die Mauer haben nur noch eine ideologische Funktion. Viele Jahre lang diente uns die Mauer als der Spiegel, der uns zeigte, wer der Schönste im Lande war. Inzwischen sind es Besucher aus dem Ausland, die uns daran erinnern, dass die Mauer etwas Unnatürliches, ja Unerträgliches ist. In dem spontanen Entsetzen dieser Mauertouristen erkennen wir das Echo eines Gefühls wieder, das wir einmal hatten, als die Wunde frisch war.

Kaum eine von den Haltungen und Empfindungen, die ich hier beschrieben habe, wird von den Deutschen hinter der Mauer geteilt. Genauer gesagt, sie stellen sich dort in einer Art Spiegelverkehrung dar.

1974, kurz nach dem Amtsantritt von Erich Honecker, wurden alle Hinweise auf eine denk- oder wünschbare Wiedervereinigung aus der Verfassung der DDR gestrichen. Das geschah zu einem Zeitpunkt, als die Teilung Deutschlands bereits ein Vierteljahrhundert alt war und unwiderruflich erschien. Der westdeutsche Trauertag, der 13. August, wurde in der DDR zum Feiertag ernannt.

So findet am 13. August ein gespenstisches Schauspiel statt: Im Westfernsehen sieht man Jugendorganisationen der CDU, aggressiv Fahnen schwenkend und zu keiner Träne fähig, an den Grabsteinen erschossener Mauerspringer trauern. Im Ostsender sieht man, vier Meter weiter, die Betriebskampfgruppen der DDR Kränze an den Grabsteinen von Grenzpolizisten niederlegen, die »bei der Wahrnehmung ihrer verantwortungsvollen Aufgabe gefallen« waren.

Offenbar verhält es sich beim Zusammengehörigkeitsgefühl der Deutschen exakt umgekehrt, wie die beiden deutschen Regierungen behaupten: Die offizielle Trauer über die Mauer findet im Westen in einem leeren Theater statt; die offiziellen Beteuerungen im Osten, es gebe keine deutsche Frage mehr, verraten nur die Allgegenwart eines Problems, auf das die DDR-Bürger täglich stoßen.

Die Prognose für den Tag, an dem die Mauer fiele, lautet also, dass die Deutschen zunächst einmal mehr Unterschiede als Gemeinsamkeiten entdecken würden. Man kann die Mauer abreißen, aber damit wäre sie nicht beseitigt. Nur die Mauer hält die Illusion aufrecht, dass es nur eine Mauer sei, was die Deutschen trennt.

Ich halte es für durchaus möglich, dass Mr. Gorbatschow in nicht allzu ferner Zukunft auf Mr. Reagans Vorschlag zurückkommt. Ich zweifle daran, dass der Westen darauf vorbereitet ist. Sehr rasch würden sich die im Westen gehandelten Konzepte für diesen Fall als nicht handhabbar erweisen. Alle, die da kommen, aufnehmen? Unmöglich. Die Mauer als Grenze gegen die Ankömmlinge aus dem Osten ausbauen – ein schlechter Scherz.

Nein, die Mauer wird nur wirklich fallen, wenn die Deutschen sich einer harten Wahrheit stellen: Es gibt kein »Menschenrecht« auf eine deutsche Wiedervereinigung, und es wird auch in Zukunft zwei deutsche Staaten geben. Statt von einer utopischen Wiedervereinigung zu träumen, sollten die Westdeutschen sich für die demokratischen Rechte ihrer ostdeutschen Brüder und aller Osteuropäer einsetzen. Nur wenn diese Rechte in ganz Europa durchgesetzt werden, kann es zu einer normalen Grenze zwischen den beiden Deutschlands kommen.

(Erschienen unter dem Titel
»The wall came tumbling down« am 25.6.1989
im New York Times Magazine)

Ich gebe zu, ich bin ein wenig stolz auf diesen Text – wegen seiner Unerschrockenheit und des leichten Tons im Umgang mit einem belasteten Thema. Aber wie kam es, dass ich meine kühle Vorhersage mit einer derart schroffen Absage an eine Wiedervereinigung beendete – und dies, obwohl ich die baldige Öffnung der Mauer für »durchaus möglich« hielt?

Anfang des Jahres 1989 hatte mich das New York Times Magazine aufgefordert, einen Artikel zu ebenjener Frage zu schreiben. Ich hatte ihn im März und April des Jahres verfasst; am 25. Juni 1989 stand er im Blatt. Ich erinnere mich eines kleinen, am Telefon geführten Streits mit Mark Danner über die letzten Sätze des Artikels – Mark war damals mein Lektor beim NYTimes Magazine. Er wollte mich zu einer noch strikteren, zu einer endgültigen Absage an die Möglichkeit einer Wiedervereinigung überreden. Gerade weil ich die Öffnung der Mauer für wahrscheinlich hielte, müsse ich die Idee der Wiedervereinigung umso energischer verwerfen. Dabei schlug er mir das Adverb »niemals« vor. Ich entgegnete, dass dieses Wort in einer Spekulation über die Zukunft grundsätzlich nichts zu suchen habe, gleichgültig ob mir die Wiedervereinigung nun ein Herzenswunsch sei oder nicht. So einigten wir uns denn auf die Kompromissformel, es gebe kein »Menschenrecht auf Wiedervereinigung«.

Aber es ist natürlich ein Unterschied, ob man eine historische Option wie die Wieder- beziehungsweise Neuvereinigung der beiden deutschen Staaten verneint, weil sie unrealistisch erscheint oder weil man sie nicht für wünschenswert, ja für eine falsche politische Lösung hält.

Tatsächlich war ich von einer ideologischen Ablehnung der Wiedervereinigung bestimmt, als ich den Artikel schrieb, und teilte diese Haltung mit sicherlich 90 Prozent meiner Kolleginnen und Kollegen in beiden Teilen Deutschlands. Außer Joachim Fest, Martin Walser, dem Filmemacher Hans-Jürgen Syberberg und ein paar Schriftstellern aus der DDR wie Günter Kunert, Rainer Kunze und Joachim Schädlich hatte sich die übergroße Mehrheit der linken Intellektuellen in beiden deutschen Staaten – genau wie ich – eindeutig gegen die Wiedervereinigung festgelegt. Grund genug, die Frage zu stellen, warum wir damals so dachten und warum sich kaum einer von den damaligen Gegnern der Wiedervereinigung, die sich inzwischen mit ihr arrangiert haben, diese Frage gestellt hat.

Der 9. November 1989, aus 10 000 km Entfernung betrachtet

(November 1991)

Den Tag der Maueröffnung erlebte ich ausgerechnet im Dartmouth College in Hanover (USA), rund 10 Flugstunden vom Ort des Jahrhundertereignisses entfernt. Dabei hatte ich noch im Juni 1989 den baldigen Fall der Mauer für möglich erklärt. Aber meine prophetische Anwandlung hatte nicht dazu ausgereicht, mich mit einem Stuhl an die Mauer zu setzen und auf das Eintreffen meiner Voraussage zu warten. Stattdessen folgte ich einer Einladung ins Dartmouth-College und hielt dort Vorträge über mein Thema.

Ich war in meinem Büro im German Department gerade mit einer Überarbeitung des erwähnten New-York-Times-Artikels für den »Nouvel Observateur« beschäftigt, als jemand den Kopf zur Tür hereinsteckte und sagte: »Hast du schon gehört? Die Berliner Mauer ist offen! Es fahren Trabis auf dem Ku'damm herum!« Ich kann die Pendelschläge meiner Gefühle, die die Nachricht auslöste, hier nur andeuten: ungläubiges Lachen, gefolgt von zornigen Nachfragen, überschrien durch den Ausruf »Wahnsinn!« – kein Wort der deutschen Sprache ist an diesem Tag öfter gerufen, geflüstert und gesungen worden.

Ich will nicht verheimlichen, dass sich im Gefühlschaos auch eine egoistische Anwandlung meldete: Verdammt! Konnten sie damit (mit der Maueröffnung) nicht warten, bis mein Artikel im Nouvel Observateur erschienen ist?

Anderntags genoss ich es, auf den Gängen der Universität immer wieder mit hochgerecktem Daumen und dem Wort »Congratulations« begrüßt zu werden. Bekannte und Unbekannte schlugen mir anerkennend auf die Schulter, ganz so, als hätte ich persönlich den Befehl zur Maueröffnung gegeben.

Es machte plötzlich Spaß, ein Deutscher in den USA zu sein.

So rasch ich konnte, brach ich meine Zelte in Dartmouth ab, reiste nach Berlin zurück und fragte jeden, den ich traf, wie er den Tag der Maueröffnung erlebt hatte.

Der Weg von der Maueröffnung zur Wiedervereinigung erscheint in der Rückschau verblüffend kurz und geradlinig – bereits am 3. Oktober 1990 war sie mit dem Beitritt der DDR zur BRD vollzogen. In Wirklichkeit war diese Wieder-, genauer Neu-Vereinigung ein Wunder, das in keiner politischen Wahrscheinlichkeitsrechnung vorkam. Tatsächlich verdanken die Deutschen ihre Vereinigung einem halben Volk und vier Männern: Das halbe Volk war das Volk der DDR, die vier Männer hießen Michail Gorbatschow, George H. W. Bush, Helmut Kohl und Dietrich Genscher.

Margaret Thatcher machte keinen Hehl daraus, dass sie die Idee einer Vereinigung der beiden deutschen Staaten schlicht abscheulich fand. Die Franzosen drückten sich diplomatischer aus, aber erinnerten sich hinter vorgehaltener Hand an das berühmte Bonmot ihres Landsmannes François Mauriac: »Ich liebe Deutschland so sehr, dass ich lieber zwei davon habe.« François Mitterrand bestätigte offiziell das Recht der Deutschen auf Selbstbestimmung, aber tat hinter dieser rhetorischen Kulisse alles, um ein vereintes Deutschland zu verhindern. Honi soit qui mal y pense! – Die Deutschen hatten ihren Nachbarn in zwei Weltkriegen genügend Gründe für schlimmste Befürchtungen geliefert.

An dieser Stelle muss ein denkwürdiger Widerspruch festgehalten werden. In mehreren Umfragen gaben die Völker Westeuropas einschließlich der Briten – im Gegensatz zu ihren Regierungen – mit eindeutigen Mehrheiten zu erkennen, dass sie ihren deutschen Nachbarn das Recht auf eine Wiedervereinigung zugestanden. Die Polen votierten mit einer eindrucksvollen Minderheit für dieses Recht.

So machte der Fall der Mauer ein Paradox sichtbar: Die Regierungen Westeuropas und die Intellektuellen starrten angesichts der Zeitenwende alarmiert in die Vergangenheit; die Regierten blickten neugierig in die Zukunft und gönnten den Deutschen die Vereinigung – falls sie sie denn wollten.

Aber wollten die Deutschen überhaupt?

Die Regierung Helmut Kohl arbeitete mit Dietrich Genscher zunächst energisch auf das Projekt einer sogenannten deutsch-deutschen Konföderation hin. Der ökonomisch halbwegs beschlagene Oskar Lafontaine, damals Kanzlerkandidat der SPD, begründete seine Abneigung gegen eine Vereinigung durch eine Horrorzahl. Er rechnete den Deutschen vor, dass das Projekt die Westdeutschen rund 650 Milliarden DM kosten werde. Eine beachtliche Leistung Lafontaines, wenn man bedenkt, dass einige amerikanische Professoren, die ihre Informationen direkt vom Geheimdienstchef Markus Wolf bezogen, die DDR damals für die zehntstärkste Wirtschaftsmacht der Welt hielten.

Lafontaine, der den Deutschen damals einen Bruchteil der Wahrheit über die gewaltigen Kosten einer Wiedervereinigung gesagt und ihnen deswegen davon abgeraten hatte, verlor die Wahl. Helmut Kohl gewann sie, weil er den Deutschen »blühende Landschaften« in wenigen Jahren und die Währungsunion versprach.

Darf ein Politiker die Wähler täuschen, um ihnen eine einmalige historische Chance – die Chance zur Wiedervereinigung – schmackhaft zu machen? So viel steht fest: Es gab weit und breit keinen Politiker, der den Deutschen den folgenden einfachen Satz zugemutet hätte: Die Wiedervereinigung wird unendlich viel kosten, und sie ist wert, was sie kostet.

Eine nicht zu vernachlässigende Rolle im damaligen Für und Wider spielten Deutschlands Intellektuelle. Von wenigen Ausnahmen abgesehen schienen die linken Intellektuellen von dem Ehrgeiz beseelt zu sein, Margaret Thatchers Warnungen vor einer Wiedervereinigung und den Deutschen noch zu überbieten. Günter Grass schlug vor, die Deutschen sollten ganz einfach auf ihr Selbstbestimmungsrecht verzichten, um der Versuchung einer Wiedervereinigung zu entgehen. Das aus den Bürgerbewegungen in der DDR hervorgegangene NEUE FORUM trat pragmatischer auf. Es sprach sich für einen offenen Dialog mit den Westdeutschen aus, ging dabei aber ganz selbstverständlich von der Zweistaatlichkeit Deutschlands aus – die Wiedervereinigung war kein Thema. Führende Intellektuelle der DDR, darunter Christa Wolf, Volker Braun und Stefan Heym, verfassten einen Aufruf: »Für unser Land«. Darin warnten sie vor einem »Ausverkauf unserer materiellen und moralischen Werte« und riefen die DDR-Bürger auf, eine »sozialistische Alternative zur Bundesrepublik zu entwickeln«. Tatsächlich äußerten im November '89 nur 48 Prozent der DDR-Bürger ihre Zustimmung zur Einheit; ähnlich verhalten war das Stimmungsbild im deutschen Westen.

Aber die Stimmung änderte sich von Tag zu Tag. Bis zum Februar 1990 stieg die Zustimmung in beiden Teilen Deutschlands auf 80 Prozent, in der DDR kletterte sie sogar – nach Helmut Kohls Versprechen einer Währungsunion – deutlich über diesen Wert.

Es war dann das Volk der DDR, das die Wiedervereinigung erzwang. Die Intellektuellen auf beiden Seiten der Mauer liebten dieses Volk, solange es auf den

»Montagsdemonstrationen« in Leipzig rief: »Wir sind das Volk!« Sie wandten sich schaudernd ab, als dasselbe Volk im Frühjahr 1990 dem Besucher Helmut Kohl zujubelte und variierte: »Wir sind ein Volk!« und sogar drohte: »Wenn die D-Mark nicht zu uns kommt, kommen wir zu ihr.«

Günter Grass erließ prompt einen Bannspruch gegen das »Wiedervereinigungsgeschrei«. Der Spötter Heiner Müller machte sich ein Wortspiel zu eigen, das er an einer Wand in der S-Bahn-Unterführung Friedrichstraße gefunden hatte:

»Wir sind ein Volk!« stand dort. Und eine Zeile weiter unten: »Und ich bin Volker!«

Nach der Wiedervereinigung allerdings verstand er keinen Spaß mehr und schlug apokalyptische Töne an: »Für Jahrzehnte wird nach dem vorläufigen Sieg des Kapitalismus, der ein System der Selektion ist (das System Auschwitz), die Kunst der einzige Ort der Utopie sein, das Museum, in dem die Utopie aufgehoben wird für bessere Zeiten.«

Der erstaunliche Konsens der meisten west- und ostdeutschen Intellektuellen gegen die Wiedervereinigung verdient einen kleinen Exkurs – nicht zuletzt deswegen, weil ich selber bis genau drei Wochen vor dem Fall der Mauer diesem Konsens anhing.

Wie Günter Grass und andere Kollegen sah ich in der deutschen Teilung eine unmittelbare Folge des Hitlerkrieges, eine historische »Strafe«, mit der die Deutschen sich nun einmal abzufinden hatten. Wer die Teilung infrage stellte, entlarvte sich nach dieser Lesart als »Revanchist« und »unverbesserlicher kalter Krieger«, der die Lehren der Geschichte ignorierte.

Dabei hätte uns doch auffallen können, dass das Denkverbot in Sachen »Deutsche Einheit« auf einer höchst einseitigen und eigensüchtigen Geschichts-Interpretation beruhte. Denn warum war eigentlich die Bereitschaft, für die deutsche Schuld in Gestalt der Teilung zu büßen, vornehmlich bei den Westdeutschen anzutreffen, die ja gar nicht büßten und mit der Teilung vergleichsweise prächtig lebten? Und warum weigerte sich das Volk der Ostdeutschen – mit Ausnahme ihrer privilegierten Intellektuellen – so beharrlich, diese angebliche »Strafe der Geschichte« anzunehmen? In Wahrheit war die Teilung Deutschlands keineswegs eine direkte Folge des Hitlerkrieges gewesen. Sie war eine Folge des Kalten Krieges und der aufbrechenden Widersprüche zwischen den Alliierten; und sie betraf keineswegs nur Deutschland, sondern ganz Europa. Und warum sollten z. B. die Polen, die schließlich auf der Seite der Sieger gekämpft hatten, gemeinsam mit den (Ost-)Deutschen hinter der Mauer für Hitlers Krieg büßen?

Die Ablehnung der deutschen Einheit durch die DDR-Intellektuellen speiste sich aus einem ähnlichen Schuldgefühl, aber es kam noch etwas anderes hinzu. Die DDR-Intellektuellen hielten bis zuletzt an der Überzeugung fest, dass sie im Prinzip im »besseren Deutschland« lebten. Wie repressiv der Alltag im

»ersten antifaschistischen Staat auf deutschem Boden« auch sein mochte, am Staatsziel Sozialismus und an der Abgrenzung gegen das »korrupte« westliche System durfte nicht gerüttelt werden. Im Übrigen hatten sie die Sorge, dass mit der Einheit ihr Staat von der politischen Landkarte verschwinden würde – was dann ja auch geschah.

Ich wurde im Laufe einer dreistündigen Bahnfahrt durch Kanada von meinen Einwänden gegen die Einheit kuriert.

Mitte Oktober 1989 ergab es sich, dass ich mit 500 anderen Schriftstellern in einem Zug saß, der von Montreal nach Toronto fuhr. Vor den Fenstern war jenes farbenprächtige Schauspiel des Herbstwalds zu besichtigen, das man dort »the peak of the foliage« nennt. Davon bekam ich so gut wie nichts mit, da ich mein Abteil mit der aus der DDR stammenden Schriftstellerin Monika Maron teilte. In wenigen Minuten hatten wir uns an der deutschen Frage festgebissen. Wir hätten die Strecke ebenso gut in einer Berliner U-Bahn zurücklegen können.

Monika Maron hörte sich meine Einwände gegen eine Wiedervereinigung geduldig an und nahm sie Stück für Stück auseinander. Sie wies mir nach, dass meine Argumente Glaubensartikel waren, die sich auf einen nie überprüften Konsens stützten. Und dann legte sie los: »Ihr wollt doch nur eure Penthouse-Wohnungen, eure Autobahnen, eure Mercedesse für euch behalten. Während ihr Ferien in der Toskana macht, sollen wir hinter der Mauer für den Faschismus büßen und über den Weltfrieden wachen? Was fällt dir, was fällt euch eigentlich ein?«

Ich kann nicht behaupten, dass ich mir die Einheit wünschte, als ich in Toronto ankam. Aber plötzlich hatte ich nichts mehr dagegen. Festzuhalten bleibt: Hätten die Deutschen auf ihre Intellektuellen gehört, die Wiedervereinigung wäre wohl nie zustande gekommen. Die ostdeutschen Wähler nahmen die Chance der Wiedervereinigung mit dem Instinkt von Leuten wahr, die Erfahrungen mit einer Mangelwirtschaft haben: Greif zu, sobald ein Angebot im Fenster liegt! Schon morgen sind die Bananen ausverkauft!

»Das Volk« hat mit seiner Ungeduld und seinem Drängen recht behalten. Schon ein gutes halbes Jahr nach der Wiedervereinigung, nämlich nach dem Sturz Michail Gorbatschows im August 1991, hätten die Unterhändler aus dem Westen auf der Seite der Sowjetunion keinen Ansprechpartner mehr gehabt.

(Die erste Fassung dieses Artikels
erschien am 14.11.1991 in der taz)

In meinen Aufzeichnungen über jene Zugfahrt entdecke ich noch andere Eingaben von Monika Maron: »M. findet die Argumente (gegen die Wiedervereinigung) luxuriös und ungeheuerlich. Sie liest darin nur den Versuch, die Ostdeutschen in der Scheiße allein zu lassen. Auch die Option zwei deutsche Staaten – ›demokratisch, selbstbestimmt, auf deutschem

Boden‹ – erscheint ihr als Verrat. ›Gut, wenn ihr schon tauschen wollt, lasst unsere 16 Millionen zu euch und schickt 16 Millionen von euch rüber!‹«

Heute denke ich, es war nicht zuletzt die emotionale Wucht, ja die Wut, mit der Monika Maron ihre Argumente vorbrachte, die meinen Glauben an das lang gehütete Tabu »Wiedervereinigung« erschütterte. Plötzlich erschien mir ein geradezu heiliges Denkverbot, das mit Höchststrafen für Abweichler bewehrt war – »Geschichtsrevisionist«, »Revanchist«, »Antikommunist« et cetera –, als eine ziemlich egoistische Operation, die die Vorteile der deutschen Teilung für die Westdeutschen und die Deutungshoheit fragwürdiger Vereinigungsgegner wie Günter Grass und Christa Wolf festschrieb. Ich hatte das Tabu nie unter dem Aspekt eines westdeutschen Egoismus gesehen, deswegen gab mir Monika Marons Wutausbruch zu denken.

Mit neuer Aufmerksamkeit und Erbitterung notierte ich eine Äußerung von Helmut Schmidt in der ZEIT vom 22.9.1989: »Wir wollen jenes ungeliebte Regime … nicht vom Westen her zum Einsturz bringen. Wir können es nicht, wir dürfen es auch nicht wollen. Denn eine Eruption in der DDR würde den Reformprozess in Europa gefährden. Die deutsche Frage wird erst im nächsten Jahrhundert gelöst werden.«

Ähnlich hatte er sich – der Ordnungspolitiker Helmut Schmidt und neben ihm fast die gesamte linke

Intelligenz der BRD – auch über die Solidarnosc-Bewegung in Polen geäußert (siehe meinen Artikel dazu im Kursbuch 68: »Warnung vor diesem Frieden«). Wer sein Selbstbestimmungsrecht jenseits der Mauer wahrnehmen wollte, gefährdete nach der Logik der Entspannungspolitiker – und der vermeintlichen Linken – den Weltfrieden.

In der letzten Oktoberwoche 1989 – vom 26. bis zum 29.10.1989, also zwei Wochen vor dem 9. November – veranstaltete das Center for European Studies an der Harvard-University zum 40-jährigen Bestehen der Bundesrepublik eine mehrtägige Konferenz über die Zukunft Osteuropas. Ich war zu dieser Konferenz eingeladen und wurde sogar zweimal auf die Bühne gebeten. Befragt zu den Demonstrationen in Leipzig und Berlin, gab ich Sätze von mir, die ich vorher nie gesagt oder geschrieben hatte. Ich stellte eine naheliegende Spekulation an: Wenn die Demonstrationen in Ostberlin weitergehen würden und Gorbatschow an seinem Versprechen festhielte, keine Panzer zu schicken, dann sei die Mauer nicht mehr zu halten. Und wenn die Mauer einmal offen wäre, wenn die Deutschen im Osten ihren Willen bekunden dürften und Gorbatschow immer noch keine Panzer schickte, dann wäre auch die Wiedervereinigung kaum mehr aufzuhalten. Nicht, weil ich mir das wünsche, betonte ich, sondern weil dies der wahrscheinliche Gang der Dinge sei! Die beiden Deutschlands befänden sich in der Lage eines stark gealterten Liebespaars, das sich vor einem halben

Lebensalter einmal ein Heiratsversprechen gegeben hatte und durch den Kalten Krieg gehindert worden sei, dieses Versprechen einzulösen. Das Versprechen sei sogar in der Verfassung der BRD festgeschrieben. Deswegen könne sich der westdeutsche Bräutigam nicht darauf herausreden, er habe es sich anders überlegt, die Braut gefalle ihm nicht mehr. ›Du wolltest mich doch immer‹, werde die ostdeutsche Braut sagen, ›und jetzt kannst du mich endlich haben!‹

Ein guter Teil der Zuhörer im Saal brach in Lachen aus, nicht so die deutschen Kongressteilnehmer. Kurz nach meiner leichtfertigen Prognose ergriff Theo Sommer (DIE ZEIT) das Wort. Mit allen Zeichen der Empörung distanzierte er sich in perfektem Englisch von den »maroden« Ausführungen seines Vorredners Peter Schneider und wunderte sich darüber, dass jemand, der so weit links angefangen habe, sich jetzt mit Fantasien über eine Wiedervereinigung in Szene setze. Er werde solchen Versuchungen bis ans Lebensende! (sic) widerstehen. Als ich später die geschmeidigen Artikel Theo Sommers zur sich vollziehenden Wiedervereinigung las, konnte ich mich meinerseits nur über die kurze Verfallszeit seiner Schwüre wundern. Nicht weniger befremdet reagierte Günter Gaus, der ehemalige Chef der Ständigen Vertretung der BRD in der DDR. Als ich ihn coram publico fragte, wieso er den Westdeutschen den Vorwurf mache, dass sie die Existenz des anderen deutschen Staates »innerlich« immer noch nicht angenommen hätten, wenn doch die DDR-Bürger selber diesen Staat nicht »innerlich« annehmen würden, verschlug es ihm für einen Augenblick die Stimme. Dann breitete er seine Theorie von den »Nischen« aus, in denen es sich die DDR-Bürger inzwischen gemütlich machten.

Ein deutscher Teilnehmer ließ sich im Anschluss an die Konferenz auf ein längeres Gespräch mit mir ein – es war Joachim Fest, der Feuilletonchef der FAZ. Er interessierte sich weniger für die guten oder schlechten Gründe meiner Prognose; er wollte wissen, wie es kam, dass ausgerechnet ich eine solche, vor allem von den deutschen Teilnehmern verworfene Position vertrat. Ich fasste Vertrauen zu ihm und erzählte ihm vom größten intellektuellen Schock meines Lebens: dass ich miterlebt hatte, wie sich viele Freunde, darunter einige der besten Köpfe meiner Generation, zehn Jahre lang im Namen eines schwachsinnigen Mao-Kults einem Regime der Denkverbote und Denkzwänge ergeben hatten – und am Ende sogar den Massenmörder Pol Pot verteidigten. Ich gestand ihm, dass auch ich damals in einem Aufsatz für das Modell der chinesischen Kulturrevolution geschwärmt hätte (»Die Phantasie im Spätkapitalismus und die Kulturrevolution«, Kursbuch, 16, 1969). Seither könne ich nur noch allergisch reagieren, wenn ich einer politischen Formel wie dem Wiedervereinigungsverbot begegnete, die eher einer Vereinsregel als einem Denken mit dem eigenen Kopf folgte.

Aus diesem Gespräch entstand eine robuste Bekanntschaft. Öfter, wenn er in Berlin war, rief Fest mich an und lud mich zum Essen ein. Ich erinnere mich an einen ziemlich brutalen Satz von Fest: Er habe, sagte er, bei der Besetzung der wichtigen Posten im Feuilleton der FAZ eine ganze, genauer, meine Generation überspringen müssen, und sich für Frank Schirrmacher entschieden. Weil alle sich – mich und ein paar andere einmal ausgenommen! – ideologisch verrannt hätten.

Der neue (alte?) Rassismus

28-OKT-1991 17:01 SEN JUG FAM +49 30 2628753 S.003

RETTET DIE ZIVILE GESELLSCHAFT!

Courage statt Hass.

BERLINER INITIATIVE GEGEN FREMDENHASS

Unterschrift:

Lea Rosh

Die Gewalt eskaliert. Ausländer haben Angst. Sie fragen, ob sie in unserer Stadt noch sicher sind. Das Bild von unserem Zusammenleben wird heute vom Terror einer Minderheit bestimmt. Dabei haben Ausländer die deutsche Wirtschaft mit aufgebaut. Ausländer bereichern unsere Kultur. Sie sind seit Jahrzehnten gute Nachbarn. Sie gehören zu uns. Wir wollen, daß dies so bleibt.

Wir glauben, daß die Mehrheit so denkt wie wir - aber diese Mehrheit darf nicht länger schweigen. Jeder von uns trägt dafür die Verantwortung, daß die zivile Gesellschaft erhalten bleibt. Deshalb kommt es jetzt darauf an, Fremdenhaß und Gewalt entgegenzutreten, wo sie sich zeigen: auf der Straße und im Betrieb, in der U - Bahn und in der Nachbarschaft. Schauen Sie nicht weg! Dulden Sie nicht, daß Menschen, die mit uns leben, gedemütigt, beleidigt, geschlagen, verbrannt werden. Die Gewalt, die sich heute gegen Fremde richtet, kann morgen jeden von uns treffen. Sie ist ein Angriff auf unsere Freiheit!

Wir unterstützen die Initiative gegen Fremdenhass

Wolf Jobst Siedler, Verleger
Katharina Thalbach, Schauspielerin, Regisseurin
Thomas Langhoff, Regisseur, Intendant
Ulrike von Moellendorff, Journalistin, Moderatorin
Prof. Götz Friedrich, Regisseur, Intendant
Brigitte Mira, Schauspielerin
Volker Ludwig, Schriftsteller
Katja Paryla, Schauspielerin, Regisseurin
Prof. Helmut Lortz, Grafik - Designer
Monika Sander, Schauspielerin
Christoph Hein, Schriftsteller
Otto Sander, Schauspieler
Dominika Hasse, Grafik - Designerin
Frank Beyer, Regisseur
Marianne Heuwagen, Journalistin
Bruno Bacalovic, Grafik - Designer
Gisela Kayser, Redakteurin
Jens Reich, Publizist
Lea Rosh
Leonie Ossowski

Peter Schneider, Schriftsteller
Bahman Nirumand, Schriftsteller
Ruža Spak, Malerin
F. C. Delius, Schriftsteller
Inka Bach, Schriftstellerin
Hans Joachim Schädlich, Schriftsteller
Peter Merseburger, Journalist
Aras Ören, Schriftsteller
Sabine Brüning, Journalistin
Sten Nadolny, Schriftsteller

Unterstützen auch Sie uns!

BERLINER INITIATIVE GEGEN FREMDENHASS KURFÜRSTENSTRASSE 72 1000 BERLIN 30

Faxbestätigung zum Flugblatt der Initiative »Courage statt Hass« (29.10.1991)

Dies war das erste Flugblatt (28.10.1991) der Initiative »Courage gegen Hass« – später »Courage gegen Fremdenhass«. Nach den ausländerfeindlichen Ausschreitungen und Mordaktionen in Mölln, Rostock und Hoyerswerda hatte ich diese Initiative im Oktober 1991 mit Freunden gegründet und das hier abgebildete Flugblatt verfasst. Sten Nadolny hatte mich davon überzeugt, dass das Motto »Courage gegen Hass« universeller sei als »… Fremdenhass«, aber später haben wir uns, ich weiß nicht mehr wie und warum, für das Signalwort »Fremdenhass« in unserem Logo entschieden. Das Flugblatt verteilten wir vor dem KADEWE.

In der Erwartung eines andauernden Engagements habe ich dann trotz meines vielfach erklärten Widerwillens gegen Vereine jeder Art meinen ersten Verein gegründet. Es erschien mir zwingend, dass eine Mobilisierung gegen die neue Barbarei eine Adresse und auch einen Sekretär brauchte, der die Initiativen der Aktiven koordinierte. Ich wurde dessen Vorsitzender und blieb es für zehn Jahre.

Nach verschiedenen anderen Unternehmungen schien es uns das Sinnvollste, mit der Unterstützung der Berliner Senatsverwaltung für Bildung, Jugend und Familie gezielt an Schulen zu gehen und mit den je eigenen Mitteln, die einem Journalisten, einem Künstler, einem Schauspieler zur Verfügung stehen, eine Debatte mit den Schülern über unser Thema anzustoßen. Dabei kam uns die heterogene Zusammensetzung unserer Gruppe zustatten. Denn neben prominenten deutschen Mitstreitern wie Inge Deutschkron, Inka Bach, Otto Sander, Peter Merseburger, Sten Nadolny, Peter Ensikat, F.C. Delius boten auch zahlreiche nicht deutsche, in Berlin lebende Künstler und Akademiker ihre Hilfe an – rund die Hälfte der etwa 50 bis 60 Aktivisten stammte aus dem Nahen Osten, aus Afrika, aus Lateinamerika und anderen Weltgegenden.

Bitte nach Ihnen!

Bericht über eine Diskussion mit Schülern einer Oberschule in Hohenschönhausen

(Frühjahr 1994)

Im Rahmen der Initiative »Courage gegen Fremdenhass« besuchte ich vor Kurzem eine Abiturklasse in einem Ostberliner Randbezirk. Die Schule hatte den architektonischen Charme einer Verwahranstalt; die einzige Abwechslung, die sich dem Blick hinauf an den Fassaden der umliegenden Wohnwürfel bot, war die Satellitenantenne auf fast jedem Balkon. Vielleicht ist zu wenig davon die Rede, wie das Gesicht einer Stadt, eines Vororts die Gesichter und das Verhalten seiner Bewohner prägt. Die Architektur jenes Vororts teilt jedem Heranwachsenden die folgende Botschaft mit: Richte dich darauf ein, dass du eine Nummer unter anderen Nummern bist.

Ich nahm die Gelegenheit wahr, die Schüler in ein Gespräch über das Schicksal des ghanaischen Asylbewerbers Martin Agyare zu verwickeln. Während einer S-Bahn-Fahrt war er von Skinheads, so berichteten mehrere Berliner Zeitungen, halb tot gestochen und dann aus dem fahrenden Zug geworfen worden. Bei dem Gespräch über diese Untat versuchte ich die Aufmerksamkeit besonders auf das Verhalten jener angeblich anwesenden 15 Fahrgäste zu lenken, die dem Verbrechen nicht nur tatenlos zugesehen hatten, sondern anschließend nach Hause gegangen waren, als hätten sie lediglich einen unangenehmen Film gesehen. Bekanntlich hat keiner dieser Fahrgäste sich bisher als Zeuge gemeldet – trotz der Aussetzung einer hohen Belohnung und der Zusicherung von Straffreiheit. Für mein Beispiel spielt es keine Rolle, ob diese 15 Fahrgäste tatsächlich anwesend waren oder – wie manche vermuten – von dem überlebenden Opfer des Mordanschlags Martin Agyare erfunden worden sind. Ich jedenfalls unterstellte in meiner Darstellung des Falles die Anwesenheit dieser Zeugen und ihr oben beschriebenes Verhalten.

Die erste Reaktion der Schüler verblüffte mich. Diejenigen, die sich meldeten, erklärten mir, dass sich die Fahrgäste durchaus vernünftig und im Einklang mit ihren Interessen verhalten hätten. Hier einige Argumente:

Jemand, der sich während des Überfalls eingemischt hätte, habe durchaus damit rechnen müssen, dass die anderen 14 der Gewalttat mit heimlichem Beifall zuschauten.

Woher man wissen könne, ob nicht alle anderen Fahrgäste Republikaner (Anhänger der rechtsextremen republikanischen Partei) wären?

Wer sich zur Rettung eines anderen einsetze, müsse hinterher womöglich mit einer Anzeige wegen Körperverletzung rechnen, denn selbstverständlich würden sich die Angreifer als Angegriffene darstellen und die

Unbeteiligten würden sich ohnehin stumm davonstehlen.

Außerdem sei es ein Unterschied, ob man seine Haut für einen Kumpel oder für einen wildfremden, noch dazu schwarzen Fahrgast riskiere.

Natürlich gebe es keine Pflicht, für einen Fremden sein Leben zu riskieren.

Nun die Kommentare zum zweiten Akt der Geschichte: zur (angenommenen) Zeugnisverweigerung sämtlicher Zeugen nach der Tat. Auch hier zeigten die ersten Schülerantworten durchaus Verständnis:

Wer sich bei der Polizei melde, handle sich vor allem Scherereien ein. Er müsse stundenlange Verhöre über sich ergehen lassen, verwickle sich womöglich in Widersprüche, zudem könne er nicht auf die anderen Zeugen zählen, da die sich ohnehin nie melden würden.

Eine Nachbarin habe sich kürzlich eine Anzeige eingehandelt, weil sie nach Meinung der Polizei überflüssigerweise die Polizei geholt habe.

Es führt nicht weiter, sich über diese Antworten zu entsetzen. Vor einer Bewertung sollte man sie als Mitteilungen über eine Einstellung und als ein vorhandenes Bild von der Wirklichkeit lesen: Wer ziviles Verhalten übt oder auf die Solidarität eines anderen zählt, ist der Dumme; die Polizei, der Staat, die Mitmenschen sind im Zweifelsfall feindliche Mächte, auf die man nicht setzen kann und mit denen man die Berührung besser meidet.

Wohlgemerkt: Ich berichte hier nicht von irgendwelchen statistischen Erhebungen über das Weltbild junger Menschen zwischen 15 und 17. Tatsächlich habe ich auch ganz und gar andere Erfahrungen mit Schülern gemacht und andere Antworten erhalten. Und auch in diesem besonderen Fall blieb es im Verlauf nicht bei den zitierten Antworten*. Sie erfuhren zunehmend Widerspruch und führten wie von selbst zu einer Debatte über Grundfragen des zivilen Zusammenlebens, zu der offenbar im bisherigen Unterricht die Zeit gefehlt hatte.

Warum eigentlich soll man einem bedrohten Mitmenschen helfen?

Verstehen sich Toleranz und Mitmenschlichkeit von selbst? Ist man mit dem Wissen darüber geboren?

Und wenn das nicht der Fall ist, wo und von wem wird dieses Wissen heutzutage weitergegeben?

Trifft die Annahme noch zu, der soziale Konsens werde in den Familien weitergegeben?

Kann man ziviles Verhalten lernen, es – z. B. in der Schule – trainieren?

Die Lehrerin, die mich eingeladen hatte, entgegnete solchen Fragen, die Schule sei nicht der rechte Ort für einen Unterricht in Ethik oder Moral. Erstens mache es keinen Sinn, die Schüler in Solidarität und Mitmenschlichkeit zu erziehen, solange draußen »das Wolfsgesetz des Marktes« herrsche. Im Übrigen habe die Schule die Schüler auf den Abschluss vorzubereiten und habe Wissen zu vermitteln; zur Einübung eines moralischen Kodex bleibe gar keine Zeit.

Rasch fiel dann auch das Wort von der Indoktrination, die man in diesem Teil des Landes 40 Jahre zu lang ertragen musste. »Wertevermittlung«, das sei nicht Sache der Schule, sondern des Elternhauses.

Und wenn die Eltern – in den Großstädten häufig Alleinerziehende – von dieser Aufgabe überfordert sind?

Dann muss sie eben von den Parteien, den Kirchen, vom Fernsehen wahrgenommen werden.

Aber wenn diese Instanzen wiederum entgegnen, sie könnten nicht die Schule und das Elternhaus ersetzen?

An dieser Stelle stießen die Schüler auf eine Art Höflichkeitsspiel in unserer sonst nicht übermäßig höflichen Gesellschaft: Soweit es um die Verantwortung der Bürger für die Zivilgesellschaft geht, leben wir in einer »Bitte nach Ihnen!«-Demokratie. Und deren liebstes Ritual ist das Auszählspiel, wer den Anfang machen soll – auf jeden Fall der andere! Ich kann nur, wenn die anderen können. Und da die anderen nicht können, kann ich erst recht nicht. Es wäre sogar politisch falsch, wenn ausgerechnet ich anfangen würde, schließlich werden die anderen dafür bezahlt, dass sie ...

Das Ergebnis dieser beständigen Durchreichung der Verantwortung ist natürlich, dass alle sitzen bleiben und niemand den Anfang macht. Und wenn der Schwarze Peter beim Letzten in der Reihe angekommen ist, dann steht dieser Letzte endlich auf, aber nur, um seine Karte dem Ersten in der Reihe weiterzureichen.

Obiger Bericht wurde im Frühjahr 1994 geschrieben und zwei Jahre später in der von unserer Initiative redaktionell betreuten und vom Berliner Senat für Jugend und Sport finanzierten und herausgegebenen Zeitschrift »Courage gegen Fremdenhass« (November 1996) gedruckt.

* *Zufällig hatte ich etwa zwei Wochen vor dem erwähnten Auftritt in einer Ostberliner Realschule einen Dokumentarfilm über die Siedlung Nueva Germania in Paraguay gesehen. Die Siedlung war von Friedrich Nietzsches Schwester Elisabeth und ihrem Mann Bernhard Förster, einem fanatischen Rassisten, Anfang der Achtzigerjahre des 19. Jahrhunderts gegründet worden. Über hundert Jahre lang hatten sich die überlebenden Familien der Kolonie nicht mit Einheimischen vermischt und nur untereinander geheiratet. Deutsche Ärzte, die die Familien untersuchten, stellten fest, dass ihre Angehörigen überdurchschnittlich viele geistige und körperliche Behinderungen aufwiesen. Die Tatsache, dass ausgerechnet die strikte Einhaltung der »Blutsreinheit« das »deutsche Erbgut« ruinierte, beunruhigte zwei der sichtlich ungeübten jungen Rassisten in meiner Realschulklasse zutiefst. Sie wollten unbedingt wissen, in welchem Sender der Film gelaufen sei und ob es weitere Quellen gebe. Mir wiederum blieb der Schock, dass ich bei Schülern, die meine Kinder hätten sein können, Nazi-Glaubenssätzen begegnete, von denen ich bisher sicher war, dass*

ich sie nie mehr aus dem Mund eines lebenden Deutschen hören würde. Und dies ausgerechnet auf dem Boden der ehemaligen DDR, deren stolze Botschaft ihr Antifaschismus war? Wo hatten diese Halbwüchsigen ihre Ideen her?

»Es will dich hier niemand ausgrenzen, Arno!«

(September 1993)

Gesetzt, es gäbe wirklich ein zweites, ein anderes Programm, ein Metafernsehen, in dem eine von einem anderen Stern geschickte Expertenrunde das Betragen der irdischen Moderatoren, Diskutanten, Experten in den sich jagenden Talkshows zum Thema »Gewalt« mit dergleichen Neugier betrachten würde, die diese seit zwei Jahren für die Spezies »jugendlicher Gewalttäter« aufbringen. Befragt nach der auffälligsten Eigenart ihrer Kollegen aus dem irdischen Programm, würde eine solche Runde wahrscheinlich deren ratlose Faszination gegenüber den Gewalttätern registrieren.

Von Mal zu Mal sah man Halbwüchsige mit freiwilliger Glatze und tätowierten Armen, ihrer Muttersprache kaum mächtig, sich auf ihr Deutschtum berufen und, unter den interessierten Blicken der Experten, ihre Absicht verkünden, Ausländer bei der nächstbesten Gelegenheit zu »klatschen« und »wegzutreten«.

Statt ihnen das Mikrofon wegzunehmen, statt die ebenfalls mitdiskutierenden Polizisten an ihre Aufgaben zu erinnern, überbot sich die versammelte Übermacht der zivilen Gesellschaft in Bekundungen ihres ethnologischen Interesses für die deutschen Wilden. Die Moderatorin bremste die Empörung einiger im Publikum verstreuter Ausländer gegenüber dem mordbereiten Star der Veranstaltung im vertraulichen Du-Ton: »Es will dich hier niemand ausgrenzen, Arno!« Und erkundigte sich sanft nach seiner Kindheit, nach der Mutter, nach kindlichen Traumata.

Der Sozialhelfer, der im ärmellosen Hemd, aber mit deutlich schwächeren Oberarmmuskeln neben Arno saß, führte durch Schulterklopfen und leichte Püffe stolz das erreichte Vertrauensverhältnis vor. Wenn dann nach den gestammelten Auskünften des Stars und den ergänzenden Angaben des Sozialhelfers das soziale Umfeld von Arno abgesteckt war – alleinerziehende Mutter, Schulversager, arbeitslos, Sozialhilfeempfänger, städtischer Randbezirk –, kam jene spontane Erleichterung, ja Fröhlichkeit auf, die man Betroffenheit nennt.

Mit frommem Schauder formulierte die Runde ihren Befund – je nach politischem Steckenpferd war entweder der unmenschliche Leistungsdruck oder der schleichende Autoritätsverfall an den Schulen für das tragische Täterschicksal verantwortlich; die fehlgeschlagene Wiedervereinigung, der Werteverfall, die »Asylantenflut« nicht zu vergessen. Am Ende reichten alle die Schuld an die allein Verantwortliche weiter: die Gesellschaft, wobei ungeklärt blieb, was die anwesenden fest Angestellten mit dieser schandbaren Instanz zu schaffen hatten. Das Ziel der Übung war erreicht: Der Täter war zum Opfer geworden.

Man hat in zwei Jahren fast nur Berichte und Interviews mit den Tätern, fast nie mit den Angehörigen der Opfer gesehen.

Gesetzt, es gäbe keinen einzigen Ausländer im Land: Glaubt irgendjemand im Ernst, der mordbereite Mob, der jetzt gegen Asylanten und Ausländer wütet, würde sich mit Biertrinken begnügen? Viel zu selten wird übrigens auf die Tatsache hingewiesen, dass mehr als die Hälfte der 17 Todesopfer des Jahres 1992 Deutsche waren – Penner, Obdachlose, Behinderte beziehungsweise Leute, die wie Ausländer oder Juden aussahen.

Das Thema heißt nicht »Ausländer«, es heißt »Gewalt«.

Die Unverantwortlichkeit der Asyldebatte, die nach jedem Anschlag neue Spiralen drehte, bestand ja gerade darin, dass sie den Tätern einen irgendwie legitimen Grund für ihre Untaten zuerkannte. Wenn Menschen, weil sie undeutsch sind oder so aussehen, ihres Lebens nicht mehr sicher sind, steht das zivilisatorische Minimum auf dem Spiel. In diesem Fall ist es zweitrangig, ob wir, ja oder nein, ein Problem mit dem Asylartikel unserer Verfassung haben, ob die halbstarken Gewalttäter »eigentlich« ihre Väter, die Armen oder die Wessis hassen, ob sie überhaupt wissen, was sie tun.

Es kommt zuallererst darauf an, dass die zivile Gesellschaft alle Kräfte mobilisiert, um das existenzbedrohende Übel abzustellen. Erst nachher, wenn die Gewalttäter in Gewahrsam gebracht sind, kann und soll man sich den Kopf darüber zerbrechen, dass es sich ja eigentlich um halb erwachsene Kinder handelt, dass sie womöglich ganz andere Feinde meinen, dass Jugendgefängnisse sich bisher nie als der geeignete Ort für eine Resozialisation erwiesen haben.

Die Erklärer reden sich um Kopf und Kragen, wenn sie uns weismachen wollen, die Untaten seien eine direkte und logische Folge sozialer Depravation; von arbeitslosen Jugendlichen sei nun einmal die Einsicht nicht zu verlangen, dass es sich nicht gehört, ausländische Frauen und Kinder zu verbrennen oder Obdachlosen mit Baseballschlägern den Schädel zu zertrümmern. Wer nicht durch ideologische Kontaktlinsen behindert ist, kann und konnte sich darüber informieren, dass die lieferbaren Erklärungsmuster und Formeln nicht greifen. Die Mehrzahl der meist minderjährigen Täter war zum Zeitpunkt der Tat keineswegs arbeitslos; nur einige, aber keineswegs alle kommen aus zerrütteten Familienverhältnissen; nur einige, keineswegs alle stammen aus der ehemaligen DDR. Der minderjährige Mittäter von Christian R., dem Hauptangeklagten im Solingen-Prozess, ist der Sohn einer grünen Aktivistin und eines Vaters, der bei der Gruppe »Ärzte für den Frieden« engagiert ist.

Das bisher einzige fast allen Tätern gemeinsame Merkmal ist Minderjährigkeit und exzessiver Alkoholkonsum. Es ist rätselhaft, warum Besoffenheit, anders als bei Verkehrsdelikten, im Fall von Brandanschlägen auf Menschen als Strafminderungsgrund anerkannt wird; ganz offensichtlich dient sie der Tatvorbereitung. Linke, die ihre politischen Lieblingsfeinde Helmut Kohl und Volker Rühe wegen ihrer skandalösen Äußerungen in der Asyldebatte als geistige Väter der Mordtaten verantwortlich machen, argumentieren nicht besser als konservative Demagogen, die etwa den Mord am Treuhandchef Rohwedder auf die wilden Beschimpfungen der Treuhand durch linke Prominente zurückführen.

Mit alldem will ich sagen: Die umlaufenden Erklärungsmodelle und diese Erklärungssucht selbst sind Teil des Problems, das sie lösen möchten. Wer nach den Ursachen der um sich greifenden barbarischen Gewalt sucht, setzt voraus, dass es Ursachen dafür gebe.

Ich schlage vor, die Fragestellung umzukehren: Welche zivilisatorischen Kontrollmechanismen und Tabus haben versagt, dass das vorhandene, immer drohende Gewaltpotenzial plötzlich um sich greifen kann?

Die Ratlosigkeit, die pseudointelligente Geschwätzigkeit, die Idiotie der zivilen Gesellschaft zeigt sich gerade darin, dass sie Erklärungen für etwas sucht, das nicht erklärt werden kann, keiner Erklärung bedarf und das eigentliche Movens der kulturellen Anstrengung ist: die Tatsache nämlich, dass Menschen ein rohes, zu allem fähiges Aggressionspotenzial haben, das nur durch eine eher unwahrscheinliche und äußerst fragile Leistung, die gemeinhin Kultur oder Zivilisation genannt wird, in Schranken gehalten wird.

Eine Zivilisation, die vergessen hat, warum sie entstanden ist, hat schlechte Karten, dem Ausbruch der

Barbarei zu widerstehen. Wie, so muss man jetzt fragen, ist diese ungeheuerliche Selbstvergessenheit der zivilen Gesellschaft möglich? Wie ist es zu erklären, dass sie, in eingebildeter Unschuld, nach Gründen für jenes Aggressionspotenzial sucht, zu dessen Abwehr und Zähmung sie sich überhaupt auf den Weg gemacht hat? Ist es nicht viel interessanter, zu erkunden, warum die gelungenen und vorzeigbaren Exemplare des Zivilisationsprozesses, all diese gescheitelten Talkshow-Experten, eben *nicht* mit Baseballschlägern über wehrlose Mitmenschen herfallen, als zu fragen, warum die von ihnen beobachteten Versuchspersonen es tun? Und ist es nicht ein Grund zur Beunruhigung, dass die erfolgreichen Vertreter der Gattung offenbar nicht den mindesten Rest dieser barbarischen Regungen in sich selber wiedererkennen?

Dabei haben sie doch alle die folgenden Zeilen gelesen: »Das gern verleugnete Stück Wirklichkeit hinter alledem ist, dass der Mensch nicht ein sanftes, liebebedürftiges Wesen ist, das sich höchstens, wenn angegriffen, auch zu verteidigen vermag, sondern dass er zu seinen Triebbegabungen auch einen mächtigen Anteil von Aggressionsneigung rechnen darf. Infolgedessen ist ihm der Nächste nicht nur möglicher Helfer und Sexualobjekt, sondern auch eine Versuchung, seine Aggression an ihm zu befriedigen, seine Arbeitskraft ohne Entschädigung auszunützen, ihn ohne seine Einwilligung sexuell zu gebrauchen, sich in den Besitz seiner Habe zu setzen, ihn zu demütigen, ihm

Schmerzen zu bereiten, ihn zu martern und zu töten. Homo homini lupus: wer hat nach allen Erfahrungen des Lebens und der Geschichte den Mut, diesen Satz zu bestreiten?«

Diese Zeilen stammen aus Sigmund Freuds »Das Unbehagen in der Kultur«; sie wurden 1930 geschrieben. Um gleich einem wohlfeilen Missverständnis zu begegnen: Selbstverständlich behaupte ich nicht, in der rassistischen Wut, die neuerdings durch Deutschland tobt, zeige sich »die ursprüngliche menschliche Natur«. Selbstverständlich ist die spezifische Gestalt des Ausbruchs roher Gewalt historisch vermittelt, sehr wohl hat sie benennbare geistige Väter, sehr wohl muss sie »ihr günstige Umstände« vorfinden. Man muss auch gar nicht mit Freud über eine »ursprüngliche menschliche Natur« spekulieren. Darüber kann, wegen Unauffindbarkeit des Gegenstandes, niemand etwas Gesichertes sagen. Es reicht vollkommen aus, die von Sigmund Freud im Jahr 1930 skizzierte Gewaltgeschichte der Menschheit bis in unsere Tage zu verlängern, um sich davon zu überzeugen, dass es sich bei der These, die menschliche Fähigkeit zur rohen Gewalt sei nachträglich, durch ungünstige gesellschaftliche Verhältnisse erworben, um reines Wunschdenken handelt.

Die Frage, was Menschen zur grausamen Aggression bereit macht, ist ebenso sinnvoll wie die, warum sie lieben oder ihrem Nahrungstrieb nachgehen. Die einzig zuverlässige Antwort lautet: Sie sind dazu fähig, und zu fragen bleibt nur, warum es plötzlich nicht mehr gelingt, die barbarischen und kulturzerstörenden Strebungen niederzuhalten beziehungsweise in gesellschaftlich erträgliche Ausdrucksformen zu lenken.

Die frömmelnde Rede von der friedlichen Natur des Menschen und der Gesellschaft ist umso erstaunlicher, als sie durch den Augenschein jeden Tag ad absurdum geführt wird. Man braucht nicht erst zur Gute-Nacht-Zeit den Fernseher anzustellen, um zu erkennen, dass die gleiche Gesellschaft, die in Sonntagsreden ihr friedliches Wesen beschwört, von Gewalt besessen ist.

Ich behaupte, so gut wie alle sogenannten Anti-Kriegsfilme sind in Wirklichkeit Kriegsfilme; so gut wie alle Vergewaltigungs-, Folter- und Verstümmelungsszenen dienen nicht der Abschreckung, sondern der Schaulust an solchen Szenen; und der hingestammelte Sieg des Guten zum Schluss läuft auf einen gemeinsam verabredeten Selbstbetrug hinaus.

Zu dieser Schule der Gewalt tritt ein mächtiger Verbündeter in Gestalt der Nachrichtensendungen. In Sachen Innovation und Schockqualität stehen die Nachrichten den Actionfilmen in nichts nach. Sie überbieten sie sogar durch eine Spezialität, die Live-Bericht oder auch »Reality-TV« heißt.

Wenn dies so ist, wenn die Nachrichtensendungen und die Gewaltfilme hauptsächlich das unterdrückte Gewaltpotenzial der Konsumenten ansprechen und irgendwohin abführen, so ist mit einem moralischen Lamento über die Schlechtigkeit des Menschengeschlechts nicht viel getan. Mit einem gewissen Recht haben Kenner der menschlichen Seele vermutet, die im Idealfall kunstvolle Darstellung roher Gewalt stelle eine unentbehrliche und vergleichsweise ungefährliche Abfuhr für die entsprechenden Strebungen dar. Im Licht dieser Auffassung könnte Hollywood sich der Leistung rühmen, jene triebökonomisch entlastende Rolle übernommen zu haben, die in früheren Zeiten der Teufel versah. Hollywood habe den Menschen für jenen »Triebverzicht«, den die Kulturanstrengung unvermeidlich jedem Einzelnen auferlegt, ein vergleichsweise harmloses Surrogat verschafft, ein notwendiges Ventil, das die Triebopfer der Kultur erst ermögliche.

Die unausgesprochene Voraussetzung dieses Gleichgewichtsmodells ist die Annahme, dass die Kultur noch die Bindekräfte aufbieten könne, die jeden Einzelnen dazu befähigen, das zur Anschauung freigegebene Gewaltpotenzial anschließend wieder zu verwerfen und zu unterdrücken. Man setzt voraus, dass die entscheidenden Institutionen des zivilen Konsenses – Familie, Schule, Verein, Partei, Kirche – noch über die Macht verfügen, die »Identifizierungen« und »zielgehemmten Liebesbeziehungen« anzutreiben, die jene »ursprüngliche Aggressionsneigung« in Schranken hält. Ich denke, dass diese Annahme nichts weiter als blauäugig ist.

Das wichtigste Antriebsmittel der hervorbrechenden barbarischen Gewalt ist ihr Erfolg. Wenn viele Lehrer, wie inzwischen zu hören ist, physische Angst vor ihren halbwüchsigen Schülern haben, wenn sie sich gar nicht mehr trauen, in gewalttätige Auseinandersetzungen auf dem Schulhof einzugreifen, ist die soziale Macht des Gewalttäters bekräftigt. Und wenn eine Gesellschaft sich nicht mehr erlaubt, solche Äußerungen barbarischer Gewalt mit notfalls martialischer Gegengewalt zu unterdrücken, so fehlt ihr der Überlebenswille.

Die Zurückdrängung der Barbarei verlangt eine Anstrengung der gesamten zivilen Gesellschaft, fast möchte man sagen: einen erneuerten »contrat social«.

Dieser Artikel mit dem ursprünglichen Titel: »Erziehung nach Mölln« erschien in einer längeren Fassung am 7.9.1993 in der FAZ. Zusammen mit weiteren thematisch verwandten Essays bildete er dann ein Jahr später den Band »Vom Ende der Gewißheit«. Das schmale Büchlein, vor allem aber wohl der obige Artikel, löste bei einem Rezensenten in der FAZ einen glänzend geschriebenen Wutausbruch aus. Damals kannte ich Dirk Schümer, den ich heute als einen klugen Zeitgenossen schätze, gar nicht – weder als Autor noch als Talkshowgast. In der FAZ vom 26.11.94 schrieb er: »Wenn Schneider sich schon dafür entschieden hat, ein Leben lang der ›ehemalige Achtundsechziger‹ zu bleiben, der sich seines mutigen Renegatentums brüstet, möge er doch auch gleich mit seiner Eitelkeit brechen, mit der er uns seine bescheidenen Lernprozesse verkündet. Doch wir ahnen, dass Schneiders Pose zugleich sein Geschäft ist:

Seine herbeigelaberte Welt aus Positionen, Revisionen, Entschließungen, Appellen taugt einzig dazu, seinem windschattigen Plätzchen vorgebliche Bedeutung zu sichern ... Wer unterdrückt endlich Peter Schneider?«

Mag sein, dass Schümer sich daran störte, dass er – statt seine eigenen – in diesem Jahr schon mehrere lange Essays von mir in der FAZ gesehen hatte, zu denen mich der neue Kulturchef Frank Schirrmacher Anfang des Jahres – am 11.2.94 – ausdrücklich ermuntert hatte: »Denken Sie doch bitte bei Ihren Vorhaben und Plänen immer auch an uns. ›Erziehung nach Mölln‹ war eines der ganz großen publizistischen Ereignisse des letzten Jahres.«

Diese von Schirrmacher bemerkten Qualitäten meines Essays waren dem Rezensenten Schümer offensichtlich nicht aufgefallen; und das Gegenteil so laut wie möglich zu verkünden, war ja sein Recht. Aber Moment: Dieser letzte Satz: »Wer unterdrückt endlich ...«

Ich schrieb einen Brief an Schirrmacher, in dem ich mich ausschließlich auf diesen letzten Satz bezog und fragte, was er in einer Rezension zu suchen habe – ob hier nicht »eine Grenze« überschritten sei?

»Das ist die Freiheit des Geistes«, schrieb Schirrmacher am 29.11.94 zurück. »Ich liebe und bewundere Sie, andere, wie Herr Schümer, kritisieren Sie.«

Inzwischen hatte mein Freund F.C. Delius den PEN auf den Vorgang aufmerksam gemacht. Der PEN, damals unter Federführung von Gerd Heiden-

reich, bat die FAZ um Auskunft, was mit dem letzten Satz der Rezension gemeint sei. Monika Maron, Jurek Becker, Wolfgang Kubin und andere hatten besorgte Briefe an die FAZ geschrieben, die dort nicht erschienen. Joachim Fest rief mich an, drückte sein Missfallen über Schümers Rezension aus und sagte mir, er habe in der Redaktion protestiert.

Da ich von Schirrmacher nichts hörte, hakte ich am 30.11. noch einmal nach: »Würden Sie weiter in guter Laune für eine Zeitung schreiben, deren Herausgeber Sie liebt und gleichzeitig über Sie verbreiten lässt: Wer unterdrückt endlich Frank Schirrmacher?«

Dann endlich, am 5.12.94, kam eine Äußerung des Bedauerns von Schirrmacher: »Ich habe der Literatur-Redaktion mein höchstes Missfallen über den letzten Satz der Rezension von Dirk Schümer ausgedrückt.«

Wie ich später erfuhr, hatte ihn offenbar eine Einmischung ganz unvorhergesehener Art zum Einlenken bewegt. Aus New York hatte sich ein berühmter amerikanischer Autor namens Louis Begley zu Wort gemeldet und sich über den Artikel von Schümer beschwert. Was in der FAZ bloß los sei, wollte Begley wissen; so könne man grundsätzlich nicht über einen Autor schreiben, und schon gar nicht über Peter Schneider.

Ich habe Begleys Brief oder Protest nicht vor mir, er selber hat mir später davon erzählt. Ich kannte Begley eher flüchtig von einem Literaturfestival in Toronto.

Durch Vermittlung eines gemeinsamen Freundes trafen wir uns irgendwann am Strand von Long Island. Dort erzählte er mir mit Vergnügen von seinem Protest – und freute sich über die Wirkung, die ich seiner Intervention zuschrieb.

Das braune Erbe der DDR

(Januar 2012)

Selten war sich die politische Klasse in den letzten Jahren so einig wie in ihrem Abscheu gegen die Untaten der Zwickauer Mörderbande. Es war, als seien die Meinungsführer der Nation aus einer Schlafkrankheit erwacht und fragten die Stationsschwester: In welchem Land leben wir? In welchem Jahr? Ist dies alles wirklich hier passiert – in unserem wiedervereinigten Deutschland?

Das Anwachsen der neonazistischen Hass- und Gewaltwelle wurde seit ihrem Beginn verharmlost und den Vorgaben der politischen Korrektheit angepasst. Schon vor 20 Jahren war es offensichtlich, dass die Massenbasis für eine Wiedergeburt des deutschen Herrenwahns in den sogenannten Neuen Ländern zu Hause war. Aus Westdeutschland, genauer von dem bayrischen Alt-Nazi-Millionär Franz Xaver Schönhuber und seinen Leuten, kamen die Gelder, die Flugblätter und die Faxgeräte. In Brandenburg, Sachsen, Mecklenburg-Vorpommern, Thüringen standen »die Bodentruppen« jugendlicher Arbeitsloser, die nach dem Zusammenbruch der DDR auf eine neue Botschaft warteten.

Wie sollte es auch anders sein?

Die Westdeutschen hatten seit Anfang der Sechzigerjahre – unter beharrlicher Verleugnung der Tatsache, dass ihr Land ein Einwanderungsland geworden war – mit Millionen von ausländischen Arbeitskräften zusammengelebt. Die DDR war bis zu ihrem Ende nahezu ›ausländerfrei‹ gewesen.

Als ich dort nach dem Mauerfall recherchierte, stieß ich darauf, dass im ersten Arbeiter-und-Bauernstaat auf deutschem Boden, der sich so viel auf seinen »Internationalismus« zugutehielt, höchstens ein Prozent Ausländer gelebt hatten. Die Hälfte der etwa 160 000 Migranten (Stand 1989) kam aus Vietnam, die anderen stammten aus Mosambik, Angola, Polen und Kuba. Den »Fidschis« – viele DDR-Bürger ordneten die Vietnamesen in der DDR den Fidschi-Inseln zu – nahmen die Behörden gleich bei ihrer Einreise die Pässe ab, wiesen sie in Wohnkasernen ein und kassierten zwölf Prozent ihres Lohnes – als Kompensation für die »brüderliche Waffenhilfe« der DDR für den Vietcong. Außerhalb der Arbeit hatten die »Fidschis« so gut wie keinen Kontakt zur einheimischen Bevölkerung; Begegnungen nach Feierabend mussten gemeldet werden. Die meisten unter den vietnamesischen Hilfskräften waren Frauen und arbeiteten in der Textilindustrie der DDR. Wenn eine von ihnen schwanger wurde, blieb ihr nur die Wahl zwischen Abtreibung oder Abschiebung.

Den »Mozis« – den Arbeitern aus Mosambik – ging es nicht besser. Wie die »Fidschis« durften sie die Stadt nicht ohne Genehmigung verlassen und hatten keinen Zugang zu normalen Gaststätten. Ein obligatorischer

Deutschunterricht für Ausländer war in der DDR so wenig vorgesehen wie in der BRD. Nur die Lateinamerikaner und die Kubaner genossen gewisse Privilegien. Einige von ihnen fanden mit ihren Gitarren und Revolutionsliedern Geliebte unter aufgeschlossenen DDR-Frauen und lernten auf diese Weise Deutsch.

Die Vietnamesen und die Afrikaner in der DDR waren die Ersten, die in der »befreiten DDR« von einheimischen Neonazis gejagt und zusammengeschlagen wurden. Im Frühjahr 1990 berichtete ich über »den letzten Mauerspringer«. Es handelte sich um einen vietnamesischen Arbeiter aus der DDR. Am 14. März 1990 lief er in waghalsigem Tempo auf der Mauer entlang in Richtung Südosten, machte plötzlich kehrt und lief in die Gegenrichtung. Erst beim zweiten Hinschauen bemerkten die Passanten, dass der Mann keineswegs eine Show im Sinn hatte. Auf der westlichen Seite der Mauer rannte ein diensteifriger DDR-Grenzpolizist wie ein Schatten mit. Einige Augenzeugen traten näher und fragten den Beamten, wen er da mit welchem Recht festnehmen wolle. Der faselte etwas von »internationalen Verträgen« – gemeint waren wohl deutsch-deutsche Verträge, die ihn vermutlich tatsächlich dazu verpflichteten, flüchtige Vietnamesen zu sistieren. Das neue Recht, die Mauer zu passieren, gelte nur für Deutsche!

Der Flüchtling nutzte das Streitgespräch zum Absprung und floh nach Westberlin. Er war einer der ersten von 5000 Vietnamesen, die in den folgenden Monaten in Westberlin Asyl suchten.

Die Idee, in die fast homogene deutsche Wüste der ehemaligen DDR Asylantenheime zu pflanzen, um die aus allen Weltgegenden einströmenden Migranten »gerecht« zu verteilen, war der helle Wahnsinn. Es war eine der ersten großen Fehlentscheidungen der verschlafenen westdeutschen »Sieger«, die ihre »Mauer im Kopf« erst nach der Vereinigung entdeckten.

Als dann immer mehr ostdeutsche Betriebe »abgewickelt« wurden, standen Hunderttausende von DDR-Jugendlichen über Nacht im Freien. Sie hatten nicht nur keine Arbeit, sie erlebten auch die Ratlosigkeit und Wut ihrer Eltern mit, die mit fünfzig aufs Altenteil gesetzt wurden. Nimmt man hinzu, dass die SED nur eine höchst selektive Auseinandersetzung mit der Nazi-Vergangenheit zugelassen hatte, so hat man die Eckdaten für ein moralisches Vakuum. Bis weit in die Neunzigerjahre wurden in den KZ-Gedenkstätten der DDR, durch die die Schulklassen des Landes geschleust wurden, vor allem kommunistische Widerstandskämpfer und russische Kriegsgefangene als Opfer des Faschismus geehrt. Erst nach den Homosexuellen und den Zigeunern waren die jüdischen Opfer des Holocaust – meist ohne Nennung ihrer Zahl – verzeichnet. Der Staat Israel wurde erst kurz vor dem Zusammenbruch der DDR anerkannt.

Der verordnete Antifaschismus der DDR war für halbwegs intelligente Jugendliche nicht glaubwürdig. Bernd Eisenfeld, ein Mitarbeiter der Gauck-Behörde, hat nachgewiesen, dass rechtsradikale Aktionen wie

Hakenkreuzschmierereien und Schändungen jüdischer Friedhöfe in der DDR tausendfach vorkamen. Später kamen Skinhead-Überfälle auf die Friedens-Aktivisten in der Zionskirche hinzu. Selbst das Mielke-Ministerium kam zu dem Schluss, dass die These von »Fremdeinflüssen« als Ursache der neofaschistischen Umtriebe nicht zu halten war.

Bei den Angeboten unserer Initiative ›Courage gegen Fremdenhass‹ stellten wir fest, dass wir hauptsächlich von Schulen in Westberlin eingeladen wurden. Die »Problemschulen« – etwa in Lichtenberg und Hohenschönhausen – reagierten nur ausnahmsweise auf unsere Angebote, weil die Schuldirektoren befürchteten, sie würden bereits durch eine Einladung unserer Initiative den »guten Ruf« ihrer Schulen ruinieren.

Eine weitere Erfahrung war, dass es in Westberlin erstaunlich schwierig war, über solche Erfahrungen zu sprechen. Unter ›aufgeklärten Leuten‹ galt von Anfang an das unausgesprochene Gebot, das Problem des neuen Rassismus gleichmäßig auf West und Ost zu verteilen. Wer Rostock sagte, bekam sofort Lübeck und Solingen zu hören; wer Hoyerswerda oder Lichtenhagen nannte, wurde sogleich auf Mölln verwiesen. Eine Art Wettbewerb der Zerknirschung hatte eingesetzt und erschwerte die Feststellung des Offensichtlichen: dass in den neuen Ländern eine besondere Bereitschaft für die Botschaften des neuen Rassismus anzutreffen war. Kürzlich hat DIE WELT die Liste der Stiftung Amadeu-Antonio über die Todesopfer rechter Gewalt veröffentlicht. Schon am nächsten Tag erschien in derselben Zeitung ein Artikel mit der Schlagzeile: »Von wegen, Neonazis gibt es nur im Osten. Auch in Niedersachsen haben Rechtsradikale ein umfangreiches Netzwerk aufgebaut«. Natürlich stimmt der Hinweis. Dennoch verfehlt die Gleichsetzung das Entscheidende. Ein Blick auf die Geografie des rechten Terrors zeigt eindeutig, dass seine Zentren – und die Wahlerfolge der NPD – seit zwei Jahrzehnten in den neuen Ländern liegen.*

Wenn man ein Problem aus politischer Rücksicht nicht benennen darf, kann man es auch nicht lösen. Muss man wirklich darüber streiten, dass eine 40-jährige Diktatur ohne Ausländer nach ihrem Scheitern einen geeigneteren Boden für autoritäre und xenophobe Einstellungen hinterlässt als eine noch so unvollkommene Demokratie?

(Erschienen unter dem Titel
»Ein mörderischer Spuk« im Cicero, Januar 2012)

* *Die Hälfte, wenn nicht sogar die Mehrzahl der Neonazi-Morde lassen sich unter der Rubrik »Fremdenhass« gar nicht einordnen. Die Opfer sind ihren Mördern nicht durch ihr anderes Aussehen und nicht durch ihre fremde Sprache aufgefallen. Es sind Deutsche: Obdachlose, Schwerbehinderte, Punks, Polizisten, Aussteiger aus der rechten Szene, Antifaschisten, Linke, Spätaussiedler, die nach dem Ermessen selbst ernannter »Heimatschützer« kein Recht auf ein Leben in »ihrem Deutschland« haben.*

Die Sünden der Großväter

(Dezember 1995)

Wer in den Tagen vor und nach dem 8. Mai 1995 in Deutschland den Fernseher laufen ließ und nicht so genau hinsah, konnte leicht einer Täuschung erliegen. Hilfe! Sie sind wieder da!

Noch einmal und in endloser Folge waren die Bilder der Naziaufmärsche zu sehen, manche davon hübsch koloriert. Noch einmal wurden die Kampflieder und die Ansprachen ihrer Führer eingespielt. Noch einmal und auf allen Kanälen befreiten uns (Hilfe! Hurra!) die Alliierten.

In jenen Tagen wurde ich von meinem sechsjährigen Sohn vor den Fernsehschirm gerufen. Der schnauzbärtige Mann in Uniform, der die Hand wie zur Abwehr gegen eine jubelnde Menge ausstreckte und mit ruckartigen Bewegungen eine Rede hielt, war mir bekannt. Aber auch meinem Sohn schien dieser Redner vertraut zu sein. »Guck mal«, rief er und schlug vor Entzücken die Hände auf die Knie, »Charlie Chaplin!«

Was auf dem Fernsehschirm zu sehen war, war aber nicht der berühmte Clown in »Der Große Diktator«. Es war Adolf Hitler auf dem Nürnberger Parteitag.

Die Nachricht vom Sieg Charlie Chaplins über Adolf Hitler in den Köpfen der Sechsjährigen ist vielleicht eine Mitteilung wert. Wie alle Kinder sind auch die deutschen Steppkes mit Charlie Chaplin aufgewachsen und haben den genialen Imitator vor dem Original kennengelernt. Es erscheint undenkbar, dass Hitler sich von der Lächerlichkeit, die Chaplin an ihm entdeckt hat, jemals erholen wird.

Die Jugendlichen, die ich bei dieser Reportage interviewt habe, sind zehn bis 15 Jahre älter als mein Sohn. Was den zeitlichen Abstand betrifft, sind die Filmbilder vom Diktator für sie etwa so entrückt wie für mich ein Reiterstandbild Wilhelms des Zweiten. Wäre ich gefragt worden, was der Erste Weltkrieg für mich bedeutete, hätte ich wohl gesagt: ein ziemlich katastrophales Stück deutscher Geschichte; nichts, was mich persönlich angeht.

Ich habe circa 300 junge Leute zwischen 15 und 22 danach gefragt – Studenten, Gymnasiasten, Berufsschüler –, was sie über den Holocaust wissen und was ihnen dieses Kapitel der Vergangenheit bedeutet. Viele habe ich bei Besuchen der Gedenkstätten in Sachsenhausen, Ravensbrück und Bergen-Belsen getroffen. Aber ich habe auch mit Jugendlichen in der Kleinstadt Fürstenberg (bei Ravensbrück) und mit Berufsschülern und Gymnasiasten in Celle (bei Hannover) gesprochen, die auf das Thema nicht näher vorbereitet waren.

Ich bin bei meinen Befragungen zwar auf viele Jugendliche gestoßen, die das Wort »Holocaust« nicht kannten, aber auf keinen, der vom Verbrechen an den Juden nichts gewusst oder es gar geleugnet hätte – Letzteres mag dem Umstand zuzuschreiben sein, dass die Auschwitzlüge in der BRD seit Kurzem unter Strafe steht. Die heute 20-Jährigen wissen durchschnittlich deutlich mehr über die Nazi-Vergangenheit als die Angehörigen meiner Generation im gleichen Alter wussten. Das Verdienst daran ist wohl nur zum geringeren Teil den Elternhäusern gutzuschreiben. Kein Einziger der Befragten bejahte die Frage, ob ein großväterlicher Kriegsteilnehmer in seinen Erzählungen eine eigene Schuld oder eigenes Fehlverhalten eingestanden habe. Das Hauptverdienst an dem relativ verbreiteten Wissensstand über die jüngste deutsche Vergangenheit hat offenbar die Schule. Nach den – in den einzelnen Ländern unterschiedlichen – Rahmenplänen wird der Themenschwerpunkt »Nationalsozialismus und 2. Weltkrieg« in der 9., spätestens in der 10. Klasse mit mindestens 14 Stunden (plus sieben weitere Stunden als Option) durchgenommen. Viele Lehrer beginnen mit diesem Stoff schon in der 5. oder 6. Klasse – wobei sich ein neues Problem ergibt: Man kann die Kinder auch zu früh mit dem Holocaust konfrontieren und sie – vor allem mit den Fotos – überfordern. Das Ergebnis ist jedenfalls, dass heute kein Schulabgänger an diesem Kapitel der deutschen Geschichte vorbeikommt. Die Frage ist nicht mehr, ob, sondern wie dieses Kapitel der Geschichte jungen Deutschen nahegebracht wird.

Mit der Schäbigkeit ihrer zerfallenen, nicht renovierten Baracken mit den rissigen Betonplatten auf den Wegen, aus denen das Gras wuchert, bewahrt die

Gedenkstätte Sachsenhausen einen Rest der ursprünglichen Monstrosität des Ortes. Noch die heldischen Skulpturen und das Mahnmal für die Opfer, zu frühen DDR-Zeiten konzipiert und in der Sprache der Nazi-Ästhetik ausgeführt, erweisen unfreiwillig den Tätern Reverenz, nicht den Opfern. Überall, am Krematorium, am Schießstand, an der Gaskammer und an den Baracken, findet sich, wie eine Temperaturanzeige über den Zustand der deutschen Erinnerung, das Schild: Vorsicht, Einsturzgefahr!

Eine Gedenkstätte, der es nur um die historische Wahrheit geht, muss wohl noch erfunden werden. In vielen Fällen muss man von einem Erwürgen der Erinnerung im Namen des Gedenkens sprechen.

Sachsenhausen war eines der ersten von den Nazis eingerichteten Internierungslager. An die 204000 Menschen aus 47 Nationen sind hier von 1936 an eingeliefert worden, etwa die Hälfte von ihnen wurde – je nach dem technischen Stand der Nazi-Mordmaschine – umgebracht. Im Jahre 1961 errichtete die DDR auf dem KZ-Gelände eine Gedenkstätte. Aber das erste Werk des Gedenkens war die Verdrängung eines unmittelbar zurückliegenden Verbrechens, das im Namen des Antifaschismus begangen worden war. Ein Teil des Nazi-Lagers war von 1945 bis 1950 von den sowjetischen NKWD zur Internierung von circa 150000 Häftlingen benutzt worden. Etwa 20000 von ihnen – andere Schätzungen sprechen von 70000 – waren bis 1950 an Hunger, Ödemen, TBC und an den

Folgen von Bestrafungen gestorben. Die DDR-Planer gestalteten die Gedenkstätte ganz nach den propagandistischen Bedürfnissen des jungen Staates aus: Das ehemalige KZ wurde als Symbol des »antifaschistischen Kampfes« ausgebeutet. Erst auf den vehementen Protest aus Israel wurde die Judenverfolgung überhaupt – durch die Einbeziehung der zwei hauptsächlich mit jüdischen Häftlingen belegten Baracken 38 und 39 – dokumentiert. Dort wurde die Ausstellung »Geschichte des Widerstandskampfes und der Leiden jüdischer Bürger« untergebracht. Diese beiden Baracken wiederum wurden im September 1992 durch einen Brandanschlag von Neonazis fast ganz zerstört.

Die verbrannten »jüdischen« Baracken sind heute nur in einer Foto-und-Text-Dokumentation erhalten. Und so bestimmt nun, dank eines denkwürdigen Zusammenwirkens zwischen Brandanschlag und »Geldmangel« des Landes Brandenburg, die alte, von den Kommunisten dirigierte Geschichtsschreibung das Erinnerungsbild. Im »Lagermuseum«, das aus DDR-Zeiten stammt, werden die Internierten und Ermordeten aus 47 Nationen aufgezählt, das Wort »Jude« taucht nicht ein einziges Mal auf – mit einer bezeichnenden Ausnahme: Es findet sich nur in den zitierten Erklärungen der Nazis selbst zu den dort ausgestellten Nazi-Symbolen und -Stempeln: »Jüdischer Rasseschänder«, »Jüdischer Emigrant«.

Nach der Darstellung des »Lagermuseums« waren deutsche und sowjetische Kommunisten die Hauptopfer in den KZ; über sie heißt es – in bestem Parteijargon: »Die Kommunisten, von ihrer Partei zu selbstlosen Kämpfern erzogen, führten den Kampf. Unvergesslich sind die Namen Georg Schumann ...« Auch der Widerstand wird als eine Sache deutscher und sowjetischer Kommunisten dargestellt. »Neue Kämpfer traten an die Stelle der Ermordeten ... sie fürchteten nicht den Tod und fielen für ein neues, besseres Deutschland.«

Wenn man das Lagermuseum verlässt, hat man den Eindruck, die Gemarterten und Ermordeten von Sachsenhausen hätten in den Jahren ihres Martyriums nur eines im Sinn gehabt: den Aufbau eines deutschen Arbeiter-und-Bauern-Staates namens DDR.

Auch in dem heute noch gezeigten DDR-Propagandafilm »Todeslager Sachsenhausen« – er wurde 1946 unter Einbeziehung von NKWD-Häftlingen, die in einigen Einstellungen als KZ-Häftlinge posieren mussten, für die DEFA produziert – sind als Opfer der Nazis ausschließlich sowjetische Kriegsgefangene und deutsche Kommunisten genannt; Juden und andere Opfer werden nicht erwähnt.

Yonathan Rothman, dem israelischen Teilnehmer einer deutsch-israelischen Besuchergruppe, standen Tränen des Zorns in den Augen. Warum man ihnen diesen Film gezeigt habe, fragte er draußen vor dem

Kinosaal den Führer des Rundgangs. Man habe einen Dokumentarfilm angekündigt und habe einen stalinistischen Propagandafilm gezeigt. Er sehe das Schicksal seiner Verwandten und seines Volkes in diesem Film nicht vertreten, sondern ignoriert und totgeschwiegen, zu politischen Zwecken missbraucht – und dies in einer angeblichen Gedenkstätte.

Später fragte ich ihn, wie er zu seinem blutunterlaufenen Auge gekommen war. Zwei Tage zuvor war er beim nächtlichen Heimweg in Potsdam von zwei Skinheads verfolgt worden. Sie hatten sich genähert, ihm pöbelnd Fragen nach dem Woher und Wohin gestellt, einen gewissen Akzent aus seinen Antworten herausgehört und waren dann über ihn hergefallen. Ich sah ihn ungläubig an. Yonathan ist weiß, seine Augen sind blau, er ist in Bayern aufgewachsen und spricht perfekt Deutsch. Das Einzige, was in einer Stadt wie Potsdam an ihm auffallen mochte, war der kurze, zum Pferdeschwanz gebundene blonde Haarschopf.

Auf die Frage, warum die aus der untergegangenen DDR-Zeit stammenden Exponate und Filme, die für jeden jüdischen, aber auch jeden anderen informierten Besucher eine kaum erträgliche Zumutung darstellen, fünf Jahre nach dem Fall der Mauer belassen wurden, ist von der Leitung der Gedenkstätte zu hören: Der Leiter der Fachkommission sei noch nicht so weit. Das Lagermuseum solle erneuert, die kommunistische Version der Geschichte Sachsenhausens an einen anderen, kleineren Ort verlagert werden. Aber bis auf Weiteres fehle zu alldem das Geld. Tatsächlich hat das Land den Haushalt der Brandenburgischen Gedenkstätten, die sich zunehmender Besucherzahlen erfreuen – allein in Sachsenhausen waren es bis Ende September 1995 etwa 250 000 –, für 1996 um zwölf Prozent gekürzt. Inzwischen hat der Direktor der Stiftung Brandenburgische Gedenkstätten, Jürgen Dittberner, vor der Gefahr gewarnt, dass die Gedenkstätten in Sachsenhausen und Ravensbrück »in der märkischen Landschaft versinken«. Der Zerfall der Gedenkstätte ist umso skandalöser, wenn man bedenkt, dass für ein zentrales Holocaust-Mahnmal in Berlin 20 Millionen DM gehandelt wurden. Jürgen Dittberner hat mit seinem Argument natürlich recht: Im Land der Täter sind die vielen realen Orte, an denen das Ungeheuerliche geschah, unendlich aussagekräftiger als irgendeine symbolische »Zentrale« der Erinnerung in der Hauptstadt.

(Erschienen in einer längeren
Version unter dem Titel
»The sins of the grandfathers« am 3.12.1995
im New York Times Magazine)

Die Einsichten in die fast gänzliche Aussparung der deutschen Verbrechen an den Juden in der Geschichtsschreibung der DDR, die ich bei dieser Reportage gewann, haben mich genauso überrascht wie die jugendlichen Besucher der Gedenkstätten, die ich damals befragte. Wie das Buch von Jeffrey Herf »Zweierlei Erinnerung. Die NS-Vergangenheit im geteilten Deutschland«, Berlin 1998, beweist, betraf dieser selektive »Antifaschismus« die gesamte DDR-Geschichtsschreibung über die Nazi-Vergangenheit. Von der »Auslassung« des Themas Holocaust und Antisemitismus aus dem Bildungswesen der DDR lebt bis heute das falsche gute Gewissen der AfD gegenüber der Nazi-Vergangenheit.

Krieg in Europa

Die serbische Barbarei und die unsere

(Mai 1993)

Niemand leugnet mehr die Tatsachen. Mitten in Europa, in Hör- und Sichtweite von Italien, Österreich und Griechenland, findet ein Krieg statt, dessen Ziel die Vertreibung und Vernichtung von Zivilisten ist. Abend für Abend schicken die Fernsehsender die Bilder von verhungerten, verstümmelten, vergewaltigten, zerfetzten Zivilisten in die europäischen Wohnstuben. An Grausamkeit überbieten sie womöglich jene Kriegsbilder, die vor 25 Jahren Millionen Europäer auf die Straßen trieben. Das einfache, Sprachen und Ideologien übergreifende Motto hieß damals: Stop the war in Vietnam! Aber anders als damals beschränkt sich die Empörung heute auf das leise Aufseufzen vor dem Fernseher.

Die europäischen Politiker betäuben das Entsetzen der Bürger durch Willenserklärungen, denen keine Taten folgen. Niemand zählt mehr die Waffenstillstandsabkommen und Friedensvereinbarungen, die noch in der Stunde ihrer Unterzeichnung durch neue Eroberungs- und Mordaktionen verhöhnt worden sind. Es stellt sich heraus, dass »alles oder nichts« ein sicheres Spiel ist, wenn es weit und breit niemanden gibt, der den Einsatz mithält. Im ersten Jahr nach seiner Entbindung in Maastricht zeigt Europa sein zukünftiges Gesicht: das Babyface eines Fauns, das nur demjenigen zulächelt, der im Sicheren lebt.

Die Deutschen fallen in der Allianz des europäischen Versagens nur durch ein paar sonderbare und ganz spezielle Töne auf. Die deutsche Friedensbewegung konnte sich nicht auf eine gemeinsame Resolution zum Krieg in Bosnien einigen. Stattdessen protestierte sie gegen die AWACS-Einsätze der Bundesluftwaffe im ehemaligen Jugoslawien, die dort unter UNO-Aufsicht Aufklärungsflüge durchführt. Der deutsche PEN sagte seine Teilnahme an der in Dubrovnik geplanten internationalen PEN-Konferenz ab mit dem lyrischen Bescheid, die PEN-Gespräche seien »besser an einem Ort außerhalb des ehemaligen Jugoslawien mit seiner heillosen und tragischen Gegenwart« (sic!) zu führen. Statt unter den Augen der Weltöffentlichkeit gegen Tudjmans gleichgeschaltete Presse das Wort zu ergreifen, traf man sich auf der Insel Hvar zu »literarischen Soirees«. Dort sollte es dann, nach den Worten des deutschen PEN-Präsidenten, gelingen, »frei von möglicherweise falschen Parteinahmen (sic!) ... ein Zeichen des Friedens zu setzen«.

Ein guter Teil der linken Intellektuellen erschöpfte seine Energien in der Warnung vor einer Beteiligung deutscher Kontingente am UNO-Einsatz in Bosnien, die gar nicht zur Debatte steht. Sowohl Bundeskanzler Helmut Kohl und Verteidigungsminister Volker Rühe haben einen Einsatz von Bodentruppen ausdrücklich ausgeschlossen: Deutsche Soldaten, »unsere Kinder«, stehen für die Beendigung des Mordens in Bosnien nicht zur Verfügung. Halb laut darf man immerhin fragen, warum eigentlich die Kinder der anderen, von den Deutschen seinerzeit überfallenen Nachbarvölker, der Franzosen, der Belgier, der Engländer zum Beispiel, für diese Aufgabe zur Verfügung stehen sollen. Sind deren Eltern etwa weniger besorgt um das Leben ihrer Kinder, kennen sie die Schrecken des Krieges nicht so gut wie die Deutschen? Nur die Frauen haben ihr Entsetzen über die Nachrichten aus Bosnien auf die Straße getragen und in eine mutige Hilfsaktion für die Opfer der Massenvergewaltigungen übersetzt.

Man müsste von der deutschen Debatte kein Aufheben machen, wenn sie – wie in anderen Ländern – die Risiken und den Sinn einer möglichen Intervention beträfe: Welche Ziele sind erreichbar, wie viele UNO-Soldaten wären nötig, wie lange müssten sie bleiben, warum eigentlich wäre eine deutsche Beteiligung »kontraproduktiv«? Jedes private Streitgespräch, aber auch jede zweite Politikeräußerung beweist, dass es in Wahrheit nicht um diese Fragen geht.

Es sind moralische Grundpositionen, angebliche Lehren aus der Geschichte, die den Diskurs bestimmen und dann auch die Einschätzung einer Intervention prägen.

»Wir stehen hier für eine der besten Traditionen: Krieg ist kein Mittel der Politik«, rief der SPD-Fraktionsvorsitzende Günter Verheugen. »Wir Deutschen wollen keinen Krieg«, beteuerte seine Parteifreundin Frau

Wiezcorek-Zeul in einer Talkshow. Tatsächlich ist der Anspruch auf eine deutsche Sonderrolle, auf eine moralische Vorbildfunktion der Deutschen nicht zu überhören.

In der Hitze eines Streits mit einem Bekannten, der gerade seinen 60. Geburtstag gefeiert hatte, ließ ich mich zu der Frage hinreißen, ob es für einen heutigen Deutschen irgendeinen Wert gebe, der notfalls mit dem Einsatz des eigenen Lebens verteidigt werden müsse. Statt einer Antwort summte mir mein Gesprächspartner ein Nazi-Lied vor, in dem das Blutopfer für Volk und Vaterland gefeiert wurde. Er hatte es noch in der Schule lernen müssen. Das gesummte Argument schien keines weiteren Kommentars zu bedürfen. Mit ähnlichen Parolen hatte der Lebensverächter mit dem Schnauzbart die Deutschen in einen mörderischen Krieg geführt, der 50 Millionen Menschen das Leben gekostet hatte.

»Nie wieder Krieg, nie wieder Uniformen, nie wieder Waffen!« – dieser erlösende Ruf prägte das politische Bewusstsein im Nachkriegsdeutschland und erschien den Kindern der Tätergeneration als die einzig mögliche Antwort auf die Kriegsbegeisterung so vieler Eltern. Er artikulierte sich in Wolfgang Borcherts »Sag nein!«, fand sein Echo in Wolf Biermanns »Soldaten sind sich alle gleich, lebendig und als Leich«. Diese Lehre aus den deutschen Verbrechen erschien derart unausweichlich, dass eine Kleinigkeit übersehen wurde: Sie war unvollständig. Die Opfer der Nazi-Aggression und deren Kinder – die Juden, Polen, Russen,

Franzosen, Engländer – konnten und wollten nie genau dieselbe Schlussfolgerung aus ihrer Kriegserfahrung ziehen. Denn ihnen war nichts weiter übrig geblieben, als Waffen in die Hand zu nehmen und Krieg zu führen, um sich von den deutschen Aggressoren zu befreien. Die Neigung, beides, die Aggression und die Verteidigung gegen die Aggressoren, mit einer allgemeinen Warnung vor dem »Krieg« zu ächten, konnte sich wohl nur im Land der Täter durchsetzen.

Der entlastende Nebeneffekt dieser Vereinfachung bestand ja darin, dass die Unterscheidung zwischen dem Aggressor und dem Opfer der Aggression zu einer Nebensache wurde. Umgekehrt haben sich die Völker der ehemaligen Anti-Hitler-Koalition das deutsche Credo: »Es gibt nichts Wichtigeres als den Frieden« nie ganz zu eigen gemacht. Diese Philosophie entsprach nicht ganz den Erfahrungen des antifaschistischen Kampfes. Es war denn auch der israelische Schriftsteller Amos Oz, der die deutsche Friedensbewegung mit der Bemerkung schockierte, nicht der Krieg sei das Böse »an sich«, sondern die Aggression. Ich vermute, die moralische Verwirrung und Lähmung vieler Deutscher erklärt sich daraus, dass sie mit diesem Satz von Amos Oz keine Erfahrung verbinden. Wir haben nur von unseren Vätern – den Tätern – gelernt, nicht von deren Opfern.

Sollte dies wirklich die richtige Lehre aus dem Nazi-Faschismus sein: Weil wir für die schlimmsten Kriegsverbrechen der Geschichte verantwortlich sind, haben wir die moralische Pflicht (und das Privileg), uns in alle Zukunft auf Handel und Wandel zu beschränken, und überlassen es den anderen Völkern, ihre Knochen für die Menschenrechte hinzuhalten? Es kommt in der Geschichte nicht eben häufig vor, dass ausgerechnet die bequemste und garantiert folgenlose Haltung – das händeringende Zuschauen beim Völkermord – auch noch die moralisch edelste ist. Ließe sich aus der Erfahrung des Nazi-Faschismus nicht eine ganz andere Moral ableiten: Wir, die Deutschen, müssten als Erste alarmiert sein, wenn ein Volk über seine Nachbarvölker herfällt und das Territorium von ethnischen Minderheiten und Mehrheiten »reinigt«?

An dieser Stelle des Gesinnungsstreits taucht unfehlbar eine Warnung auf, die als Denk- und Gefühlsverbot funktioniert: Man dürfe und könne den Terror in Bosnien keinesfalls mit den Nazi-Greueln vergleichen. Ein nur halb richtiges, ein seltsames Argument: Wenn Auschwitz der Maßstab ist, braucht man nirgendwo auf der Welt mehr einzugreifen, da keines der aktuellen Verbrechen gegen die Menschenrechte an Auschwitz heranreicht. Marek Edelmann, der letzte überlebende Kommandant des Warschauer-Ghetto-Aufstands, sagte am 50. Jahrestag dieses Ereignisses: »In Bosnien gibt es Massenvernichtungen, und Europa verhält sich so ähnlich wie damals gegenüber den Ghettokämpfern.« Wenn ein überlebendes Opfer des Nazi-Massakers diesen Vergleich zieht, dann nehmen sich die Warnungen der Täterkinder vor derartigen Parallelen merkwürdig aus.

Auch die oft zu hörende Meinung, man wisse in

Bosnien nicht, wer Freund und Feind sei – »das ist ein Bürgerkrieg, wir dürfen dort nicht Partei ergreifen« (Heide Simonis, Ministerpräsidentin von Schleswig-Holstein) –, erweist sich als eine schwache Ausrede für Untätigkeit. So viel ist bekannt: Nicht nur die Serben, sondern in geringerem Ausmaß auch die Kroaten und in Einzelfällen auch die Moslems haben in ihren angestammten oder eroberten Gebieten ethnische Vertreibungen und Massaker zu verantworten. Der Krieg im ehemaligen Jugoslawien erlaubt, wie fast jeder Krieg, nicht die saubere Unterscheidung zwischen dem Guten und dem Bösen, sehr wohl aber die zwischen verbrecherischen Angreifern und Angegriffenen, die ebenfalls Verbrechen begehen. Die Serben führen einen barbarischen Eroberungskrieg und haben ihr Gebiet gewaltig erweitert. Die Kroaten haben einen erheblichen Teil ihres Gebiets an die Serben verloren und versuchen nun mit immer brutaleren Mitteln, ihr Gebiet in Bosnien auf Kosten der Muslime zu erweitern. Die bosnischen Muslime haben fast alles verloren.

Im Übrigen hat es sich für die Europäer nie darum gehandelt, sich zwischen den Serben und den Kroaten zu entscheiden. Die Parteinahme kann und konnte immer nur den Opfern der Aggression gelten: Das waren zuerst die Kroaten, es sind die fast wehrlosen Muslime, es war und ist die Zivilbevölkerung auf allen Seiten.

Der Preis für einen solchen Einsatz wäre hoch, höher jedenfalls als derjenige, den die Europäer und die USA bisher zu leisten bereit waren. Die Demokratien der Welt stehen vor der Frage, wie viel ihnen die Wiederherstellung der Zivilisation in einem Land wert ist, in dem nicht Öl, sondern »nur« die Menschenrechte zu verteidigen sind. Die Antwort lässt sich nicht delegieren; jeder, der eine Intervention für notwendig hält, muss sich fragen lassen, einen wie großen Einsatz er selber zu leisten bereit wäre.

Es ist ziemlich lächerlich, anzunehmen, dass irgendjemand im reichen, konsumverwöhnten Europa darauf versessen ist, für die Menschenrechte in Bosnien zu sterben. Und es kommt einer moralischen Perversion gleich, wenn diejenigen, die eine militärische Intervention für notwendig halten, als »Bellizisten« und »Militaristen« hingestellt werden, während die anderen, die einen solchen Einsatz unbedingt vermeiden möchten, sich als Besitzer der höheren Moral aufführen.

Der Krieg gegen die Zivilbevölkerung in Bosnien findet statt; er wird nicht von denen begonnen, die dem Morden notfalls mit Gewalt ein Ende setzen wollen, wenn denn kein anderes Mittel hilft. Wenn die Europäer zu dem Ergebnis kommen, dass ihnen das Risiko zu hoch ist, dann sollen sie auch sagen, was sie in Kauf nehmen: den Sieg der Barbarei in diesem Teil Europas.

(Dieser Artikel erschien leicht gekürzt zunächst am 30.5.1993 als Op-ed in der New York Times unter dem Titel »Serbian Barbarism – and ours«. Am 11.6.1993 wurde er unter dem Titel »Was ist uns unsere Zivilisation wert?« in der Süddeutschen Zeitung veröffentlicht und später auch in Le Monde und La Repubblica.)

Ein Autor weiß so etwas nicht vorher. Aber dieser Artikel wurde zu einem Wendepunkt, zu einem point of no return für viele meiner späteren Interventionen. Gleichzeitig wurde er zum Ausgangspunkt von dauerhaften Feindschaften im deutschen Feuilleton und im Gerede des damals noch relativ intakten linken Umfelds.

Unter den Gewohnheitsfeinden möchte ich ihrer Treue wegen Willi Winkler, Robin Detje und Wiglaf Droste hervorheben. Egal, was, worüber und ob ich überhaupt etwas schrieb, statteten sie meinen Namen reflexartig mit Beinamen wie »Konvertit«, »Opportunist«, »Kriegstreiber« oder »Bellizist« aus. Dabei haben sie sich nie die Mühe gemacht, die Erfahrungen und Argumente, die mich zu meiner neuen Haltung in Sachen Krieg und Frieden führten, abzuwägen oder gar zu widerlegen. Es genügte ihnen jeweils, mich als Person zu diskreditieren. Willi Winkler verhöhnte mich in der ZEIT als »Konvertit des Monats«, der sich »am goldenen Nasenring Joachim Cäsar Fest vorführen« ließ. Später fabulierte er »vom verkommenen und korrupten Schriftsteller Peter Schneider«, einem »abgelegten Kulturgangster«, was »Peter Handke schon 1969« gesagt habe – erstaunlich, denn damals hatte ich noch kein einziges Buch veröffentlicht.

Robin Detje, der in der Pose eines Kabarettisten kurz nach dem 9. November 1989 eine ziemlich erfolgreiche Protestdemonstration in Westberlin gegen die Öffnung der Mauer organisiert hatte, warf mir die Verharmlosung der Vergangenheit vor. Mit meinem Buch über den Fall eines erfolgreich versteckten Juden namens Konrad Latte (... »und wenn wir nur eine Stunde gewinnen«, Reinbek bei Hamburg 2001), der während der Kriegsjahre von Berliner Helfern gerettet wurde, hätte ich die Vergangenheit verharmlost. »Ziel der Vergangenheitsbewältigung war immer schon die Entlastung der Deutschen von ihrer Schuld mit allen Mitteln; uns Armen, die wir Opfer unserer selbst geworden sind, können dabei auch Juden helfen.« (Süddeutsche Zeitung, 1.3.2002) Es verhält sich natürlich genau umgekehrt: Wenn es schon um die deutsche Schuld gehen muss und Deutsche, wie mein Buch zeigt, Juden helfen konnten, ohne gleich ihr Leben zu riskieren, wird die Schuld der anderen Deutschen eher größer, nicht kleiner. Marcel Reich-Ranicki verteidigte das Buch: »Das sehr lesenswerte Buch zeigt, dass einzelne Juden gerettet wurden, weil es Menschen gab, Deutsche in Berlin, die Courage hatten.« Wolfgang Pohrt verlangte – ich weiß nicht mehr anlässlich welcher Veröffentlichung – schlicht die Einstellung der Produktion bis zum Jahre 1993, oder gab er mir Zeit bis zum Jahre 1999?

Leider habe ich von diesen hoch motivierten Begleitern meiner Schriften nichts lernen können; ich habe ihre Anwürfe in einer Mappe namens »Liste der Freundlichkeiten« abgelegt. Wenn sie außer Hohn und Verachtung überhaupt ein Argument gegen mich aufführten, so war es der Vorwurf, dass ich mich von Überzeugungen, an denen sie festhielten, mit Entschiedenheit fortbewegt hatte.

Im Sommer 1993 erreichte mich ein Schreiben der ›Reporters sans frontières‹. Darin fragte mich einer der Gründer der Organisation, ob ich bereit sei, mich für zehn Tage in die Stadt Sarajevo zu begeben, um dort mit dem lokalen bosnischen Fernsehsender einen Dokumentarfilm zu drehen – das Thema solle ich selber bestimmen. Außerdem erwarte man von mir, über meine Eindrücke einen längeren Artikel zu verfassen, der dann in mehreren europäischen Zeitungen erscheinen würde. Für Reise und Unterkunft würden die ›Reporters sans frontières‹ aufkommen.

Die ›Reporters‹ teilten weiter mit, dass sie das gleiche Angebot an je einen Schriftsteller aus den anderen europäischen Nationen geschickt hatten.

Natürlich wusste ich, dass Sarajevo zu dieser Zeit jeden Tag beschossen wurde und täglich drei bis zehn Tote und dreimal so viele Verletzte zu beklagen hatte. Mit der Einladung war ein Risiko verbunden, das ich anhand der Einwohnerschaft von Sarajevo berechnen konnte; ich hielt es für hinnehmbar. Allerdings hatte ich von Anfang an mit Vorwürfen von Leuten zu tun, die es einfach nicht aushalten, dass jemand ein Risiko in Kauf nimmt, das sie selber auf keinen Fall eingehen würden. »Hast du das wirklich nötig?«, fragte einer.

»Du hast doch Kinder!«, mahnte ein anderer. »Dort kannst du gar nichts tun«, beschwor mich ein Dritter, »außer Leichenschauhäuser zu besuchen.«

Wahrscheinlich hätte ich mich nie entschlossen, die Einladung der ›Reporters sans frontières‹ anzunehmen, hätte ich nicht am 21.11.93 in der ARD, irgendwann nach 23 Uhr, den Film der BBC über das Lager von Omarska im Norden von Bosnien und Herzegowina gesehen. Es war ein aktueller Bericht über ein KZ für 5000 bis 7000 Muslime und Kroaten im serbisch besetzten Gebiet.

Ein paar Wochen nach meiner Zusage kam dann ein eher handliches Paket an meine Adresse. Der Inhalt bestand aus einer zusammengefalteten Weste, einer, wie ich erriet, kugelsicheren Weste. Ich probierte sie an, nachdem ich das Schlafzimmer verriegelt hatte – auf keinen Fall wollte ich meiner Lebensgefährtin und meinen Kindern Anlass zu Fragen nach dem Zweck des Kleidungsstücks geben. Nach kurzem Probieren entschied ich, dass mir die Weste passte. Allerdings verstand ich damals nichts von kugelsicheren Westen.

Auf der Reise nach Sarajevo und während meines Aufenthalts in der Stadt stieß ich auf zwei Eigenschaften von mir, die mir aus Mangel an Gelegenheit bisher nicht bekannt waren: eine gewisse Kaltblütigkeit in gefährlichen Situationen, gleichzeitig das Fehlen jedes Ehrgeizes, als Erster am Brennpunkt der Ereignisse zu sein. Ich war fest entschlossen, Orte in Sarajevo, an denen eben eine Granate eingeschlagen hatte, nicht zu besichtigen, und das Leichenschauhaus in Sarajevo nie zu betreten.

Der Flug nach Sarajevo war für den 15.1.1994 vorgesehen, aber wegen des anhaltenden Beschusses der Stadt bis auf Weiteres verschoben worden. So sammelte sich in dem kleinen Militärflughafen nach und nach das Who is Who der internationalen Presse – Fotografen, Reporter, Journalisten, die alle so rasch wie möglich in das heftig beschossene Sarajevo wollten. Ich sah Christiane Amanpour von CNN, begrüßte einen mir bekannten italienischen Reporter von Repubblica, ließ mich einem Journalisten von der New York Times vorstellen, hörte viel Französisch, aber auch Russisch und Polnisch – offenbar war ich der einzige Deutsche in der kleinen Abflughalle, von der ausschließlich Versorgungs- und Militärflugzeuge der UNPROFOR (Protection Force der UN) abflogen. Wie alle anderen hatte ich ein Art Flugausweis der UNPROFOR in der Tasche, der mich »auf eigene Gefahr« zu diesem Flug berechtigte; wie alle anderen hatte ich mich in eine Warteliste eingetragen. Ich erschrak, als am nächsten Tag mein Name als einer der ersten ausgerufen wurde. In einer halben Stunde, erfuhr ich, werde ein Versorgungsflugzeug der Bundeswehr fliegen und könne mich und drei, vier weitere Passagiere von der Liste mitnehmen.

Sofort entstand ein aufgeregtes Geflüster unter den vielen Wartenden, die vor mir angekommen waren und sich vor mir in die Liste eingetragen hatten; empörte Blicke trafen mich. Warum, überlegte ich, sollte ich als Einer der ersten nach Sarajevo gelangen, nur weil die nächste abfliegende Transportmaschine eine deutsche war? Ich beschloss, das angebotene Privileg auszuschlagen – aus zwei Gründen: Erstens wollte ich mir die angereiste internationale Journalistenschar nicht zum Feind machen; zweitens legte ich keinen Wert darauf, als Erster in eine Stadt zu gelangen, die – so hieß es – heftiger bombardiert wurde als jemals zuvor.

Also erklärte ich auf Englisch, dass ich mich keineswegs vordrängeln und selbstverständlich warten wolle, bis mein Name von der Warteliste aufgerufen würde. Vor allem bei den amerikanischen Medienleuten, mit denen ich mich unterhalten hatte, kam halb lauter Beifall auf.

Zwei Tage später war es dann so weit. Meinem Listenplatz gemäß flog ich mit einem französischen Transportflugzeug von Ancona ab.

In der Gepäckabholung und der Ankunftshalle des Flughafens von Sarajevo waren außer uns paar Zivilisten nur junge Soldaten der Protection Force zu sehen. Man konnte ihre Herkunft an den kleinen nationalen Emblemen, die sie an den Schultern trugen, erkennen: Sie kamen aus Belgien, Frankreich, Schweden, Italien, aus Polen und Ungarn – kein einziger deutscher Soldat war unter ihnen. Die UN Protection Force schützte damals aufgrund eines äußerst ein-

geschränkten Auftrags lediglich den Flughafen und die Zufahrtsstraße nach Sarajevo – keineswegs die Stadt.

Wie kam es, dass – von der deutschen Versorgungsmaschine und den AWACS-Flugzeugen abgesehen – kein einziger deutscher Soldat unter der UN Protection Force im Flughafen war? Wie hatten sich die Deutschen aus diesem Einsatz herausgehalten?

Als wir aus der Ankunftshalle heraustraten, musterte ich wie alle anderen die Karawane der Fahrzeuge, die gekommen waren, um die aus Ancona eingeflogenen Journalisten abzuholen. Einige der Fahrer waren aus ihren manchmal sehr seltsamen Fahrzeugen – Jeeps, Luxus-Limousinen, Panzer – herausgetreten und winkten uns zu. Die amerikanischen Kollegen identifizierten nach und nach die dunklen Limousinen, die auf sie warteten. Christiane Amanpour bestieg, wenn ich mich recht erinnere, einen veritablen kleinen Panzer. Die Italiener, die Polen, die Franzosen stiegen in Kompaktfahrzeuge oder in Geländewagen ein, deren Scheiben, soweit ich es erkennen konnte, immerhin intakt waren. Bei dem VW-Käfer, der auf mich wartete, waren alle Fensterscheiben herausgeschossen worden; nur die Frontscheibe, erklärte mir der Fahrer nach einem herzlichen Welcome, war erneuert worden.

Ich nahm mit meinem kleinen Koffer hinter dem Fahrersitz Platz. Wie gerne hätte ich jetzt neben Christiane Amanpour in ihrem Panzer gesessen!

Stattdessen fuhr mir der eisige Januarwind durch die fensterlosen Rahmen des VW ins Gesicht.

»Why this crazy speed!«, rief ich dem Fahrer ins Ohr, warum mit mehr als hundert Stundenkilometern fahren? Ich hätte nicht die geringste Lust, schon bei der Anfahrt nach Sarajevo zu sterben. Der Fahrer verstand mich nicht. An seiner statt antwortete mir der Mann auf dem Beifahrersitz in gutem Französisch. Es tue ihm sehr leid, sagte er, aber diese Geschwindigkeit sei lebenswichtig – »Autrement on survit pas ici!« Denn bei 80 Stundenkilometern könnten die serbischen Sniper ein Fahrzeug im Visier behalten, bei 100 Stundenkilometern nicht mehr.

Nebenbei erfuhr ich, 60 Mitarbeiter des Bosnischen Fernsehens seien seit Beginn des Krieges umgekommen: »Gefallen«, sagte er.

Als wir vor meinem Hotel, dem Holiday Inn, angekommen waren, zog ich den Reißverschluss meines Koffers auf, holte meine schusssichere Weste hervor und wollte sie dem Fahrer schenken. Für mich war klar: Ich konnte unmöglich als Einziger in diesem Team eine solche Weste tragen – und dies auch noch während eines lächerlich kurzen Besuchs.

Der Fahrer verstand meine Geste, bedankte sich, aber probierte die Weste nicht an. Auch während der folgenden Drehtage habe ich ihn nie mit dieser Weste angetroffen. Ich nahm an, dass er denselben Grund hatte wie ich. Ein paar Tage später irgendwann erklärte er mir – und dieser Satz war ihm offensicht-

lich peinlich –, was der Weste von den ›Reporters sans Frontières‹ fehlte: der Kragen, der den Hals vor Sniper-Kugeln schützte, und das ausziehbare Teil am unteren Ende, das den Penis und die Nieren abdeckte.

In den folgenden Tagen sah ich die Weste noch ein paarmal zusammengeknautscht unter seinem Fahrersitz, dann war sie verschwunden. Ich hoffte, dass er mein nutzloses Geschenk gut hatte verkaufen können.

Neujahr in Sarajevo
(Januar 1994)

Corinne vom »Le Point« kommt heute todbleich ins Saga-Büro. Sie hat einen Mann interviewt, in dessen Schlafzimmer gestern Nacht eine Granate eingeschlagen ist. Durch ein Wunder hatte ihn die Granate nicht getroffen, er war zu diesem Zeitpunkt noch nicht im Bett gewesen. Der Anblick des zertrümmerten Betts in einem Zimmer im vierten Stock hat ihr die Lotterie des Lebens vor Augen geführt, sie genehmigt sich einen Schnaps.

Gestern begann das serbische Neujahrsfest. Die Belagerer auf den Bergen feierten es mit einem wahren Höllenfeuer. Eine Granate explodierte in der Rezeption unseres Hotels; der Rezeptionist war zufällig in der Halle, nicht in der Rezeption, und hatte einen blauen Blitz neben sich einschlagen gesehen. Er kam ins Restaurant und ließ sich ebenfalls einen Schnaps einschenken.

Das Dauerfeuer von den Bergen ging weiter bis kurz nach Mitternacht. Ein Kameramann von ABC, der im Zimmer neben mir wohnt, rannte mit seiner Kamera und seinen Kumpeln aufgeregt durch den Flur zum Fenster, um das Spektakel aufzunehmen. Der schwarze Himmel wurde von gedankenschnell fliegenden, rot leuchtenden Geschossen durchpflügt. Der

Unterschied zu einem Feuerwerk ist das Ausbleiben der Explosion im Himmel – die Geschosse entspannen sich erst am Boden beziehungsweise im Körper.

Später sahen sich die drei Kamera-Cowboys in den Zimmern neben mir das gedrehte Crescendo der Salven wieder und wieder im Monitor der Kamera an. Sie standen vor den Bildern, als wären sie in einem Rockkonzert, gingen mit dem Körper und den Fäusten den Rhythmus mit und schrien auf beim donnernden Einschlag.

Jeder, den ich hier treffe, hat irgendeine Katastrophengeschichte zu erzählen, die nur ein paar Tage alt ist. Der allgegenwärtige Tod beschneidet das Gedächtnis und lässt nur die Erinnerung an die letzten Tage zu. Jakov, der Kameramann von der bosnischen Fernsehstation Saga, bringt mich zur Familie Serdarević. Auf dem Weg, in der Skerlica-Straße, deutet er auf eine Einschlagstelle im Asphalt, kaum größer als ein Kuhfladen: »Hier ist vor fünf Tagen«, erklärt er, »ein Kollege von einer Granate getötet worden.«

Eine andere Geschichte: Vor 14 Tagen fuhren sie, erzählt Jakov, mit einem Bus für 15 Passagiere, in dem 50 Leute saßen, zum Holiday Inn. Während der Fahrt wurde ein Kollege neben ihm, der sich im Auto gerade aus dem Fenster lehnte, von einem Sniper erschossen. Jakov erzählt von einem serbischen Freund und Kollegen Momo – er selbst ist ebenfalls Serbe –, der sich etwa vier Monate vor dem Beginn des Krieges für die großserbische Sache entschied. Zehn Jahre lang hatte er mit Momo zusammengearbeitet, ohne dass es je einen größeren Streit gegeben hätte. Plötzlich jedoch verschwand Momo von seiner Arbeitsstelle in Sarajevo – Momo musste wegen einer Dienstsache nach Belgrad. Der serbische Zoll fand seinen Saga-Dienstausweis in seinen Sachen. »Was bist du?«, sagten die serbischen Zöllner, »du bist kein Serbe, du bist ein Haufen Scheiße, schlimmer als ein Muslim.«

Momo arbeitet jetzt für das serbische Fernsehen. »Wo soll ich hin«, hatte Jakov gefragt, »nach Serbien kann ich nicht gehen, nach Kroatien erst recht nicht, und in Sarajevo werden sie mich, wenn es denn einen bosnischen Staat gibt, auch nicht wollen.«

Er verachte Momo dafür, versichert mir mein Gewährsmann, dass er bei dem »türkischen« Sender geblieben sei.

Die junge Fadila Serdarević, Medizinstudentin, Muslimin, rollt ihren Pullover hoch und zeigt mir die lange Narbe auf ihrem Rücken. Vor ein paar Monaten hatte sie in ihrem Balkonzimmer über einem Lehrgang gesessen. Das Buch war auf den Boden gefallen. Im Augenblick des Bückens explodierte der Schuss eines Snipers im Zimmer – es wurde ein Streifschuss. Der Schütze saß in den Bergen gegenüber und hatte sie genau im Visier. Er verfehlte sie nur dank des heruntergefallenen Buches. Seit sie einmal durch so ein Zielfernrohr geschaut hat, weiß sie: Wer einmal erfasst ist, hat keine Chance. »Du siehst jedes Detail – Mund, Nase, Kinn – aus einer Entfernung von einem Kilometer. Wir glauben inzwischen alle an so etwas wie Schicksal, an eine Vorbestimmung«, erklärt Fadila. »Wenn es dir bestimmt ist, in Sarajevo zu sterben, wirst du hier sterben. Und eigentlich ist es egal, ob du in Berlin oder in Sarajevo stirbst, stimmt's? Und wenn es dir nicht bestimmt ist, verfehlt dich jeder Sniper und jede Granate. Am Sonntag, wenn du wieder ins Flugzeug steigst, wirst du es wissen.«

Sie macht mir anhand ihres Gürtels vor, wie man sich verhält, wenn man von einer Granate verletzt wird. »Das Wichtigste ist, die Blutung zu stoppen, die Wunde an der Trennstelle abzubinden; aber nicht zu fest, es muss immer noch genug Blut in das Bein oder den Arm fließen, sonst bleibt nur noch die Amputation. Morphium oder sonst ein Anästhetikum brauchst du nicht, nicht unbedingt. Denn du stehst unter Schock, wenn du getroffen wirst – zuerst merkst du gar nichts! Wenn du etwas Morphium dabeihast, umso besser; die Spritze würde dir allerdings nichts nutzen, da du nicht weißt, wie man mit ihr umgeht. Du kannst das Zeug aus der Ampulle aber auch herunterschlucken. Das Wichtigste sind Mullbinden! Geh nach Möglichkeit nie ohne Mullbinden aus dem Haus. Und nimm mehr mit, als du hier siehst. Mit der Menge hier kannst du dir höchstens einen abgefetzten Finger abbinden.«

Am nächsten Tag erzählt sie mir, dass vor ihren Augen ein Mann auf dem Weg nach Hause – auf dem Platz hinter dem Hinterausgang des Hotels, den wir alle benutzen – in den Rücken geschossen wurde.

»Es ist kein guter Ort, den ihr euch da ausgesucht habt«, sagt sie.

Geschichte eines zwölfjährigen Mädchens, dem eine Granate das Bein bis auf ein paar Sehnen abgetrennt hatte. Als der Arzt die unvermeidliche Amputation mit ihr bespricht, hört sie aufmerksam zu. Sie weint erst, als er sich daranmacht, ihre Bluejeans aufzuschneiden. Er solle nur das Bein abschneiden, nicht ihre Bluejeans, fleht sie, es seien die einzigen Jeans, die sie habe.

Ich blicke mich im Wohnzimmer um – ein großbürgerliches Ambiente, Kultur, Sauberkeit, der Holzofen ersetzt die Zentralheizung. An der Decke sehe ich eine zwei Quadratmeter große frisch verputzte Stelle. »Hier hat vor ein paar Monaten eine Granate eingeschlagen. Nur der Großvater wurde verletzt. Wir glauben alle an die Vorbestimmung.«

Fadila erzählt auch, dass die Kinder in den Volksschulen und Gymnasien jetzt die einheimischen Märchen und Sagen kritisieren. Es ist nicht wahr, sagen die Kinder, was ihr uns erzählt habt: dass der Gute und der Gerechte siegt. Es siegt der, der der Stärkste ist und die besten Waffen hat. Erzählt uns nicht mehr diese falschen Märchen. Wir wollen jetzt auch die besten Waffen haben und wollen die Stärksten sein!

Die Bosnier von Sarajevo konnten sich nicht vorstellen, dass Europa, dessen Kultur, Musik, Literatur sie sich zugehörig fühlen, ihre Stadt den Barbaren überlassen würde. Während die Kroaten und die Serben sich bis an die Zähne bewaffneten, blieben die Muslime lange unbewaffnet.

Fadila erzählt von einem gleichaltrigen Freund, der vor zwei Monaten seine Freundin heiratete und ein aufwendiges Hochzeitsfest organisierte. Kurz nach der Hochzeit wurde die Frau beim Wasserholen getötet – die Granate explodierte auf der anderen Straßenseite, aber ein winziger Splitter fand in ihr Herz. Der Ehemann lief wochenlang durch die Straßen, die für Snipers und Granateneinschläge berüchtigt sind, in der Hoffnung, getötet zu werden. Er wollte an ihrer Seite begraben werden. Aber die Vorbestimmung hatte kein Erbarmen mit ihm. Er blieb am Leben.

Es dauert jeweils eine halbe Stunde hin und zurück, um aus der Skerlica-Straße bis zur Wasserstelle in der Altstadt zu gelangen. Auf einem selbst gebastelten Karren lässt sich ein Container mit 45 Litern Wasser transportieren. Aber der Weg dorthin ist gefährlich, noch gefährlicher ist das Sich-Anstellen in der langen Schlange vor der Wasserstelle. Die Belagerer bevorzugen für ihre Granaten Menschenansammlungen wie den Markt von Sarajevo oder die Schlange vor der Wasserstelle. An beiden Orten hat es Massaker gegeben. Ein Nachbar von Falida hat dort seine einzige Tochter verloren – ein 15-jähriges Mädchen. Das Wasser war zuletzt vor zwei Monaten in die Wohnung gelangt. Wann hatte man dort zuletzt Licht gesehen? Man erinnert sich nicht mehr.

Susan Sontags Sohn, der Journalist David Reed, erzählt mir von einem Sniper in den Bergen, der nicht weit vom jüdischen Friedhof Zivilisten in seiner Heimatstadt Sarajevo aufs Korn nimmt. Der Sniper sei ein gebildeter Mann. Vor dem Krieg war er Lehrer in einer Oberschule in einer Vorstadt von Sarajevo, hatte John Updike gelesen und fragte Reed nach seiner Meinung über Updikes letztes Buch! – Aber als derselbe Mann hinabblickte auf die Stadt Sarajevo, auf die er an diesem Tag die Munition seines schweren 50-Kaliber-Maschinengewehrs verschossen hatte, sah er nicht die europäische Metropole, die Rock-'n'-Roll-Stadt des Balkans, sondern eine Stellung der türkischen Armee aus dem 14. Jahrhundert.

»Bevor der Sommer endet, werden wir die Türken aus der Stadt vertrieben haben. Genau wie sie uns 1389 auf den Schlachtfeldern von Kosovo vertrieben haben. Das war der Anfang der türkischen Fremdherrschaft. Und in diesem Sommer wird sie nach all diesen Jahrhunderten enden. Wir Serben retten jetzt Europa. Auch wenn Europa uns nicht für diesen Dienst liebt, ihn sogar verdammt!«

Dann habe der Mann nur noch genickt und genickt, und während er nickte, schickte sein Nachbar von der nächsten Stellung aus weitere Salven in die Stadt.

In Sarajevo freut man sich über Wolken und Nebel, man hasst die Sonne, weil sie den Snipern freie Sicht gewährt. Es gibt kaum noch Vögel in der Stadt, da die Bäume verheizt wurden, selbst die Wurzeln sind ausgegraben. Nur hochbeinige halb verhungerte Hunde trotten – ihren Herren und Herrinnen ähnlich – durch die Straßen. Die Hälfte der Autos ist ausgebrannt, andere intakte stehen auf den Achsen, die Räder sind abmontiert. Zersplittertes Glas überall, zerschossene, verlassene Hochhäuser, die Müllhaufen seit Wochen oder Monaten nicht abgeräumt. Man vermeidet Wege, wenn sie nicht unbedingt nötig sind. Irgendwo zwischen Ruinen, nur durch den Leichtsinn und die dumme Kühnheit der Jugend geschützt, spielen ein paar Halbwüchsige Fußball. Abends, aus dem Fenster meines Zimmers im Holiday Inn, sehe ich kein einziges Licht; die Stadt ist unsichtbar. Nur hin und wieder höre ich ein gepanzertes Fahrzeug, das mit 80 Stundenkilometern über eine verlassene Straße rast.

Heute ein Festessen in der Dininghall im Holiday Inn. Ein melancholischer Pianist spielt auf dem Flügel die eine oder andere gängige Melodie aus den großen Hollywoodfilmen. Als die Explosionen eines Granathagels durch die Gänge vor der Dininghall dröhnen und ein Einschlag so nah ist, dass die Fenster klirren, höre ich von irgendwoher: »Fuck you, bomb Belgrad!« Die amerikanischen Profis benehmen sich wie Westernhelden. Sie kommen mit ihren überdimensionalen Rucksäcken, ihren kugelsicheren Westen, ihren Kamerakoffern in die Dininghall, stellen ihr gewaltiges Handwerkszeug ab und setzen sich an den Tisch. »This was close«, sagen sie gleichmütig, wenn ein neuer Einschlag zu hören ist. Wenn man sie fragt, was sie heute erlebt haben, antworten sie: »It was quite a day!«

Nach einem Granateneinschlag in der Rezeption

fanden wir uns alle in der Dininghall wieder und gaben dem Rezeptionisten einen Schnaps aus. Drei Tage später schmiss CBS eine Party. Es gab alles, was der schwarze Markt hergibt: Wein, Whisky, Huhn, Cevapcici, Bohnen – nur Kaviar fehlte. Um mich herum höre ich Spanisch, Italienisch, Englisch, Französisch – kein deutsches Wort. AFP, Washington Post, New York Times, CNN, BBC, ABC, alle sind da. Auch Susan Sontag und Marcel Ophüls haben sich im Hotel einquartiert; ich sehe keinen einzigen deutschen Journalisten. Den Deutschen, sagen die ausländischen Kollegen, ist es hier zu gefährlich; die Versicherungen sind zu teuer oder übernehmen das Risiko nicht. »They don't take the risk, they are not used to it. For us, it's just another job.«

Susan Sontag fragt mich über die fehlende Parteinahme der deutschen Intellektuellen aus. Ob es wahr sei, dass die meisten sich hinter der Lüge verschanzten, man könne in diesem Krieg zwischen Angreifern und Angegriffenen nicht unterscheiden? Ich bemühe mich um eine differenzierte Antwort.

Aber es ist wahr: In Deutschland ist es inzwischen schick geworden, sich über den »Kriegstourismus« einer Susan Sontag aufzuregen und mit einem Druck auf die Fernbedienung die ABC- oder CNN-Bilder aus Sarajevo wegzudrücken. Die edelste, die mutigste Haltung besteht darin, die Bilder abzuschalten.

(Unveröffentlichte Aufzeichnungen
während meines Aufenthalts in Sarajevo
zwischen dem 14. und dem 24.1.1994)

Ich schrieb mehrere Artikel über Sarajevo in jenen Tagen, von denen einige auf den Erzählungen meines Teams vom bosnischen Fernsehen fußten. Sie sind in der FAZ, im SPIEGEL, in der taz, in Repubblica, in Dagens Nyheter, in Libération und anderen europäischen Zeitungen erschienen. Während meiner Tage in Sarajevo habe ich mit meinem sechsköpfigen Team einen Dokumentarfilm über die jüdische Gemeinde in Sarajevo gedreht. Die Gemeinde brachte es fertig, während des Krieges auch unter schlimmsten Bombardements lebensnotwendige Medikamente und Lebensmittel in die eingeschlossene Stadt zu schmuggeln. Nebenbei: Während der über 500 Jahre währenden »convivenza« der Juden in Sarajevo hatte es dort nie ein jüdisches Ghetto gegeben. Die Juden waren immer ein anerkannter Teil der Bürgerschaft der Stadt gewesen.

Übrigens gab es doch e i n e n deutschen Korrespondenten in Sarajevo. Friedhelm Brebeck war auch in der Zeit des heftigsten Beschusses vor Ort und berichtete für die ARD. Einmal habe ich ihn getroffen und mochte ihn – aber vielleicht nur, weil er in Sarajevo ausharrte. Er erzählte mir, dass er über die serbischen Linien nach Sarajevo aus- und wieder einreiste. Ein serbischer Bauer – Capo der lokalen Mafia – versorgte ihn mit Getränken; Brebeck besorgte Insulin für dessen kranke Frau. Er erinnerte mich irgendwie an den Lieblingsjournalisten der Deutschen in Sachen Naher Osten: an Peter Scholl-Latour. Er war kurz angebun-

den und seiner Sache sicher wie Scholl-Latour, diskutierte nicht und verbreitete die Überzeugung, die so viele Deutsche hören wollten: Man könne dort unten zwischen Tätern und Opfern nicht unterscheiden; der Krieg müsse eben ausbluten.

Ganz anders die Eindrücke, die ich aus Sarajevo mitnahm. Im Nachhinein kann ich sagen, dass wohl nichts mein bisheriges Weltbild derart verändert, ja umgestoßen hat wie mein Besuch in Sarajevo.

Handkes Ritt über die serbischen Dörfer

(Januar 1996)

Natürlich darf man sich wünschen und hoffen, es bleibe nicht beim Versprechen: dass am ersten Ruhetag nach dem jahrelangen Morden im ehemaligen Jugoslawien, auf dessen Bilder die Europäer Abend für Abend in gebannter Lähmung starrten, einer daherkäme, ein unerschrockener, in der Bilderflut noch nicht Ertrunkener, ein Ritter des genauen Wortes, der dem Rest der Bildgläubigen erklärte: Der Krieg, den euch die Medien angeblich abgebildet haben, hat so nur auf eurer Netzhaut stattgefunden, ihr seid Opfer einer gigantischen Verabredung zum Nachteil der Serben, einer weltweiten Journalistenverschwörung. Habt ihr nie gemerkt, wie mediengerecht die Gemarterten und Vergewaltigten ins Okular des Fotoreporters blicken, seht ihr nicht, wie »gehorsam« sich die weinende Frau an den Draht des Lagerzauns klammert? Ich zeige euch die Wirklichkeit hinter den Verspiegelungen, ich führe euch hinter den weltumspannenden Spiegel der Medien, kommt mit!

Eines allerdings wird der Leser von einem solchen Umdeuter erwarten: dass er den in Druckerschwärze und Pixel verbreiteten Kriegsbildern etwas von ihm selber Angeschautes oder Recherchiertes entgegenstelle und eine von den Reportern unterschlagene, bisher nicht berichtete Wirklichkeit enthülle.

Das Erstaunliche, kaum zu Fassende ist: Es gibt keine einzige gezielte Widerlegung irgendeiner Mediengeschichte, kein einziges recherchiertes oder nur zitiertes Indiz auf noch nie benannte Kriegsverbrechen der »anderen Seite«, kein einziges neues Faktum. Auf den ersten drei Seiten von Handkes auf acht randvollen Seiten in der SZ veröffentlichten Intervention zugunsten der Serben liest man nichts als Meinung: Insinuationen, Wutausbrüche gegen die »neuen Philosophen«, gegen Hollywood, gegen das »verdeckt demagogische Schnüffelblatt« Le Monde, gegen die »so genannte Weltöffentlichkeit«, gegen die »Auslandsreporter-Horde«, gegen den »augen- und nuancenlos« schreibenden Joseph Brodsky und den »feind- und kriegsbildverknallten« Peter Schneider – dies in einer beweisarmen, dafür adjektivseligen Sprache, die einen beachtlichen Killerinstinkt zur Entfaltung kommen lässt.

Im dann ruhig fließenden Rest des Textes finde ich Bilder einer Reise durch Serbien; Landschafts- und Menschenbeschreibungen von großer Wahrnehmungsdichte und fremder Schönheit, in denen freilich eines nicht vorkommt: der kaum beruhigte, längst noch nicht ausgeglühte Krieg. Man hätte diesen Bericht ebenso vor oder in fünf Jahren schreiben können.

Man kann darüber streiten, ob sich das Bild eines Krieges durch die persönliche »Anschauung« und

»Erfahrung« eines Schriftstellers verändern lässt. Sicher ist, dass Peter Handkes Verfahren in diesem Text spektakulär scheitert. Wer sich vornimmt, die Frage der Kriegsschuld, der Kriegsverbrechen und der Täter neu zu beantworten, lädt sich, ob er will oder nicht, eine Beweislast auf. Wer insinuiert, dass die Bilder eines serbischen Gefangenenlagers (welches?) gestellt sind, wer den Verdacht äußert, dass der Internationale Gerichtshof in Den Haag einseitig serbische Kriegsverbrecher anklagt und »die vermutlich! wahrscheinlich! ebenso vielen kroatischen und muslimischen Schlächter« (welche?) ausspart, kommt mit bloßen Andeutungen und Verdächtigungen nicht aus. Er muss Fakten nennen. Er kann sich nicht damit begnügen, dem Gewerbe des Reporters und des Historikers in vermeintlicher Überlegenheit über die Schulter zu schauen, er muss selber herabsteigen in den Fakten- und Geschichtendschungel und sich den Mühen einer beweiskräftigen Widerlegung stellen. Mit dem ästhetischen Ekel vor der Monotonie journalistischer Fertigteile wie der vom »berüchtigten Banditen und Kriegskiller Arkan« ist es nicht getan. Ist Arkan einer der wahrscheinlich schlimmsten Schlächter und Menschenschinder des Krieges im Balkan oder nicht?

Peter Handkes Vorhaben, jetzt, da alle Welt von der Kriegsschuld und den Menschenrechtsverbrechen der serbischen Kriegsführer überzeugt ist, »Gerechtigkeit für die Serben« einzuklagen, verlangt Mut. Schon zu Beginn des Krieges hat er – mutig und damals fast solo – gegen den Chor der Deutschen angeschrieben, als sie unter dem Taktstock Genschers die völkerrechtliche Anerkennung eines »Unabhängigen Kroatien« erzwangen, eines schon einmal so benannten Teilstaates, in dem die Nazi-Deutschen an der Seite der kroatischen Ustascha einen Genozid an den Serben organisiert haben. Völlig zu Recht malt Handke auch aus, was für eine eigentlich nicht hinnehmbare Zumutung die vorschnell legitimierte Zerstückelung des ehemaligen Tito-Staates für die in den Reststaaten lebenden Serben bedeutete. Aber schon, wenn er fragt: »Wer war der erste Aggressor? War derjenige, der einen Krieg provozierte, derselbe wie der, der ihn anfing?«, wird es auf falsche Weise rätselhaft. Wenn ich nicht irre, ist der Aggressor derjenige, der zur Lösung eines erfundenen oder tatsächlichen Konflikts als Erster zu den Waffen greift und ihn dann zur gewaltsamen Vertreibung des Gegners und zur Gebietserweiterung missbraucht. Bekanntlich haben fast alle Aggressoren der Geschichte, nicht zuletzt Adolf Hitler, angeblich »nur auf eine Provokation« reagiert. Unzweifelhaft haben zwar nicht »die Serben«, aber ihre derzeitigen, immer noch nicht gestürzten Führer und viele ihrer Intellektuellen die Idee eines ethnisch sauberen und zu säubernden Groß-serbien bereits in den Achtzigerjahren gepflegt und im Namen dieser Idee als Erste zu den Waffen gegriffen. Ebenso unzweifelhaft haben sich wiederum nicht »die Kroaten«, aber Tudjman und seine Leute, einer ähnlichen Unidee zur Erschaffung eines Groß-Kroatien verschrieben. Die historische Dummheit von Handkes Intervention besteht darin, dass er, statt »die Serben« gegen ihre großserbischen Kriegsherren zu verteidigen, in seinem sich heilig wähnenden Zorn gegen »die internationale Journalistenverschwörung« wieder nur von »den Serben« spricht und ihre chauvinistischen Führer gleich mitverteidigt.

»Allzu schnell«, so beklagt er, »waren für die so genannte Weltöffentlichkeit auch in diesem Krieg« – in welchem noch? – »die Rollen des Angreifers und des Angegriffenen, der reinen Opfer und der nackten Bösewichte festgelegt und fixgeschrieben worden.« Solange man den Blick auf die serbischen und kroatischen Integralisten beschränkt, mag das Argument hingehen. Aber es fällt auf, dass Peter Handke nie oder nur abtuend von den tatsächlichen Opfern spricht. Übel gelaunt räsoniert er über die »serbischstämmigen Muselmanen«, die angeblich »ein Volk« sein wollten »auf einem Gebiet, wo noch zwei andere Völker ihr Recht, und das gleiche Recht«, hatten, und fragt sich: »wie hätte wiederum ich mich verhalten als ein Serbe dort, in Bosnien, bei der, gelind gesagt, Ellbogenbegründung eines, gelind gesagt, mir gar nicht entsprechenden Staates auf meinem, unserem Gebiet?«

Dabei waren doch die Bosnier – ich bitte um Gegenbeweise! – die einzige, von bosnischen Serben und Kroaten gleichermaßen überfallene »Kriegspartei«, die nie einen Anspruch auf ethnische Reinheit und auf Gebietserweiterung angemeldet und kriegerisch verfolgt hat. Die ersten, auf besonders bestialische Weise gefolterten und geschlachteten Opfer des serbischen Reinheitswahns waren jene serbischen »Blutsbrüder«, die in den Dörfern und Städten Bosniens zu ihren angetrauten, befreundeten oder nur bekannten muslimischen oder kroatischen Verwandten und Nachbarn hielten. Über diese »serbischen Opfer« verliert Peter Handke bei seiner Verteidigung kein Wort, er konnte sie oder ihre Verwandten auf der von ihm gewählten Reiseroute (durch die serbischen Dörfer) wohl auch schwerlich treffen.

Im Übrigen hat es sich für die Europäer nie darum gehandelt, sich zwischen »den Serben«, »den Kroaten«, »den Muslimen« zu entscheiden. Die weitaus meisten zielstrebig vertriebenen, vergewaltigten und ermordeten Opfer des ethnischen Reinheitswahns sind die Zivilisten auf allen Seiten. Und es ist wahr: Auch muslimische Milizen haben Massenmorde an Zivilisten zu verantworten. Wie in jedem Krieg hört der Krieg im ehemaligen Jugoslawien nicht auf die saubere Unterscheidung zwischen Gut und Böse, wohl aber auf die zwischen verbrecherischen Aggressoren und angegriffenen Opfern, die dann in der Reaktion und Gegenwehr ebenfalls Verbrechen begehen. Wem diese Unterscheidung nicht sauber genug ist, der braucht, um eine von Peter Handke ständig strapazierte Drohung zu zitieren, »an dieser Stelle gar nicht erst weiterzulesen«.

Überhaupt ist die Unterstellung nicht zu halten, der Westen und die westliche Berichterstattung habe »die

Serben« von Anfang zu Sündenknaben erkoren und einseitig Partei ergriffen. Die britischen und französischen Generale der UNPROFOR-Truppen haben – spätestens nach dem Alleingang der Deutschen für ihre kroatischen Verbündeten – den ihnen historisch verbundenen Serben über hundert vertragswidrige Angriffshandlungen hinweg die Stange gehalten.

Die Einzigen, die zunächst überhaupt keine Lobby hatten, sind die Muslime gewesen. Die Position, die Handke in der Pose des einsamen Kämpfers gegen die Weltmeinung als »seine eigene« ausbreitet – er habe nicht so »einfach Partei ergreifen, geschweige denn verurteilen« können –, war der an jedem Kneipentisch zu hörende europäische Konsens: Alle sind gleich schuld; dort unten oder hinten tobt ein Bürgerkrieg, in den wir uns nicht einmischen dürfen!

Eben diese Haltung hat ja als Ausrede dafür herhalten müssen, dass die Europäer trotz eindeutiger Schutz-Garantien allen Gräueltaten bis hin zum – von wem eigentlich veranstalteten? – Massaker in Srebrenica händeringend und tatenlos zusahen. Und was die Intellektuellen angeht, so gab es in all den Jahren kaum eine deutsche Stimme von Gewicht, die Partei ergriffen hätte. Der Versuch des Literarischen Colloquiums in Berlin, für Günter Grass und andere Schriftsteller im Herbst '94 einen Besuch in Sarajevo zu organisieren, scheiterte daran, dass das Auswärtige Amt sich außerstande sah, das Sicherheitsrisiko einer solchen Reise zu übernehmen. Ihrerseits sahen sich dann die deutschen Schriftsteller außerstande, die entsprechenden Risiken in Kauf zu nehmen – eine Entscheidung, die den wartenden Gastgebern in Sarajevo nie ganz verständlich geworden ist. Ich bin von bosnischen Kollegen immer wieder gefragt worden, warum bisher keiner der im ehemaligen Jugoslawien publizierten Autoren wie Günter Grass, Heiner Müller, Christa Wolf, Volker Braun, Hans Magnus Enzensberger auch nur ein Wort zu Bosnien geäußert habe, und habe nicht viel Eindruck gemacht mit der Antwort, niemand könne einem Schriftsteller vorschreiben, wann und wozu er sich äußern solle.

Umso bedrückender erscheint es mir, dass die erste weithin hörbare Stimme deutscher Zunge – Handkes Stimme – den Bosniern als Dolmetscher ihrer Belagerer zu Ohren kommt.

Wo sein Text ohne das Auftrumpfen des heroisch Einzigen, noch nicht Verhetzten auskommt, entfaltet er eine versöhnende Kraft. Freilich ruiniert Handke sein Projekt, weil er es auf eine hasserfüllte, völlig haltlose Rundum-Verdächtigung aller Ankläger der serbischen Raub- und Vernichtungsaktionen gründen zu müssen glaubt.

Zunächst beklagt er, dass es kaum Kriegsopferbilder von den Serben gab – was zur Not stimmt, aber eben auch damit zu tun hat, dass Belgrad (anders als Zagreb) jenen Journalisten, die wahrheitsgemäß über serbische Untaten berichtet hatten, kein Visum mehr erteilte –, und wenn es solche Bilder, fährt Handke fort, tatsächlich gab, wie etwa bei der Vertreibung der Serben aus der Kraina, dann sei »suggeriert« worden, »dieselben hätten ja zuvor ein anderes Volk vertrieben«. Wieso »suggeriert«? Haben die Kraina-Serben knapp vier Jahre zuvor weit über 100 000 dort ebenfalls einheimische Kroaten vertrieben oder nicht? Muss man die erste Vertreibung vergessen, um für die Anklage der zweiten genug Luft zu haben?

Tatsächlich erkenne ich in den meisten seiner kokett als »Parasitenfragen« apostrophierten Fragen nur ein Versteck für nicht belegte, meistens längst widerlegte Behauptungen. Ohne irgendeinen neuen Hinweis legt er die schon seinerzeit kaum erträgliche, von den UNPROFOR-Truppen gestellte und längst negativ beschiedene Frage wieder auf, ob es nicht doch die Muslime selber waren, die das Blutbad auf dem Markt von Sarajevo (im Februar 1994) angerichtet haben.

Vollends unerträglich wird Handkes Fundamental-Infragestellung, wenn er, vom eigenen Mut zur Tabuverletzung sichtlich hinweggetragen, den von den Medien ins Bild gerückten Opfern ethnischer Vertreibungen auf den Leib rückt. Sie hätten, von den »internationalen Belichtern und Berichtern angeleitet, gelenkt und herbeigewinkt (Hey Partner!), sichtlich wie gefügig die fremdgewünschten Martermienen eingenommen«. Und weiter: »... wohl wirklich leidend wurden sie gezeigt in einer Leidenspose.«

Lese ich richtig: »wohl wirklich leidend«? Sie litten vielleicht, vielleicht sogar wirklich, aber gleichzeitig posierten sie? Zu so einer Niederträchtigkeit darf man sich nicht einmal vom edlen Hass auf die Medien treiben lassen! Statt den Folterern und Killern gilt Handkes Wut den Berichterstattern solcher Verbrechen und am Ende auch ihren Opfern. Der nur ästhetisch begründete Ekel des Dichters vor der »Monotonie« der schrecklichen Bilder gibt sich nicht damit zufrieden, dass er deren Überbringer zu Fälschern erklärt. Vorsorglich verdächtigt er auch gleich noch die ins Objektiv geratenen Opfer als mediengeile Simulanten.

Überhaupt weiß ich nicht, was ich mit Handkes pauschaler Verachtung der Journalisten anfangen soll. Sie lässt sich wohl nur auf einem Markt verkaufen, auf dem, anders als zum Beispiel in den englischen und amerikanischen Ländern, wo die meisten bedeutenden Schriftsteller, von Orwell, Hemingway bis hin zu Márquez, einmal als Brotschreiber einer Zeitung angefangen haben, der Journalist bestenfalls als eine Art Kellner des Dichters gilt. Die internationale Brigade der Journalisten, die ich in Sarajevo kennenlernte, hat mehr für die Ermittlung der Wahrheit im sogenannten Bürgerkrieg auf dem Balkan getan als alle Schriftsteller zusammengenommen. Die Reportage der BBC über das von bosnischen Serben betriebene Todeslager in Omarska hat den Effekt gehabt, dass dieses Lager geschlossen wurde. Die große Mehrzahl der Journalisten vor Ort ist nicht aus Böswilligkeit und nicht von Anfang an, sondern durch genaue Recherchen und durch ein überwältigendes Beweismaterial zu der Überzeugung gelangt, dass die meisten Gräueltaten von serbischen Einheiten begangen worden sind. 37 Mitglieder der von Handke als »Auslandsreporterhorde« verhöhnten Journalisten, darunter ein Reporter der SZ, haben ihre Mission mit dem Leben bezahlt. Das Lebensrisiko der Journalisten ist um einige 100 Prozent höher als das der UNO- oder NATO-Soldaten und um einige 1000 Prozent höher als das von Schriftstellern, die in Großserbien reisen. Das ist selbstverständlich kein Argument gegen die von Handke gewählte Reiseroute, wohl aber ein Aufruf zur Fairness.

Gut, er hat den Radius seines Schauens anders gewählt als damals ich vor zwei Jahren in Sarajevo. Aber wenn es in seinem Reise- und Wanderungsbericht keine zerschossenen Fassaden gibt, keine ausgebrannten Häuser, keine Kinder, Frauen, junge und alte Männer mit abgeschossenen und umwickelten Gliedern, wenn es bei seinen Begegnungen zwar hin und wieder an der Heizung fehlt, nicht aber an Licht und Wasser, auch nicht an Brot und Wein, nicht an den »walddunklen massigen Honigtöpfen«, »den truthahngroßen Suppenhühnern«, »den andersgelben Nudelnestern«, so ist das nicht nur damit zu erklären, dass Handke den Krieg wahrscheinlich absichtlich ausblendet. Die Abwesenheit des Krieges und der Kriegsfolgen in diesem Text hat einen vom Autor nicht benannten Grund: Der Krieg im ehemaligen Jugoslawien hat in Serbien keine Fensterscheibe zu Bruch gehen lassen.

Dieser Artikel erschien unter dem Titel »Der Ritt über den Balkan« am 15.1.1996 im SPIEGEL als Antwort auf einen achtseitigen Artikel Peter Handkes in der SZ: »Gerechtigkeit für Serbien«. In Reaktion darauf war Peter Handke sich nicht zu schade, der ZEIT in Gestalt seines Famulus Willi Winkler (19.1.1996) in einem Interview mitzuteilen: Schneider »legt (beim Schreiben) immer ganz enge Jeans an, damit er sein Geschlecht fühlt, und zieht sich nach Möglichkeit auch sein Hemd aus, und so wird sein Schreiben vital«. Das habe ihm Schneider »als seine Art zu schreiben« erzählt. An der Geschichte ist Folgendes wahr: Jahre vor dem Streit über Bosnien hatte ich Handke bei einer unserer seltenen, immer unerfreulichen Begegnungen gefragt, ob es wahr sei, dass er einen Anzug trage, wenn er schreibe. Er bejahte dies und stellte mir die Gegenfrage. Ich blickte in das angespannte Seminaristengesicht meines Kollegen, überlegte, wie ich ihn am besten ärgern könnte, und gab etwas von mir, das Handkes humorfreier Nacherzählung in der ZEIT nahekam. Meine Antwort erfüllte ihren Zweck und blieb ihm offensichtlich im Gedächtnis. Allerdings habe ich mir nicht vorstellen können, dass Handke sie wörtlich nehmen und sie in einem Streit über die Massenmorde in Bosnien und Herzegowina verwenden könnte. In meinen Augen ist und bleibt er ein genial begabter, aber auch ein schäbiger und rachsüchtiger Geselle. Ähnlich schäbig und rachsüchtig hat er auf andere Kritiker seiner Lügen in Sachen Bosnien und Kosovo reagiert – etwa auf Mark Danner und dessen Polemik in der New Review of Books.

Der Menschenrechtsbeauftragte der UN Tadeusz Mazowiecki hat in seinen Dokumentationen immer wieder darauf hingewiesen, dass von allen drei Seiten – von den Serben, den Kroaten und den Bosniern – Kriegsverbrechen begangen wurden, aber das heiße nicht, dass alle drei Seiten ›gleich schuld‹ seien. »Die UN-Dokumentationen«, fasst die ZEIT (Nr. 36, 1994) zusammen, »erlauben keinen Zweifel: Die Verbrechen bosnisch-serbischer Soldaten und Polizisten stellen alles in den Schatten, was Muslime und Kroaten in diesem Krieg angerichtet haben. Das gilt auch für die massenhaften Vergewaltigungen von Frauen, die vor zwei Jahren die Welt erschütterten.«

Insgesamt hat das Tribunal in Den Haag Anklage gegen 161 Personen erhoben – darunter Premierminister, Minister, Generäle, Stabschefs und andere hochrangige Personen. Ihnen wurde die Verantwortung für Tausende Tote und für das Leid der überlebenden Opfer zur Last gelegt. »84 der Angeklagten – 60 Serben sowie einige Kroaten, Kosovo-Albaner und Bosniaken – wurden verurteilt.« (Tagesspiegel, 29.11.2017)

Selbstverständlich gestattet die Bilanz eines Tribunals keine abschließende Bilanz über einen Krieg. Aber schon die zahlenmäßige Relation zwischen verurteilten Serben, Kroaten und Bosniern – und erst recht der Massenmord in Srebrenica – widerlegen

Handkes pseudo-tiefsinnige Frage: »Wer war der erste Aggressor? War derjenige, der einen Krieg provozierte, derselbe wie der, der ihn anfing?« Und an ihr scheitern auch seine sophistischen Verrenkungen über die Leiden der Opfer in den Lagern: »... wohl wirklich leidend wurden sie gezeigt in einer Leidenspose.« Wenn es um Massenmord geht, stößt die dichterische Freiheit an ihre Grenzen. Es konnte nicht fehlen, dass sich Freund Willi Winkler als Bodyguard »gegen Schneiders neuestes MG-Geknatter« vor seinen Meister Peter Handke warf und bedauernd vermerkte, man habe noch nie gehört, dass Bosnien-»Eiferer wie Glucksmann, Finkielkraut, Lévy, Schneider, Duve, Cohn-Bendit je geblutet« hätten.

Es gibt keinen vernünftigen Zweifel: Handke hat sich mit seinen Stellungnahmen zum Bosnien- und Kosovokrieg geirrt – um nicht zu sagen: verrannt. Warum kann er nicht sagen: Ja, ich habe mich geirrt?

Ich fürchte, die Antwort ist ebenso banal wie die Frage. Wer sich so besserwisserisch geirrt hat und so rachsüchtig und respektlos mit Leuten umgeht, die ihn auf seine Irrtümer aufmerksam gemacht haben, der kann nicht mehr zurück. Selbst wenn er möchte.

Es ist nahezu vergessen, wie viel Unterstützung Peter Handkes Parteinahme für »die Serben« in der linksliberalen Öffentlichkeit erfuhr. Schon die seitenlange Veröffentlichung von Handkes Pamphlet in der SZ ist dafür ein Beleg. Nach meiner Kritik im SPIEGEL verteidigte DIE ZEIT unter dem Titel »Handke fragt, Schneider schäumt« Handkes »weniger schnell zu konsumierenden Text« gegen »Schneiders eindimensionale Sicht«; mit seiner »sauberen Unterscheidung zwischen Aggressor und Angegriffenen« vertrete er, Schneider, »keine besonders originelle Position«. Gerade diese saubere Unterscheidung hatte ich in meinem Text ausdrücklich abgelehnt; und tatsächlich war es mir angesichts eines ethnischen Vertreibungskrieges nicht darauf angekommen, eine »besonders originelle Position« zu suchen. Ein anderer ZEIT-Journalist meinte, jenes Ich, das Handke gegen unser Wir setze, erschaffe »Bilder, die es auch noch jenseits dieses Krieges« gebe, »und so behält es (das Ich) selbst dann, wenn es irrt, noch recht gegen die trostlose Rechthaberei eines Peter Schneider«.

Bosnien – ein Kommunikationsfehler?

(August 1995)

Seit der Säuberung der Enklave Srebrenica von ihrer moslemischen Bevölkerung hat die verkabelte Welt eine neue Geduldsleistung vollbracht. Mit einer Verzögerung von schlimmstenfalls sechs bis zwölf Stunden wurden die Zuschauer Europas Zeugen einer nach Tausenden zählenden Vertreibung in einem Nachbarland. Vor oder nach einem Gang zum Eisschrank oder auch zum Strand haben wir die Berichte von Müttern gehört, deren Töchter – unter den Augen von UN-Soldaten – von serbischen Soldaten aus dem Bus geholt wurden und nicht mehr auftauchten; wir kennen auch die Vermutungen über das Schicksal der rund 8000 männlichen Muslime und wir wissen, dass die jeweils schlimmsten Vermutungen sich nach ein paar Tagen als die zutreffenden erweisen. Wir vermuten, und es wird bestätigt werden, dass viele dieser Männer das fragliche Stadion nicht lebend erreicht haben. Es geht uns wie jenen UN-Soldaten in Potarica, die, nach einem Bericht der Republica vom 19. Juli, dabei zusahen, wie eine in dem UN-Posten Zuflucht suchende Frau von mehreren serbischen Soldaten eingefangen wurde. Während sie um Hilfe schrie, sich in den Armen ihrer

Peiniger wie ein Tier hin und her warf, darum flehte, erschossen zu werden, sahen die UN-Soldaten der Vergewaltigung mit dem Daumen an der Sicherung des Maschinengewehrs zu. Es war ihr Auftrag, zuzuschauen. Der Befehl lautete, ihre Waffen nur zum eigenen Schutz zu gebrauchen. Sie hätten diesen Befehl verletzen müssen, um einzugreifen. Wir alle halten uns an unseren Befehl zum Zuschauen und sind erschüttert darüber, was wir beim Zuschauen alles aushalten müssen.

Inzwischen gibt es kaum noch jemanden, der das Scheitern der UN-Friedensmission in Bosnien noch beschönigte. Auch die verantwortlichen Handlungsträger der westlichen Welt überbieten sich neuerdings in Koloraturen über das eigene Versagen: Ja, wir haben falsche Versprechungen gemacht; wir haben die bosnische Zivilbevölkerung und unsere eigenen Soldaten den serbischen Aggressoren ausgeliefert; die UNPROFOR ist objektiv zum Komplizen der serbischen Aggressoren geworden; seit Daladier und Chamberlain hat es einen solchen Ausverkauf der zivilisierten Welt an die Barbarei nicht gegeben.

Aber etwas an dieser allgemeinen Geständnisfreude mutet merkwürdig an: All diese Fehler und Irrtümer werden offenbar eingestanden, um sie fortsetzen zu können.

Nicht alle werden sich mit diesem internationalen Ausbruch von Ehrlichkeit zufriedengeben. Dass die vertriebenen Bewohner der UN-Schutzzonen, die ihre Waffen im Vertrauen auf die UN-Versprechen abgegeben hatten und sie nicht zurückerhielten, als ihre Schutzherren sich den angreifenden Serben ergaben, damit nicht leben können, versteht sich von selbst. Aber auch die jungen UN-Soldaten werden sich nicht so leicht damit abfinden. Sie wurden von ihren Befehlshabern in die Lage gebracht, sich als Feiglinge und Wortbrüchige beschimpfen lassen zu müssen. Am Ende wurden sie von beiden Seiten als lebende Schießscheiben ausersehen; von den Serben für den Fall, dass sie NATO-Flugzeuge anforderten, von den Bosniern für den Fall, dass sie keine NATO-Flugzeuge anforderten. Selten wurde Soldaten deutlicher vorgeführt, was eine »No-win«-Situation ist. Die Nöte der UN-Soldaten werden noch Folgen haben. Mit den Pflegesätzen für posttraumatische Störungen wird es nicht getan sein.

Aber auch die jungen serbischen Mörder, die sich von ihren Führern als Schergen eines Säuberungs- und Ausrottungswahns haben missbrauchen lassen, werden eines Tages, wenn die Propagandalügen zusammenbrechen, die Welt fragen: Und das soll wahr sein? Dass ihr nichts tun konntet? Warum seid ihr uns nicht in den Arm gefallen? Wie konntet ihr, die ihr alles saht und wusstet, zulassen, dass wir zu Massenmördern wurden?

Von Beginn des Krieges war erkennbar, was sich jetzt nicht länger verbergen lässt: Die westlichen Erklärungen und Maßnahmen hatten vorrangig die Aufgabe, die öffentliche Meinung zu Hause zu beruhigen, sie dienten immer nur in zweiter Linie einer wirksamen Abschreckung der ethnischen Säuberer. Sie folgten der Logik einer Art Weltinnenpolitik der reichen Länder. Ihr wichtigstes Anliegen war, die Leiden der europäischen Zuschauer zu lindern, nicht die der Angegriffenen. Im Namen dieses Projekts bedienten sich die europäischen Entscheidungsträger einer Strategie der terminologischen Vernebelung und der Lüge, deren Gefangene sie auch noch jetzt, im Augenblick des eingestandenen Scheiterns, sind.

Es war von Anfang an ein kaum zu glaubendes Understatement, dass die 15 oder 20 mächtigsten Nationen der Welt militärisch nicht in der Lage seien, den ca. 100 000 Männern von Karadžić Einhalt zu gebieten, falls sie denn dazu entschlossen waren. Zutreffend war wohl eher, dass die Westmächte den Serben nicht entgegentreten wollten, weil ihnen der notwendige Einsatz von Bodentruppen und Luftstreitkräften in einem Land, in dem es außer der Wiederherstellung der Menschenrechte nichts zu gewinnen gibt, als zu hoch erschien. Rechtzeitig kam, dank der deutschen Anerkennung Kroatiens mitsamt dem Diktator Tudjman, der den von den Nazi-Deutschen und den Ustascha-Kroaten begangenen Völkermord an den Serben bis heute leugnet, ein weiteres Element hinzu: die Uneinigkeit des Westens. Die schlimmste Folge des verrückten Alleingangs der einheitstrunkenen Deutschen war die Zerstörung einer gemeinsamen europäischen Strategie. Von nun an triumphierten die Gespenster der Vergangenheit – die alten Allianzen – über die Gegenwart.

Nicht erst seit dem Fall von Srebrenica ist klar, dass die Rede vom »Schlachthaus Balkan«, vom »Bürgerkrieg« und von »den Kriegsparteien, die alle nicht den Frieden wollen«, so gut wie nichts mit den Tatsachen des bosnischen Krieges zu tun hatte. Sie diente vor allem der Rechtfertigung für das europäische Nichteingreifen. Die These, im Balkan finde ein atavistisches Blutritual statt, eine Art Kriegsfolklore, die die Balkanvölker in regelmäßigen Abständen mit vertauschten Rollen aufführen würden, wird auch den serbischen Aggressoren nicht gerecht. Karadžić' Leute, die bestenfalls für 30 Prozent der Bevölkerung Bosnien-Herzegowinas sprechen können und über 70 Prozent des Landes kontrollieren, haben erklärt, dass sie bis zum Herbst auch noch Gorazde und Sarajevo erobern wollen. Angesichts dieser Tatsachen soll man die Aggressoren von den Angegriffenen nicht unterscheiden können? Niemand kann leugnen, dass auch muslimische Verbände, z. B. in Srebrenica, Massaker an Serben zu verantworten haben. Vieles spricht auch dafür, dass die Bosnier die Zahl ihrer Toten systematisch übertreiben, um die Rede vom »Genozid« zu rechtfertigen. Sie deswegen mit den serbischen Angreifern gleichzusetzen, wäre so, als würde man die Nazi-Verbrechen in Polen mit den polnischen Racheakten nach dem Krieg auf eine Stufe stellen.

Womöglich noch obszöner ist die nach jedem Massaker zu hörende Beschwörung einer »Verhandlungslösung als der einzigen Alternative«. Man dürfe nicht mit dem Krieg den Frieden herstellen; die diplomatischen Mittel seien noch längst nicht ausgeschöpft. Die längst erkannte, gegen jede Konsequenz sorgfältig abgeschirmte Wahrheit ist: Wenn es keine wirksame militärische Antwort auf die serbische Aggression gibt, gibt es auch keine politische, die diesen Namen verdient. Angesichts eines Gegners, der Verhandlungsbereitschaft als Schwäche und als Lizenz zum weiteren Morden liest, läuft eine Diplomatie ohne militärischen Durchsetzungswillen auf einen Kniefall vor dem Aggressor hinaus.

Die Bürger Europas, die unmittelbaren Augenzeugen und Nachbarn der ethnischen Raserei östlich der Adria, sind von den Politikern nie gefragt worden, welche Opfer sie für die Beendigung des Mordens zu erbringen bereit sind. Allerdings haben diese Bürger ihre Politiker auch nie vernehmlich aufgefordert, befragt zu werden. Es hat bisher keine einzige unübersehbare Demonstration gegen den Völkermord in Bosnien gegeben. Mururoa liegt näher und wird wohl immer näher liegen. Am Ende, wenn die Leichen in Bosnien gezählt sind, könnte sich erweisen, dass ein Kommunikationsfehler Schuld an dem Desaster war. Warum habt ihr uns nicht gesagt, dass wir gegen diese Katastrophe doch etwas unternehmen konnten, werden die einen sagen. Und die anderen: Was, ihr wolltet wirklich etwas tun, gar euer Leben für die Leute dort hinten im Balkan riskieren? Warum erfahren wir das erst jetzt?

(Erschienen am 4.8.1995 in DIE ZEIT)

So gut wie alle Journalisten, die ich in Sarajevo traf, waren, unabhängig von der politischen Linie der Zeitungen, für die sie schrieben, zu dem Schluss gekommen, nur noch eine militärische Intervention könne helfen. Die Journalisten vor Ort waren untereinander in diesem Punkt viel einiger als die Redaktionen in den Heimatländern mit ihren Journalisten. Denn die Redaktionen hatten auf die Meinungen ihrer Leser Rücksicht zu nehmen. In Deutschland war weder eine Parteinahme für die Bosnier in der Art von Schneider noch eine für die Serben in der Art von Handke erwünscht. Erwünscht war eine Haltung, die jede Parteinahme für die einen wie die anderen ausschloss. Eine Haltung, wie sie fast jeder Taxifahrer mit jedem zweiten deutschen Politiker und mit den meisten Intellektuellen teilte.

Mein Freund Arno Widmann, der damals als Feuilletonchef der ZEIT die Veröffentlichung meines Artikels betreute, erzählte mir, der Widerstand in der Redaktion sei enorm gewesen. Es seien Stimmen laut geworden, die geschworen hätten: Dies werde der letzte in der ZEIT veröffentlichte Artikel von Peter Schneider sein. Nein, nicht bis auf Weiteres, für immer!

Es kam dann anders. Nicht nur Schriftsteller, sondern auch Redakteure sind Konjunkturen unterworfen. Nach dem raschen Aus von Arno Widmann kam es auch für mich zu einer längeren Pause. Dann lud mich der neue Chefredakteur Giovanni di Lorenzo für ein paar Jahre als festen freien Mitarbeiter ein.

Eine »Friedensbewegung« namens NATO

(August 1997)

In Europa findet seit einigen Monaten eine Art Weltkrieg statt, in dem kein einziger Schuss fällt, an dessen Ende jedoch eine neue Verteilung des Territoriums und neue Grenzverläufe stehen werden. Die Rede ist von der sich fast geräuschlos vollziehenden Verschiebung des militärischen Gleichgewichts in Europa.

Der Warschauer Pakt, neben der NATO bis vor Kurzem das mächtigste Militärbündnis der Welt, ist fast ohne Sterbehilfe eines friedlichen Todes gestorben. Die Armeen der ehemaligen Frontstaaten Polen, Ungarn, Tschechische Republik sind zum Feind übergelaufen. Weitere Armeen brennen darauf, Englisch zu lernen und den Eid auf die Fahne der NATO zu schwören. Die Deutschen, deren Armee durch die Wiedervereinigung vorübergehend zu bedrohlicher Stärke anwuchs, haben den unerwünschten Zuwachs in erstaunlich kurzer Zeit abgebaut. Eine hochgerüstete Armee mit 170 000 Soldaten – die Volksarmee der ehemaligen DDR – hat sich mitsamt ihrem Gerät praktisch in Luft aufgelöst.

Es gibt aber noch einen anderen Grund zum Staunen, von dem kaum die Rede ist. Ist es nicht fantastisch, wie wortlos, fast ohne Debatte und Streit, sich die Völker Europas und ihre Eliten mit der gewaltigen

Verschiebung der Kräfte arrangiert haben? Das neue Gleichgewicht läuft natürlich auf ein neues Ungleichgewicht hinaus. Außer dem vernehmlichen Murren der Russen, die die eindeutigen Verlierer der Veränderung sind, war jedoch kaum Protest zu hören. Die Ereignisse, so scheint es, ersetzen das Planen. Sie haben jahrzehntelang aufrechterhaltene Militärdoktrinen und politische Glaubensbekenntnisse überrollt.

Vor allem in Deutschland erfreut sich die neue NATO-Erweiterung einer breiten Zustimmung. Der Bundestag unterstützte den Beitritt der neuen NATO-Partner mit 90 Prozent; auch in der Öffentlichkeit meldeten sich kaum Proteststimmen.

Wer über ein Gedächtnis oder ein Archiv verfügt, reibt sich die Augen. Es ist noch nicht allzu lange her, dass sich in Deutschland Hunderttausende auf die Straßen setzten, um die Stationierung der Cruise Missile und der Pershing-Raketen zu verhindern. Wiederum Hunderttausende protestierten in Bonn, als die NATO-Vormacht USA gemeinsam mit ihren Verbündeten gegen den Einmarsch irakischer Truppen in Kuweit intervenierte. Und als die Europäer in Bosnien drei Jahre lang bei einem Völkermord zusahen, der schließlich durch eine viel zu späte Intervention der NATO gestoppt wurde, sah es die deutsche Friedensbewegung als ihre wichtigste Aufgabe an, eine Beteiligung deutscher Truppen an dieser Operation zu verhindern. Grüne und Sozialdemokraten warnten damals vor einer »Militarisierung der deutschen Außenpolitik«.

Wie ist es zu erklären, dass die deutschen NATO-Gegner, die sich auf nichts Geringeres als auf die »Lehren der Geschichte« beriefen, plötzlich vollkommen verstummt sind? Heißt das, dass sich die europäische Friedensbewegung mit der NATO ausgesöhnt hat? Dass sie am Ende den NATO-Generälen recht gibt, die immer behauptet haben, die größte und weitaus erfolgreichste Friedensbewegung der Welt sei die NATO?

Ich glaube, die Sache ist sowohl einfacher wie komplizierter.

Die breite und klammheimliche Sympathie der Deutschen für die NATO-Erweiterung hört auf einen politisch inkorrekten Begriff namens »nationale Interessen«. Der Beitritt der neuen Bündnispartner erhöht die deutsche Sicherheit ganz beträchtlich. Die Deutschen befinden sich plötzlich in einer Lage, in der sie noch nie waren. Dank der NATO-Erweiterung sind sie auf einmal von Freunden umzingelt. Die Rolle des Frontstaates im westlichen Bündnis treten sie gern und freiwillig an die polnischen, tschechischen und ungarischen Nachbarn ab. Die neue Konstellation erinnert in seltsamer Weise an das Schengener Abkommen: In Deutschland ist man künftig nicht nur vor Immigranten, sondern auch vor französischen Kurzstreckenraketen durch demokratische »Drittländer« geschützt.

Die Polen, die Ungarn und die Tschechen zahlen für die neue Sicherheit einen hohen Preis. Es ist ein zweifelhaftes Vergnügen, aus Frontstaaten des einen Militärblocks zu Frontstaaten des anderen zu werden. Das

Zögern der Ungarn und Tschechen mag sich aus dieser Einsicht erklären. Aber man müsste blind sein, wollte man die triftigen Motive für das Beitrittsbegehren dieser Länder ignorieren.

Der entscheidende Grund für den »Sieg« der NATO im Kalten Krieg mit dem Warschauer Pakt ist nicht ihre militärische, sondern ihre politische Überlegenheit. (Nebenbei gesagt, die militärischen Erfolge der NATO und ihrer Vormacht USA in den vier Jahrzehnten ihres Bestehens nehmen sich bescheiden aus.) Die NATO ist das einzige Militärbündnis der Welt, das die Verteidigung der Freiheitsrechte und der Demokratie auf ihre Fahnen geschrieben hat. Ihr Erfolg gründet sich nicht auf Panzerinvasionen, sondern auf eine »Abstimmung mit den Füßen«. Der Warschauer Pakt musste seine Mitglieder mit beständigem militärischem Druck bei der Stange halten. Die NATO muss Wartelisten aufstellen, um sich vor dem Ansturm neuer, freiwilliger Mitgliederstaaten zu retten.

Ich kann nichts Schlimmes daran finden, dass sich die Polen, die jahrhundertelang von ihren zwei übermächtigen Nachbarn zerstückelt wurden und sich einbilden mussten, sie könnten mit beiden gleichzeitig fertigwerden, in den vergleichsweise sicheren Hafen der NATO gerettet haben. Und was die Abschaffung oder Überwindung der NATO betrifft: Je mehr von den ehemaligen Gegnerstaaten ihr beitreten, desto überflüssiger wird sie. Nicht im Interesse der Sicherheit, aber im Interesse der intellektuellen Redlichkeit wäre es an der Zeit, dass die deutschen NATO-Gegner ihrer heimlichen Zustimmung zur NATO-Erweiterung eine Reflexion hinterherschicken.

Vielleicht ist es an dieser Stelle nützlich, von einer eigenen Irritation zu berichten. Bekanntlich haben deutsche Verbände, trotz aller geschichtsträchtigen Einwände in den Zeitungen und im Bundestag, am Ende doch an »out of area«-Einsätzen teilgenommen. Im Frühjahr 1996, kurz nach dem Ende des Krieges in Bosnien, lief ich durch die Altstadt von Sarajevo. Ich zuckte zusammen, als ich dort Zeuge eines deutschen Dialoges wurde. Die Dialogpartner waren zwei deutsche Soldaten, Angehörige des IPROFOR-Kontingents. Die beiden erregten sich über eine überhöhte Rechnung, die sie eben im Restaurant bezahlt hatten. Die Sache mit der Rechnung war zur Not nachvollziehbar; dennoch schien mir, dass diese Deutschen zu laut redeten. Ich hätte mir gewünscht, dass sie eingedenk der Erinnerungen, die deutsche Laute in diesem Land auslösen mussten, leiser reden und in ihren Militärstiefeln behutsamer ausschreiten würden.

Eine halbe Stunde später saß ich in einem Straßencafé in der Sonne. Trotz oder dank des bosnischen Espressos war ich fast eingeschlafen. In meinem Dämmerzustand sah ich ein gepanzertes Fahrzeug der IPROFOR vorbeifahren, so dicht, dass ich unwillkürlich die Füße zurückzog. Auf dem gefleckten Hinterteil des Fahrzeugs saß einer meiner beiden uniformierten Kompatrioten.

Ich muss gestehen, dass mich ein Gefühl der Dankbarkeit anwandelte, als ich dieses offenbar von Deutschen geführte Militärfahrzeug vorbeifahren sah. Ich war, wie alle, die sich nach dem jahrelangen Morden in der Frühlingssonne räkelten, für die Anwesenheit dieses Fahrzeugs dankbar. Ich hätte nie für möglich gehalten, dass ich jemals die Gegenwart eines Panzers als eine Wohltat, ja als ein Geschenk empfinden könnte. Er garantierte, dass die Bürger von Sarajevo – und auch ich, der deutsche Tourist – zum ersten Mal nach dem Krieg in der Frühlingssonne sitzen und einigermaßen unbesorgt ihren Kaffee trinken konnten. Dieses bewaffnete Fahrzeug war der Garant für den Wiederbeginn eines zivilen Lebens. Und nebenbei dachte ich, dass es gut für die Leute in Sarajevo war, dass dieser Panzer vorbeifuhr, und dass es gut für die deutschen Soldaten war, dass ihnen die Leute aus dem Café zuwinkten. Es war eine neue Erfahrung für alle.

(Erschienen am 4.8.1997
in der New York Times unter dem Titel
»Germany's Newfound Peace«)

»Ich kann über Leichen gehen, ihr könnt es nicht!«

(Mai 1999)

Je länger der Krieg im Kosovo dauert, desto schriller und konfuser wird die Debatte über ihn. In Italien haben hundert Schriftsteller und Intellektuelle einen Aufruf für die bedingungslose Beendigung der NATO-Angriffe unterzeichnet. In Frankreich meldete sich Régis Debray mit einem Reisebericht über Serbien, der in der Pose eines unparteiischen Berichterstatters die serbische Kriegspropaganda wiederholte. Die Vertreibungen seien weitgehend ein Resultat des NATO-Bombardements, die Berichte der Flüchtlinge übertrieben oder von der UCK bestimmt. Dem selbst ernannten »Mediologen« Debray liefert die Berichterstattung über den Krieg im Kosovo nur ein weiteres Argument für seine These, die Politiker des Westens seien Geiseln einer von den USA beherrschten Mediokratie. Übrig bleibt der Eindruck, dass ein Medienkritiker, der aus Prinzip nichts glaubt, was ihm die Medien vorsetzen, mindestens so leicht in die Irre geht wie der Adressat seiner Fürsorge: der vermeintlich ahnungslose und hilflose Medienkonsument.

Am Wochenende ergriff ein anderer Fundamentalkritiker der Weltmedien das Wort. In der Süddeutschen

Zeitung hat Peter Handke sich zurückgemeldet mit der Behauptung, inzwischen habe die »NATO ein neues Auschwitz« angerichtet. Mit diesem Vergleich meint er aber nicht etwa die Kosovo-Albaner, die nach der serbischen Propagandalüge vor den NATO-Bomben fliehen. Handke hält es für angemessen, die Lage der von »Computerkillern aus 5000 Meter Höhe« bedrohten ethnischen Vertreiber und der serbischen Zivilbevölkerung mit der der Nazi-Opfer in Auschwitz zu vergleichen. Unter den gesetzmäßig verunglückenden Auschwitz-Vergleichen ist dies wohl einer der verrücktesten.

In der gleichen Unterscheidungen überbrüllenden Manier geht Handke gegen intellektuelle Gegner wie Jürgen Habermas und Hans Magnus Enzensberger vor. Statt die Gelegenheit des Interviews zu ergreifen und zu begründen, warum sich die Genannten mit ihren Stellungnahmen zum Krieg verirrt haben, verteilt er Noten über ihre Talente. Wir hören nichts darüber, dass Habermas und Enzensberger von falschen Grundannahmen ausgehen, nichts über von Handke oder anderen recherchierte Tatsachen, die ihren Schlüssen widersprechen. Stattdessen übt sich Handke in Stilkritik – »das erste Opfer des Krieges ist die Sprache!« – und lässt uns wissen, Habermas sei gar kein Philosoph, habe seinen Beruf verfehlt und Enzensberger könne gar nicht dichten. Was nun? Sollen wir, nachdem wir diese beiden Unwürdigen davongejagt haben, Peter Handke als obersten Dichter und Philosophen in Personalunion verehren? Oder den Schluss ziehen, dass

Handkes Wutausbrüche gegen die »Mars«-Zivilisation sich aus einem ins Monströse gewachsenen Narzissmus und Größenwahn ernähren? Es ist ja kaum zu fassen, wie faktenarm seine Fundamentalanklage daherkommt. Wer davon überzeugt ist, die Berichte über die Vertreibungen und Massaker im Kosovo seien einseitig oder falsch, kann sich mit Pöbeleien nicht begnügen. Er muss sagen, was er besser weiß als der große Rest der Welt; die Gefahr, dass er widerlegt werden kann, hat er in Kauf zu nehmen. Die pauschale Warnung, alle Bilder, die wir sehen, seien arrangiert und alle Nachrichten Produkte einer Selektion, entbindet den Warner nicht von der Antwort auf die Frage, ob die Verbrechen, von denen die Bilder sprechen, tatsächlich geschehen sind. Es gibt eine Wirklichkeit hinter den Zeichen und Bildern.

Aber auch jenseits solcher Feuilleton-Debatten zeichnet sich ein Wahrnehmungswechsel ab. In italienischen und deutschen Städten demonstrieren Hunderttausende gegen »den Krieg«. Fragt man, welcher Krieg gemeint sei – der Vertreibungs- und Ausrottungskrieg von Milošević Milizen oder der Verhinderungskrieg der NATO –, so erntet man ein erstauntes Stirnrunzeln. Zusehends scheint sich der Fokus der Anklage zu verschieben. Nicht mehr das Morden, Brennen und Vertreiben von Milošević Milizen stehen im Mittelpunkt der Aufmerksamkeit, sondern das Dauerbombardement der NATO, das immer öfter Zivilisten und zivile Einrichtungen in Jugoslawien trifft. Panische Analysen und Schlussfolgerungen haben Konjunktur. Ein Rette-sich-wer-kann-Reflex bestürmt die Gehirne, eine Art Wettlauf um die Unschuld hat eingesetzt: Man möchte zu denen gehören, die einerseits vor dem Morden im Kosovo, andererseits – und ebenso rechtzeitig – vor dem Scheitern der NATO-Intervention gewarnt haben. Am Ende hat man niemandem geholfen, aber wenigstens den Frieden mit sich selbst gemacht.

Ich möchte hier versuchen, aus dem Wirrwarr der Stimmen, die auch in meinem Kopf aufeinander einschreien, einige Argumente herauszulösen und zu sortieren.

1. Eine militärische Intervention gegen den Vertreibungskrieg im Kosovo war legitim, sogar unausweichlich. Die Welt konnte nach der vier Jahre währenden ethnischen Raserei in Bosnien dem Treiben von Milošević Schergen nicht ein weiteres Mal tatenlos zusehen. Wer behauptet, es hätte unausgenutzte Verhandlungsspielräume gegeben, kann sich nur auf Wunschdenken berufen. Dem Prinzip zuliebe, dass sich alle Konflikte friedlich lösen lassen, erfindet man sich einen kompatiblen verhandlungswilligen Tyrannen und will einfach nicht wahrhaben, dass der reale, mit dem man es zu tun hat, bereits im Bosnien-Krieg Dutzende von Waffenstillstandsvereinbarungen und über 100 UNO-Resolutionen gebrochen hat. Der Massenmord in Srebrenica, einer UN-Schutzzone, fand statt, während mit Milošević verhandelt wurde. Den prinzipiellen Gegnern jedweder militärischen Inter-

vention bleiben nur zwei Auswege: Entweder müssen sie die Vertreibungen und Massaker in Bosnien und im Kosovo leugnen bzw. relativieren – und viele tun es: »das ist ein Bürgerkrieg! Die UCK-Leute sind nicht besser als die serbischen Paramilitärs!« etc. Oder sie erkennen zwar das ganze Ausmaß der Verbrechen an, erklären aber, dass es immer noch besser sei, diese Verbrechen geschehen zu lassen, als ihnen mit Waffengewalt Einhalt zu gebieten. Die letztere Option erscheint mir konsistent. Sie kann aber schwerlich den Anspruch erheben, die »höhere Moral« auf ihrer Seite zu haben. Warum sollte derjenige, der einem Verbrechen händeringend, aber tatenlos zuschaut, mehr Respekt verdienen als der andere, der versucht, es zu verhindern. Wer nicht eingreift, kann nicht viel falsch machen, aber unschuldig bleibt er nicht. Die Interventionsgegner müssen mit dem Vorwurf leben, dass ihnen ihre Prinzipien und die Befriedung des eigenen Gewissens wichtiger sind als das Los der Geschundenen im Kosovo. Die Befürworter bleiben der Frage ausgesetzt, ob die Opfer, die die Intervention kostet, in einem erträglichen Verhältnis zu ihrem Erfolg stehen.

2. Schon seit Wochen ist klar, dass die ununterbrochene Bombardierung Jugoslawiens das wichtigste Kriegsziel verfehlt hat. Sie hat die Vertreibung von eineinhalb Millionen Menschen nicht nur nicht verhindert, sondern diese Untaten womöglich noch beschleunigt. Soviel wir wissen, ist kaum eine von Miloševićs Einheiten durch die Luftschläge daran

gehindert worden, ihren Vertreibungs- und Mordauftrag am Boden fortzusetzen. Tatsächlich finden seit sechs Wochen zwei Kriege statt, die einander kaum berühren. Die NATO-Piloten sind die unbestrittenen Herren in der Luft, am Boden herrschen Milošević Mörderbanden. Wenn der serbische Führer jetzt einen Teilabzug seiner Milizen ankündigt, so ist dies wahrscheinlich nicht, wie die NATO-Propaganda will, auf einen Erfolg der NATO-Intervention zurückzuführen, sondern darauf, dass er seine Kriegsziele bereits erreicht hat. Die eine Hälfte der Kosovo-Albaner ist nach Albanien und Mazedonien getrieben worden, die andere irrt, halb verhungert und ebenfalls heimatlos, diesseits der Grenze in den Wäldern herum. Es lässt sich nicht rechtfertigen, dass zwar fast alle Donaubrücken, Verbindungswege, Industrieanlagen, Kraftwerke etc. getroffen worden sind, kaum jedoch die Kriegswerkzeuge der Milizen – nach eigenen, vermutlich optimistischen Schätzungen hat die NATO 20 Prozent der jugoslawischen Panzer zerstört. Darf man ein ganzes Volk dafür bestrafen und in die Steinzeit zurückbomben, weil es sich von einem Tyrannen hat zur Geisel nehmen lassen und nicht fähig war, ihn zu stürzen? Selbstverständlich gibt es auch eine Moral des Krieges. Eine Intervention gegen ein Menschheitsverbrechen, die nicht die Verbrecher, sondern vor allem die Zivilbevölkerung trifft, wird rasch auch moralisch fragwürdig.

3. Wieder einmal wird man hierzulande alle mög-

lichen Lehren aus dieser allerjüngsten, zum Glück nicht allein deutschen Vergangenheit ziehen. Es bleibt ja wirklich ein Rätsel, warum die mächtigste Streitmacht der Welt es nicht fertigbrachte, ein Gebiet, das etwa halb so groß wie Hessen ist, zu sichern und seine Bevölkerung vor Mord und Vertreibung zu schützen. Und wieder wird es heißen: Nie wieder Krieg! Bomben können niemals Frieden bringen! Mit Krieg kann man den Krieg nicht besiegen!

Aber womöglich gibt es eine ganz andere, weniger handliche Lehre: Ein skrupelloser und zu allem entschlossener Diktator kann der gewaltigsten Militärmacht der Welt trotzen, wenn er Grund zu der Annahme hat, dass die Bereitschaft der Besitzer, sie einzusetzen, an eine Bedingung geknüpft ist: Es darf kein einziges Leben kosten. Der Westen hat aus dem Trauma seiner Hilflosigkeit während der jahrelangen Mord- und Vertreibungsgeschichte in Bosnien gelernt. Die NATO hat ihre Drohung, die elementaren Menschenrechte notfalls auch durch eine militärische Intervention zu schützen, wahr gemacht und damit den Verjagten und Geschundenen im Kosovo mindestens gezeigt, dass es überhaupt eine Macht auf der Welt gibt, die gewillt ist, ihnen beizustehen. Mit dem Vorweg-Versprechen, keinesfalls Bodentruppen einzusetzen, haben die westlichen Politiker Milošević die Grenzen ihrer Einsatzbereitschaft offenbart. Aus der Luft ließ und lässt sich die Kapitulation des Kriegsverbrechers Milošević und die Rückkehr von einer Million

Vertriebenen nicht erzwingen. Die Politiker haben es versäumt, ihren Bürgern den Preis für eine erfolgreiche Intervention zu nennen und sie darüber aufzuklären, dass keine Intervention womöglich besser ist als eine halbherzige. Allerdings ist dieser Vorwurf nichts als besserwisserisch, solange das wahrscheinliche Ergebnis einer derartigen Aufklärung nicht genannt wird. Viele Bürger der NATO-Staaten, sicher jedoch die Deutschen, Italiener und Griechen, hätten jede Intervention abgelehnt, hätte man ihnen das ganze Risiko genannt und abverlangt. Bisher, so scheint es, hat der Westen keine Antwort auf die schreckliche Wette von Milošević gefunden: »Ich kann über Leichen gehen, ihr könnt es nicht.«

Wie immer der Frieden aussehen wird, der Krieg im Kosovo ist dabei, das Selbst- und Geschichtsverständnis der Deutschen zu verändern. Der bis zum Fall der Mauer unbestrittene Konsens »Nie wieder Krieg« erweist sich plötzlich als zu kurz, als unvollständig – als eine Lehre, die wohl nur im Land der Täter populär werden konnte. Denn die von den Nazi-Deutschen überfallenen Völker konnten diese Lehre aus ihrer Vergangenheit nicht ziehen. Sie hatten Waffen in die Hände nehmen müssen, um sich von der Nazi-Barbarei zu befreien. Durch die deutsche Beteiligung an der Intervention gegen Milošević' rassistischen Vertreibungskrieg stellt sich die Frage nach den richtigen Lehren aus der deutschen Vergangenheit neu. Hätte es nicht von Anfang an heißen müssen: »Nie wieder

Aggression, nie wieder Völkermord, nie wieder Rassismus?« Und sind die politischen und moralischen Leitlinien, die aus dieser Lehre folgen, noch dieselben wie die bisher gültigen?

(Erschienen am 26.5.1999 in der FAZ)

Die Jahre zwischen Deutschland und den USA

I

Zum ersten Mal waren meine Familie und ich für zwei Semester von Russel Berman, der damals Chair des German Department in Stanford war, im Herbst 1986 in die USA eingeladen worden. Diese und andere Einladungen kamen vor allem durch den Erfolg meines Buches »Walljumper« (Der Mauerspringer) in den USA zustande. Sie führten mich zwischen 1986 und 2015 auch nach Princeton, Harvard, George Washington University in St. Louis, Austin University in Texas, Dartmouth College in Hanover, Georgetown University in Washington und an andere Universitäten. Während dieser Aufenthalte ergaben sich Kontakte zur New York Times, zu Harper's Magazine, Wallstreet Journal, Newsweek, The New Republic und anderen Publikationen – kurz, es kam nach und nach, jeweils für ein Semester, zu einer amerikanischen Biografie.

Ein verwundbarer Held namens USA

(Herbst 1996)

Vor einigen Jahren, als ich zum ersten Mal für eine längere Zeit in die USA reiste, gab mir eine landeskundige Freundin die folgende Faustregel auf den Weg: Wer in den USA frisch zur Tür hereinkommt, bekommt erst einmal zehn Punkte gutgeschrieben, die er sehr rasch auf null bringen kann. In Deutschland fängt er mit minus zehn Punkten an und hat dann die faire Chance, sich allmählich gegen null hochzuarbeiten.

Ich trat meine Reise in bester Laune an und habe diese Faustregel bestätigt gefunden.

Jeder, der eine Weile in den USA gelebt und dort ein Kind zur Schule geschickt hat, kann die Wirkung einer mentalen Droge beobachten, die man hier »high expectation« nennt: Du bist gut, du kannst etwas, was andere nicht können, wir glauben an dich, du wirst es schaffen! Und wenn du es wirklich willst, kannst du noch viel mehr erreichen, kannst ein Michael Jordan, ein Bill Gates oder amerikanischer Präsident, ja amerikanische Präsidentin werden!

Dieser in Europa belächelte »amerikanische Traum« ist leicht widerlegbar und wird natürlich auch von den Amerikanern nicht wörtlich genommen. Man übersieht, dass es dabei natürlich nicht um ein konkretes Karriereversprechen, sondern um die Erzeugung einer Haltung geht: Die Welt steht dir offen, nimm sie dir, an deine Grenzen stößt du früh genug.

In Deutschland gilt die Kunst des Ermutigens und Lobens nicht als eine Tugend. Wer zuerst den Fehler findet – an einem Produkt, einem Projekt, einem Kollegen –, beweist damit seine Intelligenz. Wer einen anderen lobt, bringt sich dagegen in den Verdacht, dass er sein Studium vorzeitig abgebrochen hat oder im Sold des Gelobten steht. Tatsächlich unterschätzt man in Deutschland und Europa eine immaterielle Energie, die sich in den USA mit Händen greifen lässt: Lebensmut, Risikobereitschaft, Selbstvertrauen.

Auf besonders drastische Weise wurde mir dieser Kontrast anlässlich der Einführung der Potenzpille Viagra vorgeführt. Im amerikanischen Fernsehen sah ich den gescheiterten republikanischen Präsidentschaftsbewerber Bob Dole freudestrahlend den Daumen in die Höhe strecken. Nach einer Prostata-Operation hatte er das blaue Ding getestet und wie Hunderttausende anderer amerikanischer Männer das Wunder der Auferstehung erlebt.

Auch in Deutschland hatte die Meldung über die Wunderpille Warteschlangen vor den Urologen-Praxen ausgelöst. Aber in den Sondersendungen des deutschen Fernsehens zu Viagra sah man nur die tief besorgten Gesichter von Experten, die sich mit Warnungen überboten. Wenn Sie Schwindelgefühle, Kopf- und

Magenschmerzen kriegen, blind werden, einen Herzinfarkt riskieren wollen, sagte ein populärer Fernsehdoktor, dann nehmen Sie Viagra! Die Amerikaner feierten die damals eine Million Männer, die sich über ein nicht mehr erhofftes Stehvermögen freuten. Die deutschen Experten konzentrierten sich auf die sechs Todesopfer und rieten den Davongekommen, erst einmal ihr Seelenleben in Ordnung zu bringen.

Lassen wir einmal offen, welche von den beiden Reaktionen sich im Test der Jahre als realistischer erweisen wird. Auf die Frage, bei wem es sich einstweilen leichter leben lässt, bei den Thumbs-up!-Optimisten oder bei den Kopfschüttlern, wird die Antwort nicht allzu schwerfallen.

Es ist ja wahr: Der berühmte Optimismus und die Höflichkeit der Amerikaner ist von Verlogenheit nicht immer leicht zu unterscheiden. Wenn man mich allerdings fragt, was ich vorziehe – eine verlogene amerikanische Höflichkeit oder eine ehrliche deutsche Unverschämtheit –, optiere ich eher für das amerikanische Angebot. Was mich angeht, so habe ich von den Wirkungen dieser positiven Grundeinstellung profitiert. Es gab Zeiten, in denen die USA für mich eine Art Kuraufenthalt geworden sind, der mir erlaubte, mich von dem zu Hause herrschenden Misstrauen, der Zerstörungslust, der Häme und dem Neid zu erholen. Warum soll ich es nicht laut und deutlich sagen, dass ich Amerika und den Amerikanern dafür aufrichtig dankbar bin? Dabei nehme ich allerdings in Kauf, dass ich nie genau weiß, was Amerikaner eigentlich denken. Denn sie sagen ja nicht, was sie denken, und manchmal frage ich mich, ob sie selber wissen, was sie denken.

Einmal besichtigte ich mit zwei Washingtoner Freunden eine neu eingerichtete Wohnung in Georgetown. Es war die Wohnung von Freunden meiner Freunde. Wir gingen mit vielen »how wonderful«- und »just amazing«-Rufen durch die renovierte Wohnung und endeten den Rundgang in der Küche. Es war in meinen Augen eine tragisch missratene Küche. Nichts passte zusammen, der falsche Marmor, die rosafarbene Tapete, die ungemütlichen Stühle und der ovale Tisch – das alles hatte viel gekostet und war total daneben. Aber meine Freunde – und auch ich – überboten sich in Komplimenten.

Kaum hatten wir unsere über alle Maßen beglückwünschten Gastgeber verlassen und die Straße erreicht, brachen meine Freunde in befreiendes Gelächter aus. Noch nie in ihrem Leben, sagten sie, hätten sie eine so absurde und total verkorkste Küche gesehen!

Seit diesem Tag neige ich zur Vorsicht, wenn ein amerikanischer Redakteur mir sagt oder schreibt, er sei »just thrilled« von der Aussicht, einen Artikel von mir zu diesem oder jenem Thema zu bekommen. Wenn er dann den geschriebenen Artikel »very interesting« findet, weiß ich, dass er ihn vielleicht bezahlen, aber niemals drucken wird. Nie und unter keinen Umständen werde ich von ihm hören, dass er meinen Text ungeeignet oder schlicht abscheulich findet.

Dieser Artikel war von meinem Übersetzer Philip Boehm mit dem Titel »A Hero with a Blind Spot« im Herbst 1996 für die New York Times übersetzt worden, erschien dort aber nicht. Ich habe ihn dann als Vortrag bei mehreren Gelegenheiten in Deutschland und den USA auf Englisch und auf Deutsch gehalten.

[Aus meinen Aufzeichnungen]

August/September 2000. Im Jahre 1996 war ich einer Einladung der Georgetown-University in Washington D.C. gefolgt. Seither bin ich alle zwei Jahre dort als »Distinguished writer-in-residence«. Damals war Washington noch in einem ziemlich verfallenen Zustand und erinnerte mich an das Berlin der Achtzigerjahre. »Das soll die Hauptstadt der westlichen Welt sein?«, fragten wir uns. Meine Frau und ich liefen herum im Chevy Chase, sozusagen im Zehlendorf von Washington, wo die Reichen, Einflussreichen und nicht so Schönen wohnen. Wir sahen riesige Villen, die 300 000 Dollar, 400 000 Dollar kosteten. Warum kaufen wir uns nicht so'n Ding, fragte meine Frau. Nimm doch einen Kredit auf! – Leider ist meine unternehmerische Ader sehr schlecht ausgebildet, ein Familienschaden; gerade deswegen hätte ich auf meine Frau hören sollen. Denn jetzt, ein paar Jahre später, sind diese Häuser alle das Dreifache wert. Mit großem Interesse habe ich beobachtet, wie schnell so eine verrottete und verarmte Stadt, die damals von einem Kokain schnupfenden Bürgermeister regiert wurde, wieder auf die Beine kommen *kann. Man hat die neuen elektronischen Industrien, die Software-Hersteller, die Leute, die im Umkreis des Pentagon das Internet erfunden hatten, nach Washington gelockt und eine sehr kluge Entwicklungspolitik gemacht.*

Wir reden in Deutschland ja so gern und mit Verachtung von den »amerikanischen Zuständen« und jeder glaubt genau zu wissen, was er damit meint. Ich möchte hier einmal einen »amerikanischen Zustand« beschreiben, auf den man schon seit 40 Jahren in Deutschland hätte neidisch sein sollen. Wo immer ich in den USA war und meine Kinder zur Schule schickte, bekamen sie vom ersten Tag an, zwangsweise und gratis, Englischunterricht – jeden Schultag eine Stunde. Wohlgemerkt, ich rede nicht von irgendwelchen Privatschulen, sondern von öffentlichen Schulen. Diesen Unterricht bieten die Schulen als eine selbstverständliche Leistung Kindern aus dem Ausland an, ganz egal, wie lange sie bleiben – was natürlich ganz entscheidend zu deren Integration beiträgt. Hier liegt ein Versäumnis unserer Gesellschaft, das wir noch lange werden bezahlen müssen. Erst jetzt, nach 40 Jahren Einwanderung, bewegt sich etwas.

1999 war ich mit meinem Sohn zum zweiten Mal in Stanford, er war damals gerade mal elf Jahre alt und wurde an seiner Schule gleich in die Basketball-Mannschaft aufgenommen. Leider hat diese Mannschaft so gut wie jedes Spiel verloren, es war ein Desaster. Am Ende des Semesters wurden alle Mannschaften zum großen Abschied versammelt. Die Trainerin, die bereits wusste, dass ich mit meinem Sohn demnächst nach Deutschland zurückreisen würde, bat mich um meine Adresse. Sie wollte meinem Sohn un-

bedingt nicht nur ein Foto mit seiner Mannschaft, sondern auch einen Pokal nachschicken – für seine Leistungen im Team. Ich habe ihr die Adresse gegeben und die Sache dann vergessen. Ein Vierteljahr später kam ein riesiges Paket mit dem Foto und einer gewaltigen Trophäe an, mit der verglichen sich der Hollywood-Oscar mickrig ausnimmt. Die Botschaft war: Auch wenn du immer nur verloren hast, eine Trophäe hast du trotzdem verdient; vielleicht wirst du noch ein Star und jedenfalls bist du nicht vergessen. Dieses Mutmachen, dieses Ernstnehmen der Hoffnungen und Wünsche, der Optimismus, den die Kinder in den USA erfahren, ist natürlich eine große Stärke der amerikanischen Kultur. Damit hat es wohl zu tun, dass die meisten deutschen Kinder, die dort einmal zur Schule gegangen sind, in den USA bleiben wollen. Die Deutschen mit ihrer Verachtung der »amerikanischen Zustände« könnten sich von diesen Zuständen einiges abschneiden.

Kürzlich traf ich Günter Grass auf dem Flughafen Tegel. »Wo kommst du her«, fragte er, »hab dich so lange nicht gesehen!« Und ich erwiderte, schon halb mit schlechtem Gewissen, da ich seine Ansichten kenne: »Aus Washington!« – Da blickte er mich finster an und sagte dann mit großer Überzeugung: »Washington? Da fahre ich gar nicht mehr hin!« Da fasste ich mir ein Herz. »Günter«, sagte ich, »weißt du eigentlich, wie in Washington gewählt wird? 80 bis 85 Prozent stimmen dort regelmäßig für die Demokraten. Es ist geradezu eine Diktatur der Demokraten. Übrigens wohne ich nicht im Pentagon, wenn ich in Washington bin.«

Versuch, in den USA nicht als Deutscher aufzufallen. Und warum es nicht funktioniert

(Dezember 1996)

Unter all den kleineren überseeischen Nationen, die man hierzulande kennt, darf mein Land sich rühmen, vergleichsweise häufig genannt zu werden. Als ich in diesem Herbst nach Washington zog, war ich über die Allgegenwart der Deutschen im amerikanischen Fernsehen verblüfft. Egal, wann ich durch die Fernsehkanäle zappte, es verging kein Tag, an dem ich nicht in Spiel- oder Dokumentarfilmen auf gewisse Gesten, Embleme und vor allem Laute aus Deutschland stieß. Ich glaube, außer Spanisch ist Deutsch die einzige Sprache, die im amerikanischen Fernsehen ziemlich regelmäßig im Original zu hören ist. Aber diese von manchen Völkern vielleicht beneidete Präsenz der Deutschen hatte einen Pferdefuß. Fast alle Bilder und Geschichten bezogen sich auf die Zeit vor 50 Jahren, auf jene zwölf Jahre also, in denen die Deutschen weltberühmt geworden sind – durch ein ungeheures Verbrechen nämlich, dessen Einzigartigkeit nur unverbesserliche Dummköpfe bestreiten.

Die meisten Deutschen, die ich in Amerika kenne, haben eine gewisse Mutation hinter sich. Sie haben gelernt, sich möglichst undeutsch zu betragen. Das ist gar nicht so unmöglich, wie es sich anhört. Zunächst vermeidet man alle Wörter und Laute, die an das sogenannte »Hollywood-German« erinnern: Befehle wie »Komm her!«, »Halt!«, »Achtung!« auch dann, wenn das eigene Kind gerade bei Rot eine verkehrsreiche Straße betritt. Bei ungünstigen Vornamen wie »Fritz« oder »Hans« empfehlen sich die längeren Versionen »Johannes« oder »Friedrich«. Heißt jemand »Reich«, so hilft er sich mit der amerikanischen Aussprache »Reik«. Unter keinen Umständen lässt der Deutsche in Amerika Ernst oder Tiefe erkennen – er zeigt Humor, auch wenn er keinen hat. Und siehe da: Manchmal ist er in der Tat verblüffend witzig. Vor allem aber ist es wichtig, sich als Ausnahme von der Regel zu präsentieren. Als der »gute Deutsche«, der mit seiner Vergangenheit kämpft, der bei jeder Gelegenheit seine Schuldgefühle zeigt, dem jede Art von Patriotismus verdächtig ist und der bei dem Stichwort »Wiedervereinigung« sorgenvoll den Kopf schüttelt.

Aber ach – all diese heroischen Anstrengungen haben wenig oder nichts genutzt. Schalten Sie abends in den USA den Fernseher ein: Sie finden dort regelmäßig einen Deutschen, er ist blond und sieht manchmal sogar erstaunlich gut aus. Aber er hat diese kalten blauen Augen, trägt die braune oder schwarze Uniform, haut die Hacken zusammen und ruft: »Zu Befehl, Herr Obersturmbannführer!«

Kann es sein, fragte ich einen amerikanischen Freund,

einen Spezialisten für deutsch-amerikanische Beziehungen, dass das Bild Deutschlands immer noch hauptsächlich von den Deutschen vor 50 Jahren bestimmt wird?

Seine Antwort war erfrischend.

Oh, Peter, sagte er, nicht ohne zu erwähnen, dass meine Frage typisch deutsch sei, das darfst du nicht so ernst nehmen. Die Nazi-Story hat natürlich längst Platz gefunden in der Bibliothek der großen historischen Mythen. Für Hollywood ist sie unter anderem eben auch ein hochwirksamer Plot: sagenhafte Bösewichter, einzigartige Verbrechen, verklemmter Sex, mutige und siegreiche Helden, die zufällig Amerikaner sind. Kein Mensch verbindet diese Dinge mehr mit den aktuellen Deutschen.

Was den ersten Teil seiner Antwort angeht, musste ich meinem Freund nach einigem Nachdenken recht geben. Die heutigen Deutschen, die selbst die großen Dinge – siehe Mauerfall – irgendwie klein machen, sind für die großen Medien nicht besonders attraktiv. Sicher: 50 Jahre Demokratie, 20 Jahre Helmut Kohl, die kerzenhaltenden Friedensengel, die vielen Selbstzerfleischer und Identitätssucher – das alles ist dem, was die Deutschen vor 60 Jahren geboten haben, unendlich vorzuziehen. Aber ist es – vom Mauerfall einmal abgesehen – aufregend? Mit dem Nazi-Plot können die heutigen Deutschen natürlich nicht konkurrieren. Und falls die Alternative darin besteht, als Nazi berühmt und als Demokrat uninteressant zu sein, so weiß ich, was ich wähle.

Was den zweiten Teil der Antwort betrifft, bin ich nicht so sicher. Genauer, ich sehe darin nichts als schiere amerikanische Höflichkeit. Unvermeidlich bestimmt »the Hollywood German« das Bild von den heutigen Deutschen mit. Ich glaube, mit diesem Bild müssen die Deutschen noch viele Generationen leben und können sich darüber nur bei der Generation beklagen, die den Stoff dazu geliefert hat. Etwas anderes ist es, wenn die Nazi-Vergangenheit zum wichtigsten Schlüssel für die Wahrnehmung und Bewertung von aktuellen Nachrichten aus Deutschland wird. Ich fühlte mich etwas alarmiert, als ich in diesen Tagen einen Kommentar von Richard Cohen in der Washington Post fand, dessen Op-eds ich sonst immer mit Gewinn lese. In einem Artikel vom 15.11.1996 nimmt er sich »Germany's odd obsession with Scientology« vor. Ich werde mich hier nicht mit Richard Cohen über den auch in Deutschland umstrittenen Umgang einiger Minister mit der Sekte streiten: Aber muss es gleich wieder kommen, das Bild von den »Germans once again treating a marginalized group as being outside the German community«? Wäre es nicht einen Hinweis wert, dass auch andere Länder gegen die Sekte juristische Mittel einlegen, etwa Frankreich, wo gerade einige Führer der Sekte zu einer Gefängnisstrafe verurteilt worden sind? Und muss man gleich das Stereotyp von »something indelibly spooky about Germans« bemühen und – unter Berufung auf Daniel Goldhagen – ein in den Deutschen vorhandenes

»kulturelles Gen« annehmen, »a gene in the culture ... that gets passed from generation to generation«? Ich muss zugeben, dass ich nach der Lektüre von Cohens Artikel gleich ein Labor aufsuchen wollte, um mich nach diesem Gen durchsuchen zu lassen, und nur die Einsicht, dass Richard Cohen natürlich nicht an ein chemisch feststellbares Gen denkt, hielt mich davon ab. Aber sie beruhigte mich nicht. Denn was bedeutet der Satz? Muss ich, muss jeder Deutscher meiner und jeder nächsten Generation nicht fürchten, dass er, gleichgültig, was er sagt und tut, heimlich und tief im Innern zur Verfolgung von Minderheiten disponiert ist, und kann man umgekehrt schließen, dass die Nichtdeutschen gegen solche Neigungen immun sind?

Ich fürchte, der große Erfolg von Daniel Goldhagens Buch »Hitlers willing executioners« ist nicht nur auf die Verdienste des Buches zurückzuführen. Er hat auch damit zu tun, dass Goldhagen ein fast schon überwundenes Stereotyp mit einer scheinwissenschaftlichen Autorität ausstattet: die These nämlich, dass die Kultur der Deutschen zielstrebig durch Jahrhunderte hindurch auf das »nationale Projekt« des Holocaust zustrebte, dass an die Stelle der Hunderttausenden, die das Verbrechen ausführten, jederzeit Millionen andere hätten treten können. Ich halte diese These für unbewiesen. Aber ich muss gestehen, dass ich sie auch dann mit aller Kraft bekämpfen würde, wenn sie beweisbar wäre. Wenn es die Kultur selber ist, die zur Ausschließung und Ausrottung disponiert, gibt es keine persönliche Verantwortung mehr.

(Erschienen am 5.12.1996
in der New York Times unter dem Titel
»For Germans, Guilt Isn't Enough«)

Bis zu diesem Zeitpunkt hatte ich in meiner journalistischen und essayistischen Arbeit (auch für die New York Times) so gut wie ausschließlich jene zwei Themen behandelt, die in den USA an mich herangetragen wurden: Sie betrafen entweder den Umgang der Deutschen mit der Nazi-Vergangenheit oder die Wiedervereinigung. Dies war mein erster Versuch, die Blickrichtung einmal umzukehren: Wie fühlte sich ein Deutscher meiner Generation in den USA aufgenommen? Der Artikel hatte dann ein enormes Echo – die Briefe teilten sich ziemlich gleichmäßig in positive und kritische bis negative Reaktionen. Aber schon bei der Redaktion des Textes stieß ich auf ungewohnte Schwierigkeiten. Sie mochten aber auch damit zu tun haben, dass ich es plötzlich mit zwei neuen Redakteurinnen zu tun bekam.

[Aus meinen Aufzeichnungen]

Dezember 1996. »Eine Erfahrung mit der New York Times, die schwer zu verdauen ist. Der Artikel, in dem ich zum ersten Mal in meinem Leben gegen die alberne Stereotypisierung schrieb, die nicht so sehr meinen Patriotismus als meine Intelligenz herausforderte, wurde zwei Tage lang Satz für Satz derart hin und her verhandelt, dass ich fast so weit war, ihn zurückzuziehen. Zunächst wurde der Ton geändert, alle Ironie herausgenommen: Aus ›Among the smaller overseas nations that Americans know, I'm pleased to report my native Germany is named more often than many ...‹ wurde jetzt: ›I've noticed that ...‹. Statt ›While some peoples might covet this distinction, it has its blemish‹ heißt es nun: ›But this distinction is no honor‹ – weil ›blemish‹ angeblich viel zu schwach wäre. – ›Are you trying to be sarcastic?‹, fragte mich eine meiner Redakteurinnen. ›I'm not trying, I'm being sarcastic‹, erwiderte ich. Statt ›Almost all the images and stories drawn on those twelve years when Germans achieved global prominence by perpetrating a crime‹ ... heißt es ›When Germans perpetrated a crime ...‹

Es entstand ein Volksschullehrerton. Erst einmal schmuggelten sie mir den ›Wir-Ton‹ unter: ›We Germans don't appreciate this distinction‹ oder ›Germans must be permitted to state that our history is more than 12 years long and that our country and culture has made important contributions to the world. ... In short, it is important to teach our children that humans are responsible for their actions.‹ Dann strichen sie bei den Beispielen für die guten Deutschen ›die Frauen in der Rosenstraße‹ und ›die Deserteure‹. Sie wollten nicht den Satz stehen lassen, der beschreibt, dass Scientology im antifaschistischen Dänemark verboten und in Frankreich mit Prozessen überzogen wird. Weggelassen auch die Erklärung, warum Daniel Goldhagens Buch in Deutschland so viel Erfolg hat – nämlich wegen seiner Umarmung der Jugend, die qua Generation unschuldig sei. (Ein Widerspruch, fand man, weil ich vorher dargelegt hatte, dass Goldhagen von einer jahrhundertelangen Kontinuität des deutschen Antisemitismus ausgeht – das war aber ein Widerspruch Goldhagens, nicht einer von mir.) Vor allem die Nötigung, am Ende doch noch etwas über die deutsche Schuld und die Vergangenheitsbewältigung zu schreiben, machte aus dem Artikel, der mit einer Offensive begonnen hatte, eine Verteidigungsrede. Ich hatte mich anlegen wollen mit Amerikanern, die die Deutschen als Nazis abstempeln, nicht etwa weil sie tatsächlich diese Sorge haben, sondern weil die Unterstellung die Amerikaner besser aussehen lässt – und endete mit einem Geständnis und der Bitte, uns trotz Auschwitz das Andenken an ein paar gute Deutsche zu lassen. Plötzlich großer Pessimismus über die Möglichkeiten der Verständigung.«

Die europäische Lingua franca

(August 1997)

Ein Gespenst geht um in Europa: das Gespenst der englischen Sprache. Identitätsängste und nationale Ressentiments machen sich breit, Regierungen großer europäischer Nationen denken über Rettungsmaßnahmen nach, Sprachpolizeien durchforsten Zeitungen und Fernsehprogramme nach (verbaler) englischer Schmuggelware und drohen mit Geldbußen.

Die Aufregung kommt ein wenig spät. Denn das Gespenst hat seine Herrschaft längst angetreten und wird jeden Tag rosiger und fetter. Die Völker Europas haben ihre Entscheidung offenbar getroffen. Nur die Regierungen und Ingenieure des neuen Europa wollen noch nicht wahrhaben, dass es eine europäische Lingua franca längst gibt. Es ist freilich nicht die Sprache von Voltaire, auch nicht die von Goethe, auch nicht die von Dante oder Cervantes, sondern die von McDonald's, von Disneyland, von Hollywood, von Michael Jackson, Michael Jordan und Jerry Springer – übrigens auch die Sprache von Shakespeare, Faulkner, Whitman und Bob Dylan. Es fällt auf, dass es eher die großen europäischen Nationen sind, die sich mit dem Siegeszug des Englischen schwertun. Die kleineren – die Dänen, Holländer, Schweden, Ungarn, Tschechen, Polen – murren nicht, sie lernen Sprachen. Man hört wenig davon, dass diese »Verräter« auf den Sofas einheimischer Psycho-Doktoren über Identitätsprobleme klagen und nicht mehr wissen, wer sie selber sind.

Kurz, ich halte das englische Gespenst, das in Europa umgeht, für ein eher freundliches und begrüßenswertes Wesen. Es zwingt, nein es verführt die Europäer dazu, zum ersten Mal seit rund 500 Jahren wieder eine gemeinsame Sprache zu sprechen. Das Annehmen dieser Lingua franca ist, noch vor dem Euro-Dollar, die wichtigste Voraussetzung für eine Vereinigung Europas – übrigens auch für seine Fähigkeit, den USA tatsächlich Konkurrenz zu machen.

Die letzte Weltsprache in Europa war Latein. Sie war ein Erbe der römischen Weltherrschaft und ist bis heute die Amtssprache der katholischen Kirche. Und natürlich haben sich vor 2000 Jahren griechische und ägyptische Gelehrte, aber auch mancher gallische oder germanische Waldmensch über die Sprache Roms und die römische »Unkultur« den Mund zerrissen – nicht anders, als es heute französische, deutsche oder italienische Intellektuelle tun, wenn von der Vorherrschaft des Englisch-Amerikanischen die Rede ist. Wahr ist aber auch, dass alle großen Dissidenten Roms und der katholischen Kirche – bis hin zu Giordano Bruno, Copernicus, Luther und Spinoza – Latein gekonnt und benutzt haben: Latein war das Mittel, um ihren Ideen weltweit Gehör zu verschaffen.

In einem entscheidenden Punkt jedoch sehen die

anglophoben Warner klarer als die Anglophilen. Die Vorherrschaft einer Sprache bedeutet in der Tat viel mehr als eine bloße Übersetzung von Wörtern und Begriffen. Sprachen sind Kultur- und Ideenschmuggler, und Synonyme, weiß jeder Übersetzer, sind eher die Ausnahme als die Regel. Es ist lächerlich, wenn Sprachpolizisten Wörter wie »job«, »computer«, »service« durch französische, deutsche, spanische Ausdrücke zu ersetzen suchen. Der Begriff »my job« impliziert ein anderes Konzept als »mon travail« oder »mein Beruf«. Nicht einmal alltägliche Sätze wie »I love you!«, »Sit back and relax!« oder »Enjoy it!« lassen sich einfach übersetzen. Berühmt ist das Beispiel des Deutschen, der auf die amerikanische Frage »How are you today?« auf der Straße stehen bleibt und zu einer gründlichen Antwort ansetzt.

Die Europäer haben folglich gute Gründe, darüber nachzudenken, wie sie auf den Siegeszug des Englisch-Amerikanischen auf dem Kontinent reagieren sollen. Die erste Antwort auf diese Frage muss die Anerkennung einer simplen Tatsache sein: Ja, die nationalen und regionalen Sprachen und Kulturen Europas werden sich unter dem Ansturm dieser Weltsprache in der Tat verändern und sie haben sich bereits verändert. Die zweite Antwort ist: so what? Was ist eigentlich so schlimm daran? Der Triumph des neuen Latein bedeutet ja keineswegs, dass die nationalen und regionalen Sprachen und Lebenswelten von der Bildfläche verschwinden, ganz im Gegenteil: Sie werden sich in der Abgrenzung und Auseinandersetzung eher verdeutlichen. Die Völker Europas werden niemals von ihren Sprachen lassen – warum sollten sie auch? Gleichzeitig findet ja eine gegenläufige Entwicklung statt: Dem Drang zur Globalisierung entspricht eine ebenso starke Tendenz zur Ethnizität. Kaum ein Mensch in der vernetzten Welt lebt mit nur einer einzigen Idendität. Er läuft mit mehreren Idenditäten oder »Seelen« in der Brust herum und kommt in aller Regel ziemlich gut damit zurecht. In Berlin fühle ich mich nicht als Berliner, auch nicht als Deutscher, ich fühle mich zu Hause. Wenn ich in München bin, stoße ich unweigerlich darauf, dass ich Berliner bin. In Rom oder Paris merke ich, dass ich Deutscher bin. Und in den USA wird mir bewusst, dass ich Europäer bin. Ich wüsste nicht, warum ich eine dieser Identitäten zugunsten einer anderen aufgeben sollte. In ähnlicher Weise hantieren Millionen Menschen längst mit einer Ressource, die die Linguisten »multiple literacy« nennen. Auf lange Sicht könnte die Entwicklung dieser Ressource sogar zu einer Art »Standortvorteil« führen. Sie erlaubt es ihren Besitzern nämlich, sich in verschiedenen Welten, Weltbildern und Business-Kulturen zurechtzufinden. Dass Englisch sich zur Weltsprache Nummer 1 entwickelt hat, hat für die native speakers einen Nachteil: Sie haben immer weniger zwingende Gründe, andere Sprachen zu erlernen. Das impliziert gewisse Risiken – zum Beispiel die Gefahr, dass die amerikanischen Abhörer eines Telefongesprächs zwischen zwei arabischen Terroristen nur verstehen, was sie hören, wenn die Terroristen so nett sind, sich über ihr geplantes Attentat auf Englisch zu unterhalten.

(Erschienen am 1.5.2001
in der New York Times unter dem Titel
»Conquering Europe, Word for Word«)

Die Jahre zwischen Deutschland und den USA

2

Das mutlose Land

(November 1997)

Das Letzte, was ich vor meiner Abreise aus Washington, D. C., über die deutschen Zustände hörte, war eine Zahl in der Financial Times. Ich holte meine Tochter gerade von einer Goodbye-Party am Swimmingpool ab; und während ich wartete, bis sich das Kind die Haare getrocknet hatte, hielt mir der deutsche Hausherr, ein leitender Angestellter der Weltbank, das rosarote Fachblatt vor die Augen. Seine Stirn nahm zusehends die rosarote Farbe der Zeitung an, als er mit dem Finger auf den zweistelligen Grund seiner Aufregung zeigte. Aus der Statistik ging hervor, dass Deutschland in der Liste der wettbewerbsstärksten Länder in kurzer Zeit von Platz 9 auf Platz 25 abgerutscht war. »Wenn die Deutschen so weitermachen«, sagte er, »können sie bald den Anschluss an Afrika suchen.«

Als ich in Berlin aus dem Flugzeug stieg, hatte ich nicht den Eindruck, ein Land zu betreten, das vor dem Abgrund stand. Die deutsche Krise war mit bloßem Auge nicht leicht zu erkennen. Auf der Stadtautobahn sah ich Kolonnen blank geputzter Autos – lauter hochzylindrige, spritzige Mordwerkzeuge, die höchstens fünf Jahre alt waren und keine Delle aufwiesen. Auch die Berichte der Reisebranche, über die ich bei der

Zeitungslektüre im Flugzeug gestolpert war, stimmten mich nicht auf einen Untergang ein. Im Reisesommer 97, las ich, wurden alle bisherigen Rekorde gebrochen. »Es wird erklärungsbedürftig«, sagte der Präsident des deutschen Reisebüro-Verbandes, Gerd Hesselmann, »wenn man nicht reist.«

Ich dachte nicht mehr an die Zahl in der Financial Times, als ich mein unterbrochenes Leben in Deutschland wiederaufnahm. Am Abend meiner Ankunft verfolgte ich vom Bett aus, vom Jetlag immer noch benommen, eine Live-Sendung über einen internationalen Leichtathletik-Wettkampf. Der deutsche Reporter interviewte einen Star aus Afrika, den Sieger des 3000-Meter-Laufs. Schweißtriefend und keuchend, kaum fähig, zu sprechen, stand der glückliche Gewinner dem Mann mit dem Mikrofon gegenüber. Aber plötzlich gefror sein Lächeln, und es war nicht mehr zu unterscheiden, was ihm mehr den Atem genommen hatte – der eben erst beendete 3000-Meter-Lauf oder die erste Frage des Reporters.

»Sagen Sie«, fragte der Reporter den Mann, der auf dieser Strecke gerade den Jahresrekord und die drittbeste Zeit aller Zeiten erlaufen hatte, »was ist eigentlich schiefgelaufen? Eigentlich wollten Sie heute doch Ihren eigenen Weltrekord einstellen!«

Da wusste ich, dass ich wieder zu Hause war.

Anderntags ging ich in einen Computer-Shop an der Ecke. Das Geschäft hatte eben erst geöffnet, es waren wenig Kunden da. Ich sah mehrere junge Männer in

T-Shirts und Nike-Schuhen mit abweisenden Blicken an mir vorbeilaufen. Da sie nichts kauften, entschloss ich mich nach einer Weile, sie für Verkäufer zu halten. Sichtlich ungehalten wegen der Störung blickte mich der von mir angesprochene Hüne an.

Ich fragte nach einem eher ungewöhnlichen Artikel in der unendlichen Kette des Computerzubehörs: nach einem externen CD-ROM-Laufwerk mit eingebauter Soundkarte. Noch bevor ich ausgeredet hatte, sah ich das zurechtweisende Kopfschütteln des Verkäufers und erhielt die Auskunft: »Ham wer nich, jibt et nich!« Erst nachdem ich fünf verschiedene Modelle des genannten Artikels aufgezählt hatte, mäßigte er sein Urteil zu »Ham wer nich!«.

Man kann es den Berliner Charme nennen.

Ich, noch nicht recht wieder eingewöhnt, dachte in diesem Augenblick an die freundlichen und hoch informierten, sicher schlechter bezahlten Verkäufer bei Richards Computer in Washington und fragte mich: Wie will man mit dem hier angebotenen Mix aus Arroganz plus Inkompetenz bestehen? Wie soll das gut gehen? Und soll es überhaupt?

Vermutlich rede ich von Irritationen, die jedes Jahr Millionen Deutsche anwandeln, wenn sie entspannt aus besser gelaunten und meist ärmeren Urlaubsländern zurückkehren. Woher die Anspannung, das konzentrierte Wegschauen? Warum wird ein neugieriger Blick als Zumutung abgewiesen, eine versehentliche Berührung gleich als Tätlichkeit empfunden? Woher rührt die rätselhafte Selbstverpflichtung zum Missmut und zum Verdruss? Ausländische Besucher sind geneigt, darin ein Indiz für Ausländerfeindlichkeit zu sehen. Wie soll man ihnen bloß erklären, dass sie durchaus wie Einheimische behandelt werden?

Früher habe ich diese ethnologische Besonderheit, die in Berlin besonders ausgeprägt ist, mit der Mauer zu erklären versucht. Nachdem dieser Grund entfallen ist, neige ich dazu, sie damit zu erklären, dass es die Mauer nicht mehr gibt. Ein Rätsel bleibt.

Ich gestehe, dass mich in den ersten Tagen ein ungewohntes Gefühl des Erbarmens anwandelte, mit den Deutschen und wohl auch mit mir selbst. Woher rührt diese Passion, sich und anderen das Leben schwer zu machen? Das Fehlen jeder Spielfreude, jedes Werbens, jedes Ehrgeizes, sich dem (auch dem einheimischen) Fremden gegenüber durch Liebenswürdigkeit in ein gutes Licht zu setzen? Ist man darauf aus, auf keinen Fall geliebt zu werden, liebt man sich selber nicht? Ist dieser Mangel an Selbstliebe eine Folge der Hitlerei oder, schlimmer noch, die Hitlerei eine Folge dieses Mangels?

Dabei ist es doch fantastisch, was die Berliner alles auf sich nehmen und zustande bringen.

Wer zwischen Bahnhof Zoo und Bahnhof Bellevue mit der S-Bahn fährt, sieht nichts als Bäume und Kräne, gewaltige Erdaushübe und gelbe tadellos planierte Sandflächen, eine lange Küste ohne Meer, zu der man sich die Brandungswellen des Urstroms fantasieren kann. Näher dann zum Bahnhof Friedrichstraße blickt man in schwindelnd tiefe ausbetonierte Baulöcher oder auf Grundwasserseen, auf denen schwimmende Kräne operieren. Nachdem die Mauer, das kalte Herz der Stadt, herausoperiert ist, herrscht an den Wundrändern fieberhafte Tätigkeit. Berlin, kein Zweifel, baut sich seine Pyramiden.

Wer in Berlin-Mitte spazieren geht, trifft auf Schritt und Tritt auf neue Gebäude oder wiederauferstandene Gebäudegeister, die zwei Jahre vorher nur in historischen Fotobänden zu besichtigen waren. Das Hotel Adlon unter den Linden auferstanden, die Friedrichstraße fertig, ganze Straßenzüge in Friedrichshain und Prenzlauer Berg neu verputzt, überall neue Büropaläste, darunter durchaus erstaunliche, bewundernswerte und auch solche, die man nach einem Augenblick der Irritation als Plattenbauten in Marmorausführung erkennt.

Vieles, was da mit viel Geld hingestellt worden ist, folgt einer political correctness des Bauens. Die Angst, bloß nichts falsch zu machen, hat sich in Stahl, Beton und Glas verwandelt. Am Potsdamer Platz ist in atemberaubendem Tempo eine neue Stadt entstanden. Gelungen oder nicht, das Ganze ist ein pharaonisches, so noch nie da gewesenes Vorhaben: Eine 750 Jahre alte Stadt erschafft sich eine neue Mitte.

Das alles vermittelt den Eindruck einer ungeheuren Energie und Kraft und macht neugierig auf das Kraftzentrum. So viel Aufbruch war zu meinen Lebzeiten nie, aber wo ist die Aufbruchsstimmung? Warum sprechen die Zeitungen nur vom Missglückten, nicht genauso laut vom Gelungenen? Warum loben und ermutigen sich die Deutschen nicht, wenigstens ein bisschen? Misstrauisch stehen die Bürger vor den neuen Riesenwerken und schütteln behutsam ihre Köpfe.

Die geheimnisvolle Disposition der Deutschen zum Missmut und zur Krisenstimmung, die fast unabhängig von der Haushaltslage ist, wird zu einem aktiven Krisenfaktor, wenn die Krise eingetroffen ist. Plötzlich zeigt sich, dass das auf Krisen eingestimmte Volk unfähig ist oder sich weigert, die Krise wahrzunehmen und sich gegen sie zu wehren. Ein seltsam träumerischer Umgang mit dem Offensichtlichen fällt auf, eine kollektive Weigerung, den überall veröffentlichten Tatsachen zu begegnen. Fast ist es, als hielte man die tägliche Beschwörung des Niedergangs für das geeignete Mittel, ihn aufzuhalten. Pessimismus – und die mit ihm einhergehende Haltung des Abwartens – ist doch eher ein Zeichen für Konjunktur, ein Luxusgefühl, das man sich leisten können muss!

Bei der Einschulung meiner Tochter in ein Gymnasium in Charlottenburg teilte der Direktor mit, der Englischunterricht sei zwar vorgesehen, aber nicht gesichert: Das Geld für die neuen Englisch-Lehrwerke sei noch nicht bewilligt. Ein Hauch von Dritter Welt wehte plötzlich durch die Aula des ehrwürdigen Gymnasiums. Eine Mutter stellte die Frage, was die Bücher kosteten. Ob die Eltern nicht beschließen könnten, die 24,80 DM auszulegen oder auch zu bezahlen, um den Unterricht zu gewährleisten. Empörtes Schweigen war die Antwort.

Ich glaube, es war nicht Geiz, der die Runde lähmte, sondern das Festhalten an einem Prinzip: Der Staat war für die Schulbücher zuständig. Die Vorstellung, dass sie, die Eltern, einstweilen selber einspringen müssten, wenn der Staat versagte, ja dass sie und niemand sonst der Staat sind, war dieser Runde fremd.

Eine solche Szene wäre in den USA undenkbar, schon deswegen, weil die Amerikaner aus historischen Gründen eher sich selber als ihrem Staat vertrauen. In gewisser Weise sind die Deutschen natürlich auch Opfer ihres fürsorglichen Staates und erst einmal stumm vor Schreck, wenn er ihren Kindern – und noch dazu ohne Ankündigung – die Schulbücher nicht mehr auf den Tisch legt.

Das Problem, so scheint es mir, dem Wiederkehrenden, ist in erster Linie ein mentales. Mit dem tatsächlichen Verlust an Kaufkraft und an Arbeitsplätzen scheint nicht die Tatkraft, sondern der Wirklichkeitsverlust zuzunehmen. Es bildet sich ein Zirkel: Das panische Festhalten am erreichten, aber nicht mehr haltbaren sozialen Status führt zu noch größeren tatsächlichen Verlusten, die ihrerseits zu noch größeren Ängsten und zu noch größerer Unbeweglichkeit führen. Es ist natürlich ein Unterschied, ob eine Gesellschaft sich beim Stand von zwei oder drei Millionen Arbeitslosen auf die Globalisierung der Märkte umstellt – die zunächst unvermeidlich noch mehr Arbeitslose produziert – oder ob sie sich erst auf diese Aufgabe einlässt, wenn sie bereits sechs Millionen Arbeitslose zu versorgen hat.

Auf dem Dach eines Eckhauses in Ostberlin sah ich ein neues Wort: »Pioneer« in dieser Schreibweise – kein Motto, sondern ein Firmenzeichen. Aber plötzlich schien mir, dass die Neonschrift den Namen für einen Geist in den Abendhimmel schrieb, dessen überwältigende Abwesenheit ich spürte, und eine fast verbotene Frage kam mir in den Sinn. Wo ist eigentlich das Genie der Deutschen geblieben? Ihre Kühnheit, ihr Entdecker- und Erfindergeist? Haben sie ganz vergessen, dass sie einmal Telefon, Fax, Fernsehen, die Raketentechnik, den Computer miterfunden haben, dass sie wissenschaftliche Abenteurer wie Alexander von Humboldt hervorgebracht haben? Will man diese Tugenden und Talente auf ewig dem Missbrauch überlassen, den die Nazis damit getrieben haben? Warum sind die feigen Täter, deren Psychologie und Motivation Daniel Goldhagen in seinem Buch auf ebenso eindrucksvolle wie verrannte Art beschrieben hat, hierzulande so ungleich bekannter, fast möchte man sagen: populärer, als die »stillen Helden«, denen Inge Deutschkron in ihrem eben erschienenen gleichnamigen Buch ein Denkmal setzt?

Schätzungsweise 10 000 Familien haben in Berlin Juden vor den Nazischergen versteckt. Warum gibt es keinen Platz, keine Straße, keine Schule, die ihren Namen trägt, keine Fernsehserie? Warum sind die Glatzköpfe der Neonazis im Fernsehen präsenter als die Gesichter der mutigen Einzelgänger, die ihnen in den Weg getreten sind?

Ich glaube nicht an eine Nation, die sich, wahrscheinlich aus Rücksicht auf die riesige Überzahl der Mitläufer, in einem kommoden Zynismus eingerichtet hat und sich keine Vorbilder gönnt. Ein Volk, das, wenn auch notgedrungen, etwas Großes unternimmt – und der Bau einer neuen Hauptstadt ist etwas Großes –, muss, ob es nun darf oder will oder sich verweigert, etwas Großes wagen. Es muss in hundert Jahren denken!

Dazu bedarf es keines Stolzes, erst recht keines Größenwahns. Etwas viel Einfacheres ist gefragt, das wohl für unsereinen schwerer als alles andere zu haben ist: Spielfreude, Schönheitssinn und Liebe zu sich selbst.

(Erschienen am 10.11.1997 im SPIEGEL)

Ein wohlwollender Leser dieses Artikels war der damalige Kanzlerkandidat Gerhard Schröder. So kam es irgendwann zu einem Treffen von uns, dem viele weitere während der Kanzlerschaft von Schröder folgten.

Der schöne 27. September

(September 1998)

Ein Porträtfotograf, der es sich in den Kopf setzte, den Bundeskanzler und seinen Herausforderer gemeinsam auf ein Foto zu bannen, sähe sich vor eine kaum lösbare Aufgabe gestellt. Ein Brustbild von den beiden würde entweder nur den Kopf von Helmut Kohl zeigen, an seiner Seite ein Stück Himmel beziehungsweise eine Regenwolke; oder den Kopf von Gerhard Schröder neben einer mächtigen Hemdbrust, deren Besitzer der Kenner am extrabreiten Krawattenknoten erraten könnte.

Man sollte die ästhetische Dimension einer Wahl nicht unterschätzen. Ein Volk gibt, ob es will oder nicht, mit seinem Votum für den ersten Repräsentanten auch ein Votum darüber ab, von wem es sich repräsentiert *sehen* möchte. In optischer Hinsicht würde die Wahl von Gerhard Schröder zum Bundeskanzler einen radikalen Wechsel bedeuten. Ein Größenunterschied von einem knappen Viertelmeter ist keine Kleinigkeit.

Riesen werden von anderen Leidenschaften beherrscht als Kleinwüchsige. Riesen strahlen Ruhe aus, Bedächtigkeit, sie versprechen Kontinuität, Sicherheit, väterliche Fürsorge.

Mit der Wahl Gerhard Schröders würden sich die Deutschen aus dem wärmenden Schatten des Riesen Kohl herausbegeben. Zu Gerhard Schröder muss man nicht aufblicken, wenn man ihm in die Augen schauen will. Wer ihn live unter den Scheinwerfern der Kameras einen Saal betreten sah, mit emporgerecktem Kopf und mächtigem Ausschritt, der begreift: Es ist auch ein neuer Bewegungsablauf der Glieder, eine andere Geschwindigkeit des Gehens, ein anderer Typus Energie, der da zur Wahl ansteht.

Falls die deutschen Wähler Gerhard Schröder bei der Wahl am 27. September ihre Stimme geben – und damit eine 16-jährige CDU-Herrschaft beenden –, dann tun sie es mit einer einzigen Hoffnung: dass der neue Mann das Land endlich aus dem Zustand der Lähmung und Unbeweglichkeit herausführen möge.

Deutschland ist im europäischen Vergleich das Land mit den höchsten Arbeitskosten und der höchsten Staatsquote. Fünf Millionen öffentliche Angestellte und Beamte streiten sich um ihren Anteil an den öffentlichen Töpfen; der öffentliche Dienst verschlingt fast jede zweite Mark aller Steuereinnahmen; die Gemeinden können aus ihren Haushalten nur noch ihre Personalkosten finanzieren. Ausgerechnet in den zurückliegenden Krisenjahren dehnten sich diese öffentlichen Dienste weiter aus, getreu dem Gesetz, dass eine einmal geschaffene Bürokratie sich ausbreitet wie das Universum nach dem Urknall. Zu einer Zeit, da 4,2 Millionen Arbeitslose eine Stelle suchen und die

Schulen die Kinder aus Geldnot mit 20 Jahre alten Lehrbüchern beziehungsweise ganz ohne Lehrmittel unterrichten, verteidigen die Funktionäre Privilegien, für die in anderen Sprachen die Wörter fehlen: 13. Monatsgehalt, Weihnachtsgeld, sogenannte Sprachen- und Antennenzulagen, Zulagen für den »Dienst zu ungünstigen Zeiten«.

In Wirklichkeit ist die deutsche Krankheit, wie das Phänomen inzwischen international genannt wird, keine deutsche, sondern eine europäische Malaise; spezifisch »deutsch« daran ist nur, dass man keine der längst bewährten Therapien in Angriff nimmt. Die Gegenmittel sind in einigen unserer Nachbarländer (Dänemark, den Niederlanden) längst gefunden und erfolgreich getestet worden. Auch in Deutschland sind sie bekannt und nicht im Ernst umstritten: Verschlankung des Staates, drastische Senkung der Steuerlast, Reform der Sozialhaushalte, Senkung der Arbeitskosten, Flexibilisierung des Arbeitsmarktes und der Tarifverträge. Seit vielen, viel zu vielen Jahren geht es »nur« noch darum, diese längst bewährten Mittel anzuwenden.

Aber es gelingt nicht. Die Einzigartigkeit des deutschen Leidens besteht darin, dass der Patient bisher jede Kur verweigert hat.

Das jüngste und spektakulärste Beispiel für dieses fantastische Beharrungsvermögen im Unglück bot der Trainer der Fußballnationalmannschaft Berti Vogts. Nachdem er der Welt in Frankreich das uninspirierte, beamtenhafte Gekicke der deutschen Nationalelf vorgeführt hatte und wie schon vor vier Jahren für ihren Untergang im Achtelfinale gesorgt hatte, machte er – statt sich und seine Mannschaft – eine Schiedsrichter-Verschwörung dafür verantwortlich. Und dann sagte er einen unvergesslichen Satz: Gefragt, was er nun – nach diesen beiden Proben seiner Kunst – zu tun gedenke, sagte Berti Vogts: »Ich mache weiter, ich habe einen Vertrag ...« Und er macht weiter!

Das alles soll nun der sozialdemokratische Kandidat Gerhard Schröder ändern.

Mich freut es, dass sich – sechs Jahre nach Bill Clintons Wahlsieg – auch in Deutschland einer aus meiner Generation Hoffnungen auf das höchste Amt machen kann. Noch dazu einer, den man – wenn auch mit demselben Bauchgrimmen wie im Fall Clinton – einen Achtundsechziger nennen kann.

Wie Bill Clinton gehörte Gerhard Schröder zu den Rebellen, die sich nie zum Marsch durch die Institutionen entschließen mussten, weil sie mit ihrem Protest in den Institutionen angefangen haben. In Schröders Fall bei der SPD und deren Jugendorganisation, den Jungsozialisten. Das Vorbild, das ihn im Alter von 19 Jahren zum Eintritt in die SPD motiviert hat, war nicht der Emigrant und Widerstandskämpfer Willy Brandt, sondern dessen Antipode, der als »Schmidt-Schnauze« berühmt gewordene ehemalige Kriegsteilnehmer Helmut Schmidt. In einem Rausch des Ausprobierens ist der Jungsozialist Schröder bei jeder möglichen SPD-, FDP- und CDU-Veranstaltung ans Saalmikrofon getreten – um möglichst genau das Gegenteil von dem zu sagen, was die Vorredner vorgetragen hatten. Es habe ihn erstaunt, wie oft er von den Zuhörern auch für den größten Unsinn mit Beifall belohnt worden sei.

Vielleicht hat er damals, sozusagen im Experiment, das Prinzip entdeckt, dem er heute noch – nicht nur zu seinem Vorteil – folgt: Reden dienen ihm nicht als Ausdrucksmittel einer eigenen Überzeugung, sondern als Kampf- und Durchsetzungsmittel im politischen Handgemenge. Schon damals, im kurzen Sommer der Anarchie und des idealistischen Überschwangs, bot sich Gerhard Schröder als der Mann für das Praktische an.

Schon damals ging es ihm nicht um moralische Lorbeeren, sondern um Effizienz: »Ich kontrollierte die Kasse, die Kontakte zur Partei, die Öffentlichkeitsarbeit. Alle Dinge, die öffentlich wahrgenommen wurden, weil sie außerhalb der Gruppe stattfanden, lagen bei mir; die vermeintlich wichtigeren gruppeninternen Dinge wie Schulung und Theorie lagen bei den Linken.«

Schröder ist der Star aller Umfragen; er ist nicht der Liebling seiner Partei. In einer parteiinternen Abstimmung über den Kanzlerkandidaten vor vier Jahren hat der eher farblose Konkurrent Rudolf Scharping gesiegt und dann prompt die Wahl verloren. In Schröders programmatischer Unberechenbarkeit, in seinen häufigen

Vorstößen gegen den Parteikonsens scheint seine Attraktivität für den Wähler zu liegen. Gegen den Vorwurf mangelnder Parteidisziplin verteidigt er sich mit dem Hinweis, dass er der Partei so am besten diene. »Gut ist man erst, wenn man den Mut hat, gegen den Konsens in der eigenen Gruppe zu verstoßen. Einer, der sich zu hundert Prozent von der Partei in Dienst nehmen lässt, kann auch wenig für seine Partei tun.«

Ganz offenbar wollen die Deutschen im Wahljahr 1998 keinen Programmatiker oder Visionär, sondern einen Fachmann, der die Wirtschaft flottmacht und den Haushalt in Ordnung bringt. Denn Helmut Kohl hat sich in den 16 Jahren, in denen er sich als Kanzler entfalten durfte, keineswegs als der pragmatische rheinische Provinzler erwiesen, für den man ihn gehalten hatte. Er hat sich als Visionär im Bürokratenpelz entpuppt, der den Deutschen den größten Schuldenberg ihrer Geschichte hinterlassen hat.

Wie in den USA zeigt sich in der Bundesrepublik – mit der üblichen Verzögerung von fünf bis zehn Jahren – ein merkwürdiger Rollentausch. Hier wie dort waren es die Konservativen – Ronald Reagan mit seinem Vorhaben, »the empire of evil« totzurüsten, Helmut Kohl mit seinem Projekt der Einigung Deutschlands und Europas –, die ihre Bürger, völlig unbekümmert um wirtschaftliche Kosten-Nutzen-Rechnungen, zu Geiseln ihrer historischen Visionen machten. Den »left of center«-Politikern hinterließen sie die Aufgabe, sich anschließend um die Bilanzen zu kümmern.

Verblüffend ist, wie sich die Biografien von Bill Clinton und Gerhard Schröder ähneln. Beide kommen aus unterprivilegierten, von alleinerziehenden Müttern geführten Familien und sind klassische Aufsteiger. Beide haben sich als erfolgreiche Spitzenleute von kleinen, politisch randständigen Staaten (Arkansas beziehungsweise Niedersachsen) zur Anwartschaft auf das höchste Amt emporgearbeitet. Und genau wie seinerzeit Bill Clinton gegenüber dem Golfsieger George Bush empfiehlt sich Gerhard Schröder gegenüber dem erfolgreichen Außenpolitiker Helmut Kohl nicht als der bessere Staatsmann und Prophet, sondern als der bessere Manager.

Spätestens hier hören die Gemeinsamkeiten zwischen Bill und Gerry auf. Bill Clinton und Tony Blair bekamen, wie Schröder selbst es einmal nicht ohne Neid gesagt hat, ein radikal modernisiertes Staatswesen »auf dem Tablett serviert«. Schröder muss das Unternehmen eines konservativen Vorgängers übernehmen, der sich in der Sozialpolitik als ein übervorsichtiger Sozialdemokrat erwiesen und kaum eine der notwendigen Strukturreformen auf den Weg gebracht hat. Kann ausgerechnet der Sozialdemokrat Schröder die seit Jahren verschleppten Reformen nachholen und die traditionelle »big spending«- und »big government«-Politik seiner Partei umkehren?

Gerhard Schröder ist der bevorzugte Kandidat der Wähler, die einen Wechsel wollen, er ist nicht der Kandidat der Intellektuellen. Die Vordenker innerhalb und außerhalb der Oppositionsparteien haben nie ein Hehl daraus gemacht, dass sie den Parteivorsitzenden Lafontaine – »an unreconstructed leftist«, wie die Anglosachsen sagen – Schröder vorziehen würden. Der parteiübergreifende Dünkel gegenüber dem Populisten aus dem Unterschichtmilieu geht quer durch das Feuilleton.

Schröder selber nimmt das gesammelte Misstrauen der Intellektuellen eher von der sportlichen Seite. Er weiß, dass er nicht trotz, sondern eher wegen seiner Verstöße gegen die Benimmregeln des intellektuellen Establishments Kanzlerkandidat geworden ist. »Ohne den großen Wahlsieg in Niedersachsen«, erklärt er mir, »wäre das nicht gelaufen, denn die inneren Strukturen der SPD standen dagegen. Jetzt herrscht Frieden, aber dieser Frieden hat etwas zu tun mit dem Erfolg.«

Schröder und seine Wähler haben es in Deutschland mit einer intellektuellen Opposition zu tun, die sich benimmt, als wäre ihr und ihren Idealen durch den Mauerfall gar nichts passiert. Es handelt sich um eine Opposition, die die Umwälzungen des seit 1989 rasend beschleunigten Geschichtslaufs vor allem als politisches Unheil und als intellektuelle Kränkung wahrgenommen hat. Wäre es nach ihr gegangen, so hätte das meiste, was seit dem Fall der Mauer geschehen ist, nie geschehen dürfen. Zumindest hätten die Geschehnisse einen anderen, mit dem eigenen Weltbild kompatibleren Verlauf nehmen müssen. Die Mauer hätte möglichst noch ein paar Jahre stehen bleiben müssen;

die ehemalige DDR hätte sich nicht »per Anschluss« mit der BRD wiedervereinigen dürfen, sondern einen dritten Weg zum Sozialismus einschlagen müssen; und natürlich hätten die Westmächte nie mit militärischen Mitteln den Krieg im Kosovo beenden dürfen.

Ich sage nicht, dass die historischen Weichenstellungen der Kohl-Regierung unvermeidlich waren und der Kritik entzogen wären. Aber eine Linke, die solche Kritik übt und sich nicht mit ihren eigenen Irrtümern auseinandersetzt, bleibt dem Verdacht ausgesetzt, dass ihr vor allem an Selbstrechtfertigung und Schadensbegrenzung gelegen ist. Ihre Fähigkeit zum Entwerfen und Vorausdenken ist durch die Schonhaltung sich selber gegenüber behindert.

Vor diesem Hintergrund entfaltet der bekennende Antivisionär und Programmlose Gerhard Schröder sein Charisma. Seine freche Maxime »Wenn ein Programm in der Wirklichkeit scheitert, muss man es für möglich halten, dass das Programm falsch war« erscheint in dem von intellektuellen Feigheiten und Vermeidungshaltungen gelähmten Umfeld wie ein Befreiungsschlag. Seine Ansage, es gebe »keine linke oder rechte Wirtschaftspolitik, sondern nur eine richtige oder falsche«, wirkt wie eine Häresie.

Was die Stärke des Kandidaten Schröder ist – seine fast leichtsinnige Unbekümmertheit um Programme und Institutionen –, könnte sich rasch als Schwäche eines Kanzlers Schröder erweisen. Eine Regierung, die das Land aus der großen Koalition der Unbeweglichen herausführen will, muss auf die Stiftung neuer gesellschaftlicher Koalitionen setzen. Schröders beschwichtigende Auskunft: »Die SPD ist in einer anderen Lage als Tony Blairs New Labour. In der SPD erfolgt seit Bad Godesberg ein kontinuierlicher Veränderungsprozess, an dem ich teilhabe. Also war kein Bruch nötig ...«, könnte ihm noch in den Ohren nachklingen. Nicht von ungefähr fürchten die Schröder-Wähler, dass er nur dazu herhält, eine oberflächlich modernisierte, strukturkonservative SPD an die Macht zu bringen, die ihn dann, wenn er die Aufgabe erfüllt hat, in ein Boot auf die Spree setzen wird.

Vielleicht sollte er das Lächeln verlernen. Die Modernisierer in England und in den USA haben gezeigt, dass die Erzeugung einer gesellschaftlichen Motivation zur Veränderung die vielleicht wichtigste Voraussetzung zur Veränderung ist. Schon am Wahltag könnte sich erweisen, dass Gerhard Schröders Schicksal von seiner Fähigkeit abhängt, eine wahrscheinliche Anti-Kohl-Wahl doch noch in eine Pro-Schröder-Wahl zu verwandeln.

(Erschienen am 3.9.1998 in DIE ZEIT)

Ich habe in den nachfolgenden Jahren noch weitere Artikel über Schröder veröffentlicht und mehrere Interviews mit ihm geführt. Wir wurden Freunde – wenn ein Freund jemand ist, dem man sich anvertraut und mit dem man nicht nur über berufliche, sondern auch über private Dinge spricht.

Der Titel des Textes spielt sowohl auf den Wahltag im September 1998 an wie auch auf den gleichnamigen, von mir sehr geschätzten Gedichtband von Thomas Brasch.

Vom richtigen Umgang mit Bären

(Dezember 2003)

Kein Zweifel, der Atlantik ist seit dem Irakkrieg ein gutes Stück breiter geworden. Gruppentherapeuten beugen sich besorgt über die transatlantischen Partner und überlegen, wie die Familie zu retten sei. Andere gehen weiter und fragen, ob es sich überhaupt noch lohne, sie zu retten. Spricht man wirklich noch dieselbe Sprache? Meint man mit denselben Worten das Gleiche? Soeben wurde Donald Rumsfelds Formel vom »alten Europa«, die bekanntlich nicht als Kosewort gemeint war, zum »Wort des Jahres« gekürt. Das alte Europa ist sichtlich stolz auf Rumsfelds Beschimpfung.

Merkwürdig an der Debatte ist, dass sie hauptsächlich in politischen, ökonomischen, und militärischen Kategorien geführt wird, obwohl ein guter Teil der transatlantischen Spannungen auf gewachsene kulturelle und mentale Differenzen zurückgeht.

Das lässt sich an einem einfachen Beispiel illustrieren. Der Autor, der in der Debatte um den Irakkrieg in den USA am häufigsten zitiert wurde, war Robert Kagan und sein berühmtes Bären-Gleichnis. Kagan erklärt das unterschiedliche Verhalten von Europäern und Amerikanern im Fall einer existenziellen Bedrohung mit dem Unterschied der Bewaffnung: Ein Mann, der nur mit einem Messer bewaffnet ist – so Kagan –, wird einen im Wald herumstreunenden Bären für eine erträgliche Gefahr halten, weil ein Angriff mit dem Messer zu riskant wäre. Falls derselbe Mann ein Gewehr zur Verfügung hat, wird er den Bären selbstverständlich erlegen.

Dieses Gleichnis, das vielen Amerikanern spontan eingeleuchtet hat, stieß in Europa auf ebenso spontanes Kopfschütteln. Die Frage ist doch, wenden die Europäer ein, warum der Mann mit dem Gewehr nur eine einzige erfolgversprechende Reaktion auf die Gefahr in Betracht zieht: den Bären auf der Stelle umzulegen. Ein mit einem Gewehr bewaffneter Europäer – und auch in Europa gibt es ja das eine oder andere Gewehr – würde zuerst ein paar Fragen stellen, darunter zugegebenermaßen ein paar alberne: Handelt es sich um einen männlichen oder um einen weiblichen Bären? Ist »sie« vielleicht schwanger? Kann man den Bären vielleicht einschläfern und in einen Käfig sperren? Wie wäre es mit einem Nasenring? Und ist die Gefahr, wenn denn nichts anderes übrig bleibt, als den Bären zu erschießen, damit wirklich gebannt? Was, wenn man mit einem unüberlegten Schnellschuss alle Bären der Welt gegen sich aufbringt?

Ich habe gesagt: »Ein Europäer würde solche oder ähnliche Fragen stellen« und impliziere damit: solche Fragen im Unterschied zu den Amerikanern.

Aber damit bediene ich meinerseits das Klischee, auf das Robert Kagan in seinem Essay baut: Die Amerikaner sind beherzte Bärentöter, weil sie die nötigen Waffen besitzen; die Europäer sind mangels solcher Waffen redselige Weicheier, die sich angesichts der Gefahr einfach schlafen legen.

Natürlich weiß ich es, und natürlich weiß auch Kagan es besser: Es gibt Millionen von Amerikanern, die die europäischen Fragen stellen, und es gibt gar nicht so wenige regierende Europäer, die sich dem derzeit amtierenden Bärentöter im Weißen Haus als Jagdgenossen andienen.

Kagans Argument läuft auf eine quasi marxistische Beweisführung hinaus: Das Sein – hier: die Bewaffnung – bestimmt das Bewusstsein und die Art, wie man mit einer Gefahr umgeht. Mao Tse-tung sagte es handlicher: »Alle Macht kommt aus den Gewehrläufen.«

Ein Europäer des 21. Jahrhunderts wird dem mit Hannah Arendt entgegenhalten: Unsinn! Es ist gerade unser Bewusstsein – kurz: die Summe unserer Erfahrungen und Überzeugungen –, das unser Verhalten gegenüber einer Bedrohung bestimmt, übrigens auch die Art unserer Bewaffnung. Zumindest dürfte die Frage, was hier Ursache und was Wirkung ist, nicht leichter zu entscheiden sein als die Frage, was zuerst kommt: Ei oder Henne.

Natürlich hat Robert Kagan recht, wenn er den Europäern vorwirft, dass sie zu wenig für ihre Verteidigung tun – und das zu Wenige auch noch falsch ausgeben. Aber wenn er uns den Verteidigungshaushalt der USA mit seinen bald 500 Milliarden Dollar jährlich als Beispiel hinstellt, dürfen wir zurückfragen: Wozu eigentlich so viel? Dass die einzige verbliebene Supermacht stärker sein will als die nächsten zwei oder drei oder vier Industrienationen – schön und gut! Aber wozu benötigt sie einen Militärhaushalt, der die Militärausgaben der nächsten 150 Staaten der Welt zusammengenommen (!) übersteigt?

Nun sollte man nicht gleich von einem philosophischen Gegensatz reden, wo Machogebaren und schlechtes Benehmen für Verstimmungen sorgen. Vieles, was die Auguren der öffentlichen Meinung seit dem Irakkrieg zur »strukturellen Differenz« hochgejubelt haben, lässt sich auf der amerikanischen Seite unter der Rubrik Präpotenz und Machtarroganz, auf der europäischen, vor allem der deutschen Seite unter den Stichworten Friedensdemagogie und Antiamerikanismus verbuchen. Erinnern wir uns: Nach dem 11. September 2001 war weltweit eine überwältigende Solidarität mit den amerikanischen Opfern des barbarischen Terrorangriffs zu verzeichnen, und es gab eine fast ebenso breite Unterstützung für einen militärischen Schlag gegen das Talibanregime in Afghanistan. Kaum ein Jahr später hatte sich in weiten Teilen Europas ein tiefes Misstrauen gegen die westliche Führungsmacht durchgesetzt.

Es wäre voreilig, die Meinungsverschiedenheiten über den Irakkrieg aus einem strategischen Interessengegensatz oder gar aus dem Unterschied zwischen dem amerikanischen und den europäischen Militärbudgets herzuleiten – der sich ja seit dem 11. September gar nicht verändert hat. Der Dissens über den Irakkrieg erklärt sich aus einer unterschiedlichen Analyse der Bedrohung durch den »irakischen Bären« und einem Dissens über die geeignete Waffe, ihn zu entmachten. Die Europäer favorisierten bekanntlich eine Fortsetzung der Arbeit der Inspektoren im Schatten einer militärischen Drohkulisse; die Bush-Regierung optierte für den Sturz des Tyrannen und einen gewaltsamen Demokratieimport.

Worauf es hier ankommt, ist die Feststellung, dass sich die »angemessene« Antwort auf eine Bedrohung keineswegs mit mathematischer Zwangsläufigkeit aus der Bedrohung ergibt. Die angeblich »einzig richtige« Antwort bedarf eines kulturellen Kontextes, um einzuleuchten. Das gilt selbstverständlich auch für G.W. Bushs Formel vom »Krieg gegen den internationalen Terrorismus«. Im terrorerfahrenen Europa würde man den Begriff »Krieg« lieber durch die Formel »international koordinierte Polizeiaktionen« ersetzen – und schon ist man bei einer anderen Art der »Kriegsführung«. Die Idee, einen Krieg gegen den Terrorismus zu führen, der irgendwann mit einem vollständigen Sieg und der bedingungslosen Kapitulation des Feindes enden könnte, erscheint in Europa ebenso naiv wie der

Glaube, man werde endgültig über den Lungenkrebs siegen, wenn die letzte Zigarette vom amerikanischen Kontinent verschwunden ist.

(Geschrieben im Dezember 2003,
unveröffentlicht)

[Aus meinen Aufzeichnungen]

Januar 2003. Ein Dinner mit Freunden in Washington: mit dem Rechtsanwalt M. und seiner Verlobten, der Journalistin K. Sofort das Thema Irak. K., schmal wie eine Elfe, ist hin und her gerissen. M. ist mit jedem seiner 250 Pfunde für den Krieg. Die beiden werden im Juni heiraten. Ein Haus in Georgetown, eines in Chesapeake (Virginia) am Meer, zwei Boote, drei Autos, M. hat gerade einen Porsche des Jahrgangs 1958 gekauft. Sein Argument geht so: Wir befinden uns in einer historisch neuen Situation. Unstabile Staaten besitzen Massenvernichtungswaffen. Terroristen können sie bekommen und einsetzen. Wer nicht – vorbeugend – eingreift, nimmt den nächsten und übernächsten Anschlag in Kauf. Ein Zurückweichen im Fall Irak wäre ein Signal für die Terroristen in aller Welt, dass die Supermacht USA zahnlos ist.

Es gibt keinen Hinweis darauf, entgegne ich, dass Saddam Hussein den Anschlag vom 11. September organisiert hat – was über die Hälfte der Amerikaner glaubt. Die Inspektoren haben keine Massenvernichtungswaffen gefunden.

Gegenrede: Aber was ist mit den Tausenden von Litern von Anthrax, Pockenviren und anderen Viren, die Saddam Hussein einmal hatte und von denen er jetzt sagt, er habe sie nicht mehr?

Ein gewichtiges Argument. Aber kann man auf einen bloßen Verdacht hin einen Krieg beginnen? Vor allem aber: Wird ein solcher Krieg nicht 10 000 neue islamistische Fundamentalisten produzieren? Im Übrigen sieht das Völkerrecht nicht vor, dass ein Staat einen präventiven Krieg führen darf mit dem Ziel, einen Tyrannen zu stürzen!

K. wendet ein, das Völkerrecht sei in Bewegung. Es dürfe sich weiterentwickeln.

Gut, aber nicht nach dem Gutdünken einer Supermacht.

Empfindlich wurde M., als ich die so intensiv empfundene Bedrohung der USA *infrage stellte. Er dachte meinen Einwand weiter und fragte: »Also sind wir alle manipuliert?« – Ich nickte. »How very insulting!«, gab er zurück.*

Wir beschlossen den Abend mit der Versicherung unserer gegenseitigen Hochachtung und unseres Rechts, verschiedener Meinung zu sein. Er habe immer aus einer Diskussion mit mir gelernt und schätze meine intellektuelle Autonomie.

Ich erwiderte seine Komplimente mit dem besten Gewissen, denn in der Frage des Stils und des Umgangs mit einem strittigen Thema sind uns die Amerikaner um einige Jahrhunderte voraus. Übrigens war ich zu einem vorzüglichen französischen Essen eingeladen – auch der Wein entstammte auf meinen Wunsch französischer Produktion –

er kam also, um mit G. W. Bush zu sprechen, von der »axis of weasels«. Dies war – in Anspielung auf die Formel von der »axis of evil« – G. W. Bushs Lieblingsbezeichnung für die Staaten, die nicht am 2. Irakkrieg teilnahmen.

[Aus meinen Aufzeichnungen]

März 2003. Der Republikaner Mike Pence (Indiana) beschränkt sich in seiner Kriegsrede auf die Erzählung von ›personal stories‹, die er fast sämtlich auf Berichte von Amnesty International und Human Rights Watch stützt – zwei Organisationen also, die von den Republikanern sonst, wenn sie etwa von den Zuständen in amerikanischen Gefängnissen oder von Guantanamo sprechen, als antiamerikanisch oder kommunistisch verdächtigt werden. Er erzählt von Kindern, die in Gegenwart ihrer Eltern gefoltert werden, um von ihnen Informationen zu erpressen; von einer Doktorin der Medizin, die als ›Prostituierte‹ öffentlich geköpft wurde, weil sie die Gesundheitspolitik Saddam Husseins kritisiert hatte ... Wie konnte es dazu kommen, dass die europäische Linke diese Geschichten den Republikanern überlässt und G. W. Bush für gefährlicher hält als Saddam Hussein?

Die Verlogenheit der Republikaner liegt auf der Hand. Noch vorgestern schnauzte Pat Buchanan eine demokratische Abgeordnete, die zwar den Krieg befürwortet, aber die Folter abgelehnt hatte, in MSNBC an: »Und Sie würden die Folter auch dann ablehnen, wenn damit ein neuer

11. September verhindert werden könnte? Diese Verantwortung würden Sie auf sich nehmen?«

Ich glaube, inzwischen hält die Mehrheit der Amerikaner die Folter für ein erlaubtes und notwendiges Mittel.

Die falsche Gewissheit

(August 2002)

Der deutsch-amerikanische Intellektuellen-Streit über »den gerechten Krieg« ist in mehr als einer Hinsicht ein Kuriosum. Zunächst einmal fällt die Unterschiedlichkeit des Echos auf. In den USA findet die Debatte praktisch vor leeren Stühlen statt. Das im Februar publizierte Manifest der 58 amerikanischen Intellektuellen »What we're fighting for« wurde hie und da erwähnt, aber in keiner großen amerikanischen Zeitung abgedruckt. Das amerikanische Publikum interessiert sich zwar brennend für den Krieg, aber offenbar nicht dafür, ob und warum seine Intellektuellen ihn für gerecht halten. In Deutschland machte das Manifest sofort Schlagzeilen auf den ersten Seiten der Tagespresse.

Auch hinsichtlich der Autoren fällt eine Asymmetrie ins Auge. Die amerikanische Unterzeichnerliste führt ein breites Spektrum unterschiedlicher Positionen zusammen. Konservative wie Samuel Huntington und Francis Fukuyama stellen sich in der Frage des »gerechten Krieges« neben liberale oder linke Denker wie Michael Walzer und Amitai Etzioni. Was die Verfasser der deutschen Entgegnung »Eine Welt der Gerechtigkeit und des Friedens sieht anders aus« angeht, gibt es keine Überraschungen. Es handelt sich um jene bewährte Gruppe von Mahnern und Warnern – darunter Walter Jens, Horst-Eberhard Richter, Friedrich Schorlemmer, Günter Wallraff –, deren Unterschrift man noch unter keinem Aufruf zur Verbesserung des Menschengeschlechts vermisst hat. Entsprechend unterschiedlich auch der Stil: Während die Amerikaner einen eher kommunikativen Redestil pflegen, der vor Euphemismen (»Zu gewissen Zeiten hat unsere Nation eine fehlgeleitete und ungerechte Politik verfolgt«) und plakativen Wendungen – »Wer sind wir? Was sind unsere Werte? ... Was ist mit Gott?« – nicht zurückschreckt, herrscht in der deutschen Antwort eine Tonlage vor, die zwischen Bischofsbrief (»Sorgen Sie dafür ...! Helfen Sie mit ...!«) und strenger politischer Zurechtweisung (»Die amerikanischen Werte stehen auf dem Prüfstand!«) schwankt.

Aber nun zum Anlass und Verlauf des Streits. Tatsächlich haben die amerikanischen Manifestler dem Rest der Welt einen schwer verdaulichen Brocken hingeworfen. »Es gibt Zeiten«, schreiben sie, »in denen es nicht nur moralisch gerechtfertigt, sondern sogar geboten ist, den Krieg zu erwägen – als Antwort auf katastrophale Gewaltakte, Hass und Ungerechtigkeit. Derzeit erleben wir einen solchen Moment. Der Gedanke des »gerechten Krieges« hat eine breite Grundlage; seine Wurzeln finden sich in vielen Religionen und säkularen Moraltraditionen ...

Um es gleich zu sagen: Auch ich halte den Rekurs auf den »gerechten Krieg« für einen Fehlgriff. Der Begriff wurde von christlichen Theologen erfunden und im frühen Mittelalter zur propagandistischen Vorbereitung der Kreuzzüge missbraucht. Neuerdings ist es unter den Würdenträgern der westlichen Zivilisation Mode geworden, sich für solche Verbrechen – gleichviel ob Kreuzzüge, Hexenverbrennungen oder Sklaverei – mit einer Reise an die historischen »Tatorte« und einem herzhaften »sorry!« zu entschuldigen.

Die Assoziationen, die sich mit dem Wort vom »gerechten Krieg« verbinden, lassen sich durch derlei Gesten natürlich nicht beruhigen. Allein die Tatsache, dass der amerikanische Präsident in den ersten Tagen nach dem 11. September von einem »Kreuzzug gegen das Böse« sprach – den er dann auch noch auf den Namen »Unendliche Gerechtigkeit« taufte –, hätte die amerikanischen Professoren davor warnen müssen, den belasteten Begriff des »gerechten Krieges« zu rehabilitieren. Dass sie es taten, ohne ein einziges Wort zum Nahost-Konflikt und zum geplanten Krieg gegen den Irak zu sagen, hat beunruhigte Fragen ausgelöst – nicht nur in Deutschland und Europa, sondern auch in den USA.

Wer hat das Recht, einen »gerechten Krieg« auszurufen? Geht es nicht eine Nummer kleiner? Ist es nicht angemessener, davon zu sprechen, dass es gerechtfertigte und notwendige Kriege gibt? Kriege, denen ein Volk oder eine Staatengemeinschaft nicht ausweichen kann?

Der Unterschied zwischen den Adjektiven »gerecht« und »gerechtfertigt« erscheint auf den ersten Blick belanglos. In Wirklichkeit läuft er auf den Unterschied zwischen Anmaßung und dem Eingeständnis hinaus, dass Regierungen, auch demokratisch gewählte Regierungen, die Gerechtigkeit nicht gepachtet haben.

Wer behauptet, dass er aus unausweichlichen und gerechtfertigten Gründen einen Krieg führen müsse, muss sich darauf einlassen, seinen Anspruch ständig an der Wahl der eingesetzten Mittel und an der Umsetzung seiner Kriegsziele messen zu lassen. Wer behauptet, dass er einen »gerechten Krieg« führe, muss ihn nicht mehr rechtfertigen und schließt die Möglichkeit des Irrtums aus. Er läuft Gefahr, die partiellen Interessen einer Nation mit den universellen Interessen der Menschheit zu verwechseln.

Aber im entscheidenden Punkt behalten die amerikanischen Manifestler recht: Krieg ist nicht gleich Krieg. (Nicht von ungefähr wird seit alters her zwischen Angriffs- und Verteidigungskriegen unterschieden. Befreiungskriege unterliegen einer anderen Bewertung als kolonialistische Eroberungs- und Unterwerfungskriege. Und im letzten Jahrzehnt hat sich erneut gezeigt, dass gegen Gewaltherrscher manchmal kein anderes Mittel bleibt als die militärische Intervention.)

Der Krieg der Alliierten gegen die Aggression der faschistischen Achsenmächte war alles in allem ein notwendiger, ein gerechtfertigter Krieg. Insofern war die deutsche Nachkriegslosung »Nie wieder Krieg!« eine zwar verständliche, weltweit erwünschte, aber unvollständige Lehre aus der deutschen Vergangenheit. Erst in den späten Neunzigerjahren hat die rot-grüne Bundesregierung das nie geprüfte Überlebensmotto der Nachkriegsdeutschen infrage gestellt. An der Seite der NATO haben deutsche Soldaten mit dafür gesorgt, die ethnische Raserei im ehemaligen Jugoslawien zu beenden.

Der Skandal an der deutschen Antwort auf den Vorstoß der amerikanischen Intellektuellen ist, dass sie ihm mit den alten Formeln des deutschen Nachkriegskonsenses zu Leibe rücken: Krieg ist gleich Krieg, und wir, die deutschen Unschuldsengel, erklären der Welt, was moralisch ist. Verblüfft fragen die amerikanischen Autoren in ihrem Antwortbrief: »Abgesehen davon, dass Sie die Tradition des ›gerechten Krieges‹ als einen ›unglückseligen historischen Begriff‹ bezeichnen, entfalten Sie an keiner Stelle eine schlüssige moralische Position zur Frage des gerechtfertigten Waffengebrauchs.« Tatsächlich wird diese Kernfrage von den deutschen Streitgegnern vollständig ignoriert. Im Ton von Schulmeistern gestehen sie zwar ein, dass die US-amerikanischen Truppen »einen hervorragenden Beitrag« zur Niederringung des Hitler-Faschismus geleistet haben – Note 1 –, um für die nachfolgenden Jahrzehnte nur noch Sechsen zu verteilen. Im Einleitungssatz verdammen sie den Anschlag auf das World Trade Center, um sogleich zu ihrem eigentlichen Anliegen zu kommen: »... aber ebenso verurteilen wir den Krieg, den Ihre Regierung und ihre Verbündeten, uns eingeschlossen, in der Anti-Terror-Allianz in Afghanistan führen … Es gibt keine universal gültigen Werte, die es erlauben, einen Massenmord mit einem weiteren Massenmord zu rechtfertigen.«

Du lieber Himmel! Wie geschichtsvergessen muss man sein, um an solche falschen Gleichungen zu glauben? Haben die Verfasser nie von den deutschen Juden, Hitlergegnern und Widerstandskämpfern gehört, die während der britischen und amerikanischen Luftangriffe in Berlin und anderswo in Verstecken saßen, selber um ihr Leben zitterten und sich dennoch wünschten, dass noch mehr Bomben fielen, die dem Mordregime der Nazis ein Ende bereiten würden? Zu Recht wenden die angeklagten amerikanischen Autoren ein: »Es ist moralische Blindheit, wenn Sie die unbeabsichtigte Tötung von Zivilisten in einem Krieg, dessen Grund gerechtfertigt ist … mit der beabsichtigten Ermordung von Zivilisten in einem Bürogebäude gleichsetzen, deren Ziel es ist, die Zahl der zivilen Opfer zu maximieren.«

Mit solchen Unterschieden halten sich die deutschen Moralexperten nicht auf. Von irgendwelchen »gerechtfertigten Gründen« des amerikanischen Gegenschlags wollen sie nichts wissen und unterstellen den Amerikanern, 11. September hin oder her, dass sie sich in Wahrheit »von geostrategischen Motiven« leiten lassen, um »ihre Hegemonialposition zu festigen«. Und halten ihnen vor, dass die »Konzentration von ungeheuren Machtpotenzialen in einem Land … eine wichtige Quelle der Instabilität von grenz- und kulturüberschreitenden Beziehungen ist«. Was sollen die USA, die sich ihre Rolle als einzige verbleibende Supermacht nicht ausgesucht haben, eigentlich tun, um es solchen Ratgebern recht zu machen? Ihre »ungeheuren Machtpotenziale« mit anderen teilen, am besten mit den Deutschen? Wie auch immer, nach den Erkenntnissen der deutschen Mahner muss man die Terrorangriffe von al-Qaida und die Selbstmordattentate der Palästinenser als Reaktionen auf diese »Machtungleichheit« begreifen. Die »als ungerecht wahrgenommene eigene Unterlegenheit rufe »affektive Enthemmungen hervor« und mobilisiere ein ungeheures Reaktiospotential bis zur Bereitschaft, auch das eigene Leben durch Selbstmordattentate zu opfern«.

Ich habe meine Zweifel daran, ob sich die machtbesessenen Führer von al-Qaida und die zynischen Zuhälter der Hamas, die halb erwachsene Kinder zu Selbstmordattentaten anleiten, in dieser sensiblen Interpretation ihrer Untaten wiedererkennen. Erklärtermaßen wollen die islamistischen Fanatiker jeden Juden – wie umgekehrt die orthodoxen Juden jeden Palästinenser – aus Palästina vertreiben, und dazu ist ihnen das mit jeweils 25 000 Dollar honorierte Selbstopfer ihrer Jugend recht.

Die falsche Gewissheit, die aus dem deutschen Brief an die amerikanischen Intellektuellen spricht, hat etwas mit einem Denk- und Gefühlsverbot zu tun. Das Böse, davon scheinen die deutschen Verfasser überzeugt zu sein, gibt es gar nicht, folglich muss es auch nicht, und notfalls mit Gewalt, gestoppt werden. Für jeden Akt von Barbarei, für jede ideologische Verirrung, für jeden Hassausbruch und jeden mörderischen Wahn auf der Welt gibt es nachvollziehbare und behebbare soziale Ursachen; man muss diese Ursachen verstehen und verändern, mit den Gedemütigten und »affektiv Enthemmten« in einen Dialog eintreten, ihnen Verständnis entgegenbringen und wird zu einer friedlichen Lösung gelangen.

Wer wird leugnen, dass diese Überzeugung irgendwie sympathisch ist, sympathischer jedenfalls als die kriegerische Ansage der amerikanischen Intellektuellen? Ich muss allerdings gestehen, dass mir im Ernstfall um die Reaktions- und Handlungsfähigkeit von Leuten, die zwischen einem Terrorakt von islamistischen Faschisten und einem gerechtfertigten Gegenschlag nicht sicher unterscheiden können, bange ist.

(Erschienen am 26.8.2002 im SPIEGEL)

Den Tag des Bombenangriffs auf Bagdad am 20.3.2003 erlebte ich mit Freunden im Café Milano in Washington.

[Aus meinen Aufzeichnungen]

April 2003. *Dass der Krieg begonnen hatte, begriffen wir, als eine Bekannte von uns, die mit dem Gesicht zur Bar saß, ausrief: The war's started! Als ich mich zum Fernseher drehte, hatte der Barmann bereits das Programm umgeschaltet und auf den Sportkanal gewechselt. Das Drei-Mann-Orchester spielte weiter, das vollbesetzte Restaurant mit dem gewaltigen Lärmpegel speiste weiter, das Lachen und die geschrienen Dialoge gingen weiter, die Kellner mit den vollgeladenen Tabletts blieben nicht eine Sekunde lang stehen – niemand verlangte das Umschalten zum Nachrichtensender.*

Der Journalist Andrew Coburn erzählte im Lauf des Abends von einem Buchprojekt mit dem Titel: How to defeat America. Er kennt Leute im Pentagon – pensionierte Generale, Computergenies, clevere Selfmade-Strategen, passionierte Computerspieler –, die dort angestellt sind, um im Namen eines Feindes der USA, der ihnen vor dem Spiel genannt wird, Krieg gegen die USA zu führen. Die Spiele werden auf riesigen Leinwänden mit allem elektronischen Zubehör ausgetragen. »Natürlich kann man die USA mit relativ einfachen Mitteln besiegen«, meint Andrew, »wenn man ihre technischen Mittel und Schwächen von innen kennt.«

Neulich habe Iran in einem dieser Spiel-Kriege gegen die USA gewonnen, ein anderes Mal Somalia.

Der transatlantische Graben

(März 2004)

Kein Zweifel, der Atlantik ist seit dem Krieg in Irak ein Stück breiter geworden. Thinktanks und Gruppentherapeuten beugen sich über die transatlantische Familie und überlegen, wie sie zu retten sei. Manche fragen sogar, ob es sich überhaupt noch lohne, sie zu retten.

Trotz aller Alarmrufe glaube ich nicht, dass es der Streit um den Irakkrieg ist, der Europa und die USA auf längere Sicht auseinanderbringen wird. Richtiger erscheint mir die Annahme, dass dieser Krieg wie ein Vergrößerungsglas gewirkt hat, unter dem ältere und grundsätzlichere Gegensätze zwischen den transatlantischen Partnern sichtbar geworden sind. Sie betreffen unterschiedliche Einstellungen zu Krieg und Frieden, zur Religion, zum Sex, zum Leben und zum Tod. In der Summe laufen diese Differenzen auf einen philosophischen Streit über den gemeinsamen Ausgangspunkt der europäischen und der amerikanischen Zivilisation hinaus. Die USA und Europa, beide Kinder der Aufklärung, sind offensichtlich uneins darüber, was dieses Erbe im 21. Jahrhundert bedeutet und wer es besser verwaltet.

Beginnen wir mit dem Offensichtlichen. Eine auch durch Meinungsumfragen bestätigte Binsenweisheit besagt, dass Amerikaner generell eher zum Krieg bereit sind als Europäer. Aber die Trennlinie verläuft keineswegs so klar, wie uns die Vereinfacher auf beiden Seiten des Atlantiks glauben machen. Denn auch in Europa bestreitet nur eine pazifistische Minderheit, dass es notwendige, unausweichliche, gerechtfertigte Kriege gibt – tatsächlich wurden die Interventionen in Bosnien, im Kosovo und Afghanistan, wenn auch teilweise erst nach langem Zögern, von den Europäern mitgetragen.

Das Misstrauen der Europäer gilt der Doktrin eines präventiven und gerechten Krieges. Denn sie führt in der Tat zu einem philosophischen Konflikt. Wer behauptet, einen präventiven Krieg im Namen der Gerechtigkeit zu führen, ist in Gefahr, ein partikulares oder bloß parteipolitisches Interesse mit dem Interesse der ganzen Menschheit zu verwechseln beziehungsweise es als solches auszugeben. Er maßt sich an, gleichzeitig Kriegsherr und Weltenrichter zu sein. Damit ist er auf bestem Wege, eine Grunderkenntnis der Aufklärung in den Wind zu schlagen: Menschliche Urteile und Entscheidungen unterliegen dem Zweifel und sind grundsätzlich fehlbar, und diese Fehlbarkeit kann durch keine staatliche, juristische oder religiöse Autorität aufgehoben werden.

Mit durchaus angebrachter Empfindlichkeit hat man in Europa auf die Wortwahl reagiert, in der die Kriegsansage vorgetragen wurde. Begriffe wie »Crusade«, »Infinite Justice«, »War against the Axis of Evil«, manichäische Ausgrenzungen wie »He who is not on our side is on the side of the terrorists« markieren die religiöse Selbsterhöhung einer weltlichen Macht, die im säkularen Europa undenkbar geworden ist. Und war es nicht diese Selbsterhöhung, die die Regierung Bush/Cheney/Rumsfeld dazu verführt hat, ihr Land und ihre Alliierten mithilfe von Informationen, die sich als falsch herausstellten, in den Krieg mit Irak zu führen?

Hier gerät ein weiterer Anlass für eine Verstörung zwischen den transatlantischen Partnern in den Blick. Die USA sind heute die am meisten durch Religion bestimmte Gesellschaft unter den westlichen Demokratien. 52 Prozent der Amerikaner geben an, regelmäßig in die Kirche zu gehen, in England sind es ein Prozent; in Frankreich, Deutschland und Italien liegt der Prozentsatz nur unwesentlich höher. In den USA bekennen 70 Prozent der Befragten, dass sie an Engel glauben; in Europa hält man diese Frage offenbar für so abwegig, dass man sie nicht einmal stellt.

Wichtiger jedoch als die aktuellen Angaben über die Zahl der Gläubigen ist die Tendenz der Entwicklung. In den USA ist offensichtlich eine Revitalisierung des christlichen Glaubens in vielen Bereichen des zivilen Lebens und auch des Staates im Gange; in Europa schreitet der Prozess der Säkularisierung weiter fort. Wenn amerikanische Kommentatoren vor einem neuen Fundamentalismus warnen, nennen sie in aller Regel nur den islamistischen. Europäische Intellektuelle schließen in ihre Warnungen zwei weitere Varianten ein: den christlichen und den orthodox-jüdischen Fundamentalismus.

Kommen wir zu einem weiteren Grund für die transatlantische Entfremdung, der am schwierigsten zu definieren ist. Ich nenne ihn – mangels besserer Begriffe – den amerikanischen Narzissmus.

Wenn man die Marines bei ihren raids beobachtet: wie sie mit dem Stiefel die Tür eines irakischen Hauses eintreten, die sich vielleicht auch mithilfe der Klinke öffnen ließe; wie sie den Familienvater zu Boden zwingen, ihm den Stiefel auf den Rücken oder auf den Kopf setzen und sich offenbar nicht vorstellen können, dass sie in den Herzen der Kinder und Frauen des Gedemütigten Hassbilder erzeugen, die ein Leben lang vorhalten, ist man über so viel Mangel an Einfühlungsvermögen verblüfft. Ist er durch Sicherheitsvorschriften zureichend zu erklären?

Ähnliche Fragen stellen sich, wenn amerikanische Truppen irrtümlich einen arabischen Journalisten erschießen oder in der Hast des Reagierens ein halbes Dorf in Schutt und Asche legen, weil eine Bombe am Wegrand explodiert ist. Nur ein Ignorant wird behaupten, derartige Unfälle ließen sich in einer ständig von Selbstmordattentaten bedrohten Situation gänzlich vermeiden. Umso wichtiger für den Erfolg einer Besatzungspolitik ist es, die Bevölkerung durch symbolische und materielle Gesten davon zu überzeugen, dass die Besatzer sich nicht für unfehlbar halten und Irrtümer eingestehen.

Genau den gegenteiligen Eindruck hat die Bush-Regierung durch ihre Machtsprache nicht nur in Irak erzeugt: Die Supermacht USA kann sich nicht irren und muss sich bei niemandem entschuldigen.

Man frage einen beliebigen Nachbarn der USA, wie er das Urversprechen der amerikanischen Revolution von der Gleichheit aller Menschen bewertet. Im Zweifelsfall wird er antworten: Einige sind gleicher. In weiten Teilen der nicht amerikanischen Welt hat sich die Überzeugung durchgesetzt, dass Amerikanern das Leben eines Amerikaners auch in Friedenszeiten unendlich mehr wert sei als das Leben jedes anderen Erdenbürgers.

Vielleicht ist es an dieser Stelle nützlich, eine Errungenschaft der amerikanischen Kultur genauer anzusehen: die »multikulturelle Gesellschaft«. Zweifellos haben die USA die vielfältigste und integrationsfreudigste Kultur der Welt hervorgebracht; und es ist kein Zufall, dass diese Kultur die einzige ist, die universelle Anziehungskraft besitzt. Aber das amerikanische Modell der multikulturellen Gesellschaft erzeugt auch eine Illusion. Da ja tatsächlich Menschen aus aller Welt in den USA leben, verführt diese Erfahrung zu dem Glauben, man kenne und begreife die Welt, auch wenn man sich nie aus den USA herausbewegt hat. Wer in den USA lebt und aufgewachsen ist, vergisst leicht, dass die »Menschen aus aller Welt« zunächst einmal Amerikaner werden mussten – eine Bedingung, die die Neu-Amerikaner in aller Regel mit Begeisterung akzeptierten –, bevor sie ihre kulturelle Andersartigkeit (»Otherness«) feiern durften.

So kommt es, dass man in den USA eigentlich immer nur auf eine amerikanische Version der Andersartigkeit trifft. Man erfährt nicht viel über die vietnamesische Kultur, wenn man mit einem vietnamesischen Arzt in der Universitätsklinik von Stanford zusammenarbeitet. Man kann fünf Jahre neben einem Inder in der gleichen Dotcom-Firma in Los Angeles sitzen, ohne etwas von den Sitten und Gebräuchen in dessen Heimatstadt zu begreifen. Und es ist keineswegs garantiert, dass man französisch speist, wenn man in ein französisches Restaurant in Atlanta geht. Von allen Filmen, die in den USA gezeigt werden, liegt der Anteil von ausländischen Filmen unter ein Prozent. Im Rest der Welt beträgt der Anteil amerikanischer Filme 70 bis 80 Prozent.

Es scheint, dass die imponierende Integrationskraft der amerikanischen Gesellschaft auch eine Art Weltvergessenheit erzeugt hat, etwas wie einen multikulturellen Unilateralismus. Das Ergebnis ist ein Paradox: eine fantastisch vielfältige, tolerante und flexible Gesellschaft, die die ganze Welt in sich aufgenommen hat und sich schwer damit tut, sich in die Welt jenseits ihrer Grenzen einzufühlen.

All diese Gegensätze und Irritationen addieren sich zu einem handfesten Dissens über den gemeinsamen Ausgangspunkt der amerikanischen und der europäischen Zivilisation. In den Augen der Europäer sind die Amerikaner auf dem Wege, einige der elementaren

Grundsätze der Aufklärung zu verraten und ihr bisheriges Selbstverständnis, Erster unter Gleichen zu sein, durch das Prinzip »Erster unter Ungleichen« zu ersetzen.

Die USA ihrerseits klagen die Europäer an, dass sie sich ihrer internationalen Verantwortung nicht stellen. Zwar beschwören die Europäer gern die UN als einzigen Hort internationaler Legitimität, aber geben hinter vorgehaltener Hand zu, dass die UN in den meisten Fällen, in denen bedrängte Völker internationale Hilfe erwarten durften, keinen Schutz bieten konnten.

Was bedeutet das internationale Recht, wenn es verhindert, in ein brutales Folterregime einzugreifen und dem Tyrannen das Handwerk zu legen? Wer ist der wahre Anwalt der Menschenrechte: derjenige, der unter Berufung auf das internationale Recht einem Völkermord zusieht, oder derjenige, der ihm – notfalls unter Verletzung des Völkerrechts – ein Ende setzt?

Leider ist nicht zu erwarten, dass die Massenmedien in den USA und in Europa zur Differenzierung in diesem Streit beitragen werden. In 20 Jahren des Hin- und Herpendelns zwischen den USA und Deutschland bin ich zu der Überzeugung gelangt, dass Nachrichtensendungen sich keineswegs auf die Verbreitung von Nachrichten beschränken. Sie dienen immer auch der Identitätsbildung ihrer Zuschauer. Sie folgen einer Dramaturgie, die darauf zielt, die bereits vorhandenen und mehrheitsfähigen Meinungen über die jeweils anderen – etwa über die »Cowboy-Nation USA« oder »The european axis of weasels« – zu bestätigen.

In einigen der genannten Streitpunkte kann Europa sich nicht auf die USA zubewegen, ohne seine Lesart vom Erbe der Aufklärung aufzugeben. Das Gleiche gilt – in anderen Streitpunkten – für die USA. Die wichtigste, beide Seiten interessierende Frage bleibt, welche Tendenz die transatlantischen Störungen haben: Ob sie in Zukunft eher zu- oder abnehmen werden. Stehen wir am Anfang einer neuen Verständigung oder einer historischen Trennung, vergleichbar jener evolutionären Abspaltung, die eine Pioniergruppe der Hominiden vor mehreren Zehntausend Jahren vorführte, als sie ihrem Ursprungsland Afrika für immer den Rücken kehrte?

Es wäre ein allzu billiger Identitätsbeweis, wollten sich entweder die Europäer oder die Amerikaner als die »wahren« Hüter der Aufklärung aufspielen. Denn natürlich sind beide, die USA wie Europa, Kinder der Aufklärung, und, bisher jedenfalls, waren es meist die Amerikaner, die die Europäer an diese gemeinsame, von den Europäern so oft verratene Herkunft gemahnen mussten. Vielleicht ist es diesmal an den Europäern, die Amerikaner an die Versprechen der Aufklärung zu erinnern, die diese offenbar vergessen haben.

(Erschienen am 13.3.2004
in der New York Times unter dem Titel
»Across a great divide«)

Goodbye, Amerika?

(Dezember 2005)

Seltsame Erfahrung: Solange ich weit weg war – im Bauch des Ungeheuers, in Washington D.C. –, fühlte ich mich mit der großen Mehrzahl der Deutschen in Sachen Irakkrieg und G.W. Bush in schönstem Einvernehmen. Kaum bin ich zurück, gefriert mir der Zustimmungsreflex auf der Zunge; ich unterbreche mich beim Nicken. Woher das Gefühl, dass meine herzliche Abneigung gegen die neue amerikanische Hybris, die ich mit vielen meiner deutschen Freunde teile, eine falsche Einigkeit suggeriert? Täusche ich mich in dem Eindruck, dass aus der Frage, wie es denn war dort drüben, keinerlei Neugier spricht? Dass ich mich sogar dafür rechtfertigen muss, dass ich überhaupt so lange dort war?

Was hatte der Ekel zu bedeuten, mit dem ein Bekannter, keineswegs ein Nichtraucher, auf die Packung mit der Aufschrift »American Spirit« zeigte, die ich aus der Tasche zog: »Und eine Zigarette, die so heißt, rauchst du?«, fragte er.

Leute meines Alters sind geneigt, solche quasi allergischen Reaktionen für eine Eigenheit der deutschen Kriegs- und Nachkriegsgeneration zu halten – für ein Nachzucken alter Kriegsnarben und jenes Ressentiments, das der Besiegte, allen rituellen Danksagungen zum Trotz, gegenüber dem Sieger empfindet.

Erstaunlich ist jedoch, dass sich vergleichbare Abwehrreflexe in der Generation der 15- und 20-Jährigen durchgesetzt haben.

Als mein Sohn in seine alte Berliner Schule zurückkehrte, wurde er von seinen Mitschülern wie ein Abtrünniger begrüßt, den man am besten nicht mit Fragen quält. Niemand erkundigte sich nach seinen Erfahrungen und Eindrücken in den USA. Die Meinung über dieses Land stand fest. Die USA sind eine Nation von dummen, arroganten, schießwütigen Cowboys, die nicht einmal ihr eigenes Land, geschweige denn Deutschland, auf der Landkarte finden. In der Klasse gelte es eben als cool, erklärte mir ein Mitschüler, antiamerikanisch zu sein.

Der neue Englischlehrer, ein Mann in den Fünfzigern mit einem grauen Pferdeschwanz, war in Sachen USA offenbar mit seinen Schülern einig. »Aha, in A-me-ri-ka!«, wiederholte er, jede Silbe des Wortes sarkastisch dehnend, die Angabe meines Sohnes über seinen Verbleib. »Dann erzähl' uns doch einmal etwas über dieses schöne Land!« Der derart Befragte hatte das Gefühl, dass jeder Satz, den er vorbringen würde, gegen ihn verwendet werden würde und schwieg – erst einmal.

Eine vereinzelte Episode?

Ich erinnere mich an einen Sommerabend in der Berliner Humboldt-Universität vor zwei Jahren: Hunderte von Studenten standen Schlange und zahlten fünf

Euro Eintritt, um den Spekulationen einiger Dunkelmänner vom Fach »Konspirationstheorie« zu lauschen, die behaupteten, die CIA oder sonst ein amerikanischer/israelischer Geheimdienst habe die Flugzeuge in die Türme des World Trade Center gelenkt. Umfragen zufolge hält jeder Dritte der unter 30-Jährigen und jeder Siebte der über 30-Jährigen in Deutschland diesen Hergang für möglich. Aber ist es nicht ebenso bedenklich, dass die wenigen, die sich positiv über Amerika äußern, auf ihrer Anonymität bestehen, weil sie Unannehmlichkeiten im Freundes- und Kollegenkreis befürchten?

Unter dem Strich ist ein historischer Stimmungwandel zu vermerken. Der amerikakritische bis -feindliche Konsens, der in den Sechziger- und Siebzigerjahren von der bekannten »kleinen radikalen Minderheit« getragen wurde, hat eine erstaunliche Karriere hinter sich. Er wird heute, mit neuen Konnotierungen, von der riesigen Mehrheit der Deutschen geteilt. Als die 68er, manchmal mit brachialen Sprüchen wie »USA-SA-SS«, gegen den Vietnamkrieg protestierten, standen die »normalen« Bundesbürger noch kopfschüttelnd am Straßenrand und riefen ihnen zu: Verrückt geworden? Geht doch nach drüben! 30 Jahre später löst das Stichwort »USA« bei Taxifahrern, Polizisten, Moderatoren, Politikern und Kirchenmännern das gleiche vorwurfsvolle Kopfschütteln aus, das damals den protestierenden Studenten galt. Seltsamerweise haben viele Teilhaber dieser Mehrheitsmeinung das Gefühl, sie verstießen gegen die politische correctness und gehörten einer kleinen radikalen Minderheit an.

Natürlich lässt sich das tiefe und weltweite Misstrauen gegen die Regierung Bush nicht – wie einige Amerika-Verteidiger es tun – als »Antiamerikanismus« abtun. Die Mobilisierung gegen den Irakkrieg, der mit eindeutig falschen beziehungsweise gefälschten Begründungen begonnen und dann, nach seinem angeblichen Ende, mit unglaublicher Inkompetenz, mit Folter und menschenverachtender Gewalt gegen die Zivilbevölkerung weitergeführt wurde, war ebenso gerechtfertigt wie seinerzeit der Anti-Vietnam-Protest.

Aber wahr ist auch, dass die Trennungslinie zwischen Anti-Bushismus und Antiamerikanismus immer mehr verschwimmt. Mit der Abneigung gegen die Bush-Gang alliiert sich zusehends eine kulturelle Abstoßung, eine Art Bauchgefühl, dem mit Argumenten kaum noch beizukommen ist. Wer etwa zwischen dem Amerika von G.W. Bush und dem »demokratischen Amerika« unterscheidet, macht sich als Verharmloser verdächtig und gerät rasch ins Abseits. Die Warnung vor den »amerikanischen Zuständen«, die man im Zweifelsfall nicht näher kennt, ist zu einer Bekreuzigungsformel gegen den Umbau des Arbeitsmarkts und der Sozialsysteme geworden.

Man kann in der deutschen Abwendung von den USA durchaus die Zeichen einer Emanzipationsbewegung erkennen. Mit seinem Antikriegswahlkampf im Herbst 2002 hat Gerhard Schröder eine historische

Kündigungserklärung angestoßen: Wir, die Söhne und Enkel der Nazi-Generation, lassen uns durch unsere Dankesschuld nicht dazu verpflichten, den Nachfahren der Befreier in jedes Kriegsabenteuer zu folgen.

Die neue Unbotmäßigkeit wurde zusätzlich durch die ganz andere historische Erfahrung der Deutschen in der ehemaligen DDR befördert. Die Ostdeutschen waren nicht von amerikanischen Fallschirmjägern und Landetruppen, sondern durch die Panzerdivisionen der Sowjetunion »befreit« worden. In einem strikt antiamerikanischen Umfeld sozialisiert, waren sie in ihrem Protest gegen den altbekannten »imperialistischen Aggressor« durch keinerlei Dankesschuld behindert.

Er finde es gut, sagte kürzlich ein befreundeter Schriftsteller aus Ostberlin zu mir, dass der Abstand zwischen »uns und Amerika« jetzt richtig deutlich werde. Man dürfe diesen Schnitt nicht wieder vernebeln – »denn wir sind anders«. Offensichtlich meinte er mit »wir« uns alle, und ich, mit Blick auf die Kreuzzugsideologie der regierenden Neokonservativen in den USA, war geneigt, ihm zuzustimmen. Als er jedoch im gleichen Atemzug seine Zweifel an der Westbindung Deutschlands und der Tauglichkeit der Demokratie zur Lösung der drängenden Probleme erläuterte, ging ich meinerseits auf Abstand und bestand darauf, diese Kluft zwischen uns nicht zu »vernebeln«.

Die amerikafeindliche Stimmung trifft mit einer noch unartikulierten historischen Neuorientierung der

Deutschen zusammen. Mit der Neuverortung der Bundesrepublik als einer Mittelmacht zwischen Ost und West hat sich nicht nur der geografische, sondern auch der politische Ort der Deutschen verschoben.

Das erste weithin sichtbare Resultat der Vereinigung war die wirtschaftliche und politische Einverleibung der DDR. Aber die Rede von der kolonialistischen Überwältigung der DDR durch marode, bereits in der alten BRD untaugliche Strukturen erweist sich im Nachhinein als unvollständig. Das sogenannte »Schnäppchen« DDR hat sich in einem Test von 15 Jahren als ein schwer verdaulicher Brocken erwiesen, der den Schlucker in die Knie gezwungen hat. Unter dem Druck der Krise und der Zukunftsangst haben Denk- und Gefühlsstrukturen, die man vor Kurzem noch für typisch »östlich« hielt, an Boden gewonnen. Überspitzt gesagt, entspricht der Verwestlichung der Lebensverhältnisse im Osten eine Veröstlichung des Lebensgefühls im Westen. Eine Studie des Instituts Infratest (im Auftrag von SPIEGEL Spezial) stellte kürzlich fest, dass sich die Unzufriedenheit mit der Demokratie im West- und im Ostteil der Republik verblüffend angenähert hat: Seit 1986 hat sie sich bei den Wessis von acht auf 30 Prozent erhöht – bei den Ossis liegt sie bei 38 Prozent. Besonders dramatisch ist die Annäherung beim Faktor »soziale Gerechtigkeit«. Dieser zuletzt im Jahre 1993 gemessene Wert, den damals 39 Prozent der Westler, aber 65 Prozent der Ostler besonders wichtig fanden, wird inzwischen auf beiden Seiten der ehemaligen Mauer gleichermaßen hochgehalten: von 67 Prozent der Westler und 68 Prozent der Ostbürger.

Leider gibt die Infratest-Studie keine Auskunft darüber, ob und wie weit sich auch die historisch unterschiedlichen Einstellungen in Ost und West zur Freiheit einander angenähert haben. Die Signale, die die rot-grüne Regierung in jüngster Zeit in dieser Hinsicht ausgesendet hat, sind eher irritierend. Welche Vision für Deutschland und Europa spricht aus Gerhard Schröders Vorschlag, das Waffenembargo gegen China zu beenden – zu einem Zeitpunkt, da die chinesischen Machthaber den Militäretat um 13 Prozent erhöht und eine verdeckte Kriegserklärung gegen ihre abtrünnige demokratische Provinz Taiwan ausgesprochen haben? Und was soll man davon halten, dass der deutsche Kanzler den russischen Präsidenten Wladimir Putin – einen »lupenreinen Demokraten« nennt? Soll das die neue Ostpolitik in der Nachfolge von Willy Brandts Entspannungspolitik sein?

Am Ende geht es nicht um Männerfreundschaften oder -feindschaften, sondern darum, an welchem Modell von Demokratie sich Deutschland auf seinem neuen Weg als Mittelmacht zwischen Ost und West ausrichtet. Die USA, immerhin die älteste und dynamischste Demokratie der Neuzeit, waren kraft ihrer demokratischen Institutionen immer wieder in der Lage, sich von ihren chronischen Anfällen messianischer Anmaßung zu befreien. Diese Institutionen werden auch die nächsten drei Jahre der G.-W.-Bush-

Regierung überleben. Ob die junge und bereits arg gezauste Demokratie Russlands den Übergangszaren Wladimir Putin übersteht, bleibt abzuwarten. Der demokratische, hierzulande viel zu wenig wahrgenommene Teil der USA zählt darauf, dass das nun souverän gewordene Mündel Deutschland das Freiheitsversprechen der amerikanischen und französischen Revolution verteidigt – in Russland, in China und gegen die US-Regierung.

(Geschrieben im Dezember 2005
und anschließend veröffentlicht.
Ort des Abdrucks unbekannt.)

Die Jahre zwischen Deutschland und den USA

3

Das Versprechen der Freiheit

(Februar 2006)

»Sind wir etwa schon mitten drin im ›Clash of Civilizations‹ – im Zusammenstoß der Kulturen?«

Kaum eine Frage wurde in den Debatten und Talkshows der letzten Wochen öfter gestellt, keine von den herbeigerufenen Politikern mit so entschiedener Vagheit beantwortet: Ganz so krass würde ich es nicht sagen ... Der Ausdruck gefällt mir nicht ... Vielleicht sind wir am Anfang, aber noch nicht drin ...

Als Samuel P. Huntington vor 13 Jahren mit einem Aufsatz, dessen Titel die Telegramm-Version seiner These war, an die Öffentlichkeit trat (Foreign Affairs, Sommer 1993), gingen in den akademischen Eliten des Westens die Wogen der Entrüstung hoch. Nach dem Fall der Mauer und dem Zusammenbruch des Kommunismus wollte man von den neuen Konfliktlinien, die der Harvard-Professor auf der Weltkarte einzeichnete, nicht viel wissen. Damals stellte man sich hoffnungsvolle Fragen wie: Können wir ohne Feinde leben? Nichts schien abwegiger als die Idee, die »längst überwundenen« Gegensätze zwischen unterschiedlichen Kulturen und Religionen könnten wieder geschichtsmächtig werden. Prompt wurde der Überbringer der unerwünschten Botschaft als Dunkelmann und Reaktionär verdächtigt.

Wenn man Huntingtons unaufgeregte Analyse aus dem Abstand von 13 Jahren nachliest, kann man nur den Hut ziehen vor seiner luziden Antizipation. Huntington behauptet nicht mehr und nicht weniger, als dass auf die Epochen der europäischen Fürsten- und Nationenkriege und des Kalten Kriegs zwischen Kapitalismus und Kommunismus – Kriege, die Huntington allesamt als Kriege innerhalb der westlichen Zivilisation verbucht – eine Epoche des Zusammenstoßes des Westens mit nicht westlichen Zivilisationen folgen wird. Als den unmittelbar bevorstehenden »clash« zwischen den (nach seiner Zählung) »sieben bis acht« Zivilisationen nennt Huntington den zwischen dem Westen und den islamischen Ländern. Keineswegs redet er einer unvermeidlich gewalttätigen Natur dieses Zusammenpralls das Wort. Die Unterschiede zwischen den Zivilisationen, zu deren wichtigsten Elementen er Geschichte, Sprache, Kultur, Tradition und Religion zählt, »bedeuten nicht zwangsläufig Konflikt, und Konflikt bedeutet nicht zwangsläufig Gewalt«. Allerdings besteht er darauf, dass diese in Jahrhunderten geprägten Unterschiede »weit fundamentaler sind als Unterschiede zwischen ideologischen und politischen Systemen«.

Anders als die Neocons, die George W. Bush im Irakkrieg berieten, äußert Huntington sich durchaus skeptisch zum kulturellen Hegemonie-Anspruch des Westens. Die Vorstellung, es könne eine »universale Zivilisation« geben, schreibt er, sei eine westliche Idee.

Der letzte Satz seines Artikels lautet: »In der vorhersehbaren Zukunft wird es nicht eine universelle Zivilisation geben, sondern eine Welt von verschiedenen Zivilisationen, die alle lernen müssen, miteinander zu koexistieren.«

Einen Punkt lässt Huntington in seinem Aufsatz weitgehend außer Acht: den Umstand nämlich, dass es sich bei dem Zusammenstoß zwischen der westlichen und der islamischen Zivilisation nicht nur um einen äußeren, sondern auch um einen internen Konflikt des Westens handelt.

Europa hat mit seinen über 20 Millionen muslimischen Migranten den Konflikt ins eigene Haus geholt und ist jetzt gefordert, seine Wertvorstellungen und Prinzipien nach innen wie nach außen zu verteidigen. Die inneren Konfliktlinien, die in den aktuellen Debatten über Integration, Zwangsheirat und Karikaturenstreit sichtbar wurden, lassen sich durch drei Themen oder Wertvorstellungen markieren: Es geht um die Gleichberechtigung und sexuelle Selbstbestimmung der Frauen; um die Meinungs- und Pressefreiheit; und um die Rechte der weltlichen gegenüber der sakralen Sphäre beziehungsweise um die Trennung zwischen Religion und Staat.

Der Streit betrifft mit einem Wort die Fundamente der säkularen westlichen Gesellschaften.

Bei Strafe, die eigene Seele zu verleugnen, können die westlichen Gesellschaften in diesen Fragen nicht mit sich handeln lassen. Sie sind im Gegenteil gefordert, eine klare Trennungslinie zu ziehen: Die gebotene Achtung vor einer anderen Kultur und Religion muss dort ihre Grenze haben, wo im Namen kultureller Autonomie elementare Menschenrechte verletzt werden. Es kann zum Beispiel nicht geduldet werden, dass jährlich Tausende von muslimischen Mädchen und Frauen in Europa zwangsverheiratet werden. Es kann nicht hingenommen werden, dass muslimische Einwanderer die zivilen Regeln der Gastländer missachten und nach den Gesetzen der Scharia leben. Hier geht es keineswegs um das Primat einer deutschen, französischen oder dänischen »Leitkultur«. Es geht schlicht und einfach um das Primat der demokratischen Kultur, um die Durchsetzung der Menschen- und Bürgerrechte im eigenen Land – für alle Bürger jedweden Geschlechts und jeder Herkunft.

(Erschienen am 23.2.2006 im Tagesspiegel)

Die Moral politischer Mörder

(März 2007)

Nach der Zählung der Bush-Regierung befinden wir uns mitten im Dritten Weltkrieg: im Krieg gegen den islamistischen Terrorismus. Kein Zweifel: Das Attentat vom 11. September ist in seiner Erfindungskraft, seinem monströsen Vernichtungswillen und seiner weltweiten Schockwirkung einzigartig – man kann durchaus von einem Geniestreich des Terrorismus sprechen.

Im Endlosschreck über die spektakulären, immer wieder ausgestrahlten Bilder wurde jedoch übersehen, dass die Kampfformen und die Selbstdarstellung der islamistischen Attentäter durchaus Parallelen mit dem westlichen Terrorismus aufweisen. Vieles, was unter dem Namen Islamismus oder Islamo-Faschismus Schlagzeilen gemacht hat – der Todeskult, der Größenwahn, die pfauenhafte Eitelkeit der Führer –, finden wir bei westlichen Vorgängern Osama bin Ladens vorgebildet.

Wohl kein Satz aus dem Repertoire des islamistischen Terrorismus ist so oft zitiert worden wie eine Äußerung aus dem Bekennervideo der Bombenleger von Madrid: »Ihr liebt das Leben, wir lieben den Tod.« Diese Formel gilt den Verkündern des Kriegs gegen den Terrorismus als die gleichzeitig kürzeste und umfassendste Kampfansage gegen alles, was die westliche Zivilisation ausmacht. Aber sind der Todeskult, die Lebensverachtung, die mit ihr einhergehende Selbstermächtigung zum Massenmord tatsächlich spezielle Merkmale des islamistischen Terrors? Aus einem Stück von Albert Camus *(Die Gerechten)* klingt der Satz des russischen Sozialrevolutionärs Stepan herüber: »Ich liebe nicht das Leben, sondern die Gerechtigkeit.«

Osama bin Laden gilt in weiten Teilen der muslimischen Welt als Che Guevara des Ostens. Bei genauerem Hinsehen stellt sich heraus, dass Osama bin Ladens Anhänger mit ihrem Vergleich gar nicht so falsch liegen, wie die empörte Che-Guevara-Gemeinde meint.

Das berühmte von Alberto Kosta aufgenommene Che-Guevara-Foto zeigt einen romantischen Rebellen, der zu einer schwarzen Lockenpracht unter dem Barett – wie ein innovatives Mode-Accessoire – ein Maschinengewehr trägt. Der Rebell strahlt Freiheitsdrang, Entschlossenheit und den Charme eines Latin Lovers aus.

Aber der gefeierte Comandante, den Jean-Paul Sartre den »vollkommensten Menschen unserer Zeit« nannte, war alles andere als ein Held der Freiheit. Tatsächlich gibt es andere Fotos von ihm, die einen finsteren Soldaten der Revolution zeigen. Allerdings werden sie nicht auf T-Shirts gedruckt. Che Guevara – und nicht Fidel Castro – war es, der gleich nach dem Sieg in Kuba Straf- und Arbeitslager einführte. Er – und nicht Fidel Castro – hat das Leben und die Arbeit in Kuba nach dem Sieg der Revolution militarisiert und persönlich über die Ausführung von (wahrscheinlich Hunderten) Todesurteilen wegen »Verbrechen gegen die Revolution« gewacht. Mit leisem Schauder hat Rudi Dutschke Che Guevaras Bekenntnis kommentiert, die Soldaten der Revolution müssten von »unbeugsamen Hass gegen den Feind« beseelt sein, einem Hass, »der sie in eine ... kalte Tötungsmaschine verwandelt«. Che Guevara brüstete sich damit, notfalls das gesamte kubanische Volk im Kampf für die Revolution zu opfern und Atombomben auf New York zu werfen.

Nun kann man den »Jesus mit der Knarre« nicht einfach einen Terroristen nennen. Ein gezielter Massenmord an Zivilisten, wie ihn Osama bin Laden in jahrelanger Vorbereitung plante, hätte in den Welterlösungsfantasien eines Che Guevara keinen Platz gehabt. Aber ein Rebell im Sinne Camus', der sich im Ernstfall »gegen die Gerechtigkeit« entscheidet, weil er den Gedanken nicht ertragen kann, dass sein Attentat das Leben Unschuldiger kosten könnte, war der argentinische Revolutionär genauso wenig. Der amerikanische Essayist Paul Berman (*Power and the Idealists*, New York 2005) geht so weit zu behaupten, dass Che Guevaras »spiritueller Kampf gegen die Welt und gegen sich selbst seinen eigenen Tod« forderte. Regis Debray, damals noch Che Guevaras bedingungsloser Anhänger, vermisste bei seinen Gesinnungsgenossen in Europa die »Abwesenheit des menschlichen Selbstopfers«.

Er musste nicht lange warten. Aus ihrer Todesbereitschaft bezog die RAF ihr Überlegenheitsgefühl und die Verachtung gegenüber den »Revolutionsschwätzern« und »liberalen Arschlöchern«, die etwa in Hungerstreiks für die Rechte der »politischen Gefangenen« stritten. Umgekehrt empfanden nicht wenige der »klammheimlichen« Sympathisanten ihre Unfähigkeit, den »letzten Schritt« zu tun, als Feigheit – ein Kapital für moralische Erpressung, mit dem die RAF ausgiebig wucherte. Ein Bekenntnis wie »Ihr liebt das Leben, wir lieben den Tod« hätte man, vielleicht mit einem zynischen Lächeln auf den Lippen, auch von Andreas Baader hören können. Tatsächlich waren die Stammheimer, als sie sich am 10. Oktober 1977 umbrachten, in einem gewissen Sinn Selbstmordattentäter. Anders als Ulrike Meinhof hatten Baader und seine drei Mithäftlinge ihren Selbstmord im Hochsicherheitstrakt in Stammheim als »Hinrichtung« durch den Staat inszeniert. Ähnlich wie die islamistischen Selbstmordattentäter wollten sie als Märtyrer in den Himmel des »antiimperialistischen Befreiungskampfes« eingehen und mit ihrem Beispiel Dutzende, möglichst Hunderte von Nachfolgern inspirieren.

Es war der Heiligenschein der Todesbereitschaft, der den RAF-Aktivisten das Recht auf ein rauschhaftes, über alle Regeln erhabenes Leben erlaubte, ja gleichsam vorschrieb. Jeder Augenblick konnte der letzte sein, also galt es, jeden Augenblick bis zum Letzten auszukosten. Baaders Liebe zu Drogen und zu schnellen Autos ist bekannt – in einer Frankfurter Wohngemeinschaft stahl er die Hauskasse und kaufte sich von dem

Geld seinen Lieblings-BMW. Rücksichten auf Kinder, Elternpflichten, Freunde, alles, was an das Leben vor der revolutionären Selbstverpflichtung erinnerte, galt als Ballast. Der neue Mensch, der den Kampf »in den Kopf des Ungeheuers« in die Metropolen des Imperialismus tragen sollte, hatte sich von solchen Relikten aus der Vorzeit zu befreien. Er handelte nach einem neuen, revolutionären Katechismus, der – nach dem Muster des russischen Anarchisten Sergei Netschajew – den bürgerlichen Wertekanon auf den Kopf stellte.

Offenbar haben sich auch Osama bin Ladens fromme Jünger, bevor sie zum Selbst- und Massenmord am 11. September antraten, auf einen eigenen, selbst fabrizierten Wertekanon berufen, der ihnen erlaubte, sich über die Regeln ihrer Religion und Kultur hinwegzusetzen. Einigen der »Gotteskrieger« waren die Freuden des verruchten, zum Untergang verurteilten Westens durchaus vertraut: Striptease-Bars, Prostituierte, Alkohol und Kokain. Anhänger von Verschwörungstheorien haben daraus geschlossen, derart gottvergessene Attentäter könnten nur verkleidete westliche Agenten gewesen sein. Der Wahrheit näher kommt wohl die Vermutung, dass auch muslimische Attentäter der Logik der westlichen politischen Mörder folgen: Sie kommen nicht darum herum, sich einen »revolutionären« Katechismus zu erschaffen, der ihnen erlaubt, im Namen einer vermeintlich »höheren Moral« zu morden.

Spätestens hier, so scheint es, hören die Parallelen auf. Denn das Neue am islamistischen Terrorismus ist das Prinzip, bei den Anschlägen gegen »den Feind« eine möglichst große Zahl von Zivilisten umzubringen. Osama bin Laden blieb es vorbehalten, das Programm für diese ultimative terroristische Barbarei zu formulieren. Jeder amerikanische Steuerzahler, sagte er, sei ein legitimes militärisches Ziel. Das ist nun in der Tat eine unerhörte Ansage. Zwar haben Tyrannen, Diktatoren, Religionsführer seit jeher Zivilisten jedes Alters und Geschlechts skrupellos geschlachtet, wenn es ihren Zielen diente. Aber zumindest propagandistisch wurde die Unterscheidung zwischen Soldaten – als Repräsentanten des Feindes – und Zivilisten aufrechterhalten. Mit Ausnahme Adolf Hitlers hat niemand vor bin Laden die Ermordung einer möglichst großen Zahl von Zivilisten zu seinem revolutionären Ziel erklärt.

Die ungeheure Brutalität und Fremdartigkeit der islamistischen Anschläge hat die Strategen des Krieges gegen den Terrorismus zu der Annahme verleitet, man habe es mit den Extremisten einer fremden Kultur oder Zivilisation zu tun, die sich territorial und religiös definieren ließe. Geheimdienstliche Beobachter und akademische Erforscher des neuen Phänomens kommen zu einem ganz anderen Ergebnis. Danach ist der islamistische Terrorismus gerade nicht in einem abgrenzbaren, mit zielgenauen Waffen angreifbaren Territorium zu Hause. Er lässt sich auch nicht auf eine Rückkehr zu einheimischen fundamentalistischen Strömungen des Islam zurückführen. Er erweist sich vielmehr als ein Ergebnis der Berührung des Islam mit dem Westen, ja der Verwestlichung des Islam – oder, um es mit den Worten von Olivier Roy *(Der islamische Weg nach Westen, München 2004)* zu sagen, als ein Produkt der »Entterritorialisierung« des Islam. Der religiös verbrämte Nihilismus der islamistischen Terroristen ist nicht ein Kind der Prä-, sondern der Postmoderne.

Die führenden Köpfe der islamistischen Attentäter kommen – wie die der RAF und der Brigate Rosse – aus eher privilegierten Kreisen. Der amerikanische Psychiater Marc Sageman (Understanding Terror Networks, *University of Pennsylvania Press 2004*) zeigt, dass unter den 400 Terroristen, deren Daten er untersuchte, kaum einer als arm oder unterprivilegiert gelten kann. 90 Prozent von ihnen kamen aus intakten Familien; 63 Prozent hatten Universitäten besucht; 75 Prozent waren berufstätig oder hatten Jobs; 73 Prozent waren verheiratet. Was diese jungen, in ihrer Identität verunsicherten Männer zu Terroristen machte, so Sageman, war die neue Lebensaufgabe, die spektakuläre Rolle, die ihnen Führer wie Osama bin Laden mit seinem »Heiligen Krieg« vor die Augen stellten.

Viele kluge und nicht so kluge Leute haben den Wahnsinn der RAF-Terroristen und der Brigate Rosse rational zu erklären versucht: als eine irgendwie verständliche Überreaktion auf die Verbrechen des Vietnamkriegs, als nachholende Widerstandsbewegung gegen einen neuen, vermeintlich heraufziehenden Faschismus. Was diesen Erklärungsversuchen meist fehlte, war die Einsicht in die gruppeninterne Dynamik und Pathologie dieser Bewegungen, in den Selbstlauf des Hasses und der Gewalt, der sich – mit rasant abnehmendem Bezug zur Außenwelt – am Ende nur noch aus sich selbst ernährte. Wenn man heute, aus 30-jährigem Abstand, auf die von der RAF und den Brigate Rosse selber angeführten Motive ihrer Mordtaten zurückblickt, so bleibt von diesen Gründen kaum mehr übrig als eine schreckliche Halluzination.

Man kann schwerlich bestreiten, dass der Hass der Muslime auf den Westen tiefere Wurzeln in der politischen Realität (des Nahen Ostens) hat als etwa der Hass der RAF und der Brigate Rosse. Aber auch die Mordserien der Islamisten folgen einer verselbstständigten pathogenen Gruppendynamik. Wer sie als quasi logische, ja unvermeidliche Folge einer Jahrhunderte währenden Demütigung und Unterdrückung erklärt, verschafft ihnen eine falsche Legitimation. Er bestätigt die Anmaßung einer selbst ernannten Avantgarde, die sich mit ihrer Strategie des Massenmords als Rächer für die gekränkte Ehre aller Muslime aufspielt, ohne nach deren Zustimmung je gefragt zu haben. Nach einem Bericht von Lawrence Wright im *New Yorker* (11.9.2006) waren die Truppen von al-Qaida nach dem alliierten Angriff auf Afghanistan bis zu 80 Prozent vernichtet. Hinzu kam eine moralische Niederlage: Viele Muslime, so Lawrence Wright, waren der Ansicht, dass der Anschlag vom 11. September einen Gegenschlag der USA rechtfertigte. Erst durch den mit falschen und gefälschten Begründungen geführten Krieg gegen den Irak gewannen die schon fast Geschlagenen unverhofft ein neues, gewaltiges Reservoir selbstmord- und mordbereiter Rekruten.

Der islamistische Wahnsinn könnte sich – auch in den Augen der riesigen Mehrzahl der Muslime – als ein durchaus endliches, generationsspezifisches Gemisch aus Indoktrinierung und Selbstmanipulation erweisen, wenn der Westen ihm nicht durch einen Krieg »bis zum vollständigen Sieg« neuen Sauerstoff zuführt.

(Erschienen am 8.3.2007
in DIE ZEIT unter dem Titel
»Rächer wollen sie sein«)

Warum sagst du nicht: Ich habe mich geirrt?

(Juli 2007)

Der deutsche Schriftsteller Peter Schneider und der amerikanische Publizist Christopher Hitchens streiten über den Irakkrieg.

War und ist der Irakkrieg richtig? Aus dem Land kommen immer neue Schreckensmeldungen, in Washington gerät Präsident George W. Bush weiter unter Druck. Mehr als 60 Prozent der Amerikaner sind gegen den Krieg, und selbst im Lager der Republikaner fordern einige den Rückzug. Hier streiten zwei linke Intellektuelle über den Einmarsch der US-Truppen im Frühjahr 2003.

Peter Schneider: Es gibt viele Gemeinsamkeiten in unseren intellektuellen Biografien. Beide haben wir bei der radikalen Linken angefangen – du bei den britischen Trotzkisten, ich bei den 68ern in Berlin. Beide haben wir dann in den Achtziger- und Neunzigerjahren gegen den linken Konsens verstoßen. Wir haben Solidarność gegen den Vorwurf verteidigt, den »Weltfrieden zu gefährden«; wir haben früh für eine Intervention gegen die ethnischen Vertreibungen in Bosnien und im Kosovo plädiert, wir haben die Nato-Intervention in Afghanistan unterstützt – auch wenn diese Positionen uns mit unserer »linken Identität« in Konflikt brachten. Dann kam der Irakkrieg 2003, und unsere Wege haben sich getrennt. Du hast den Krieg von Anfang an befürwortet, ich war dagegen. Wie erklärst du den Gegensatz?

Christopher Hitchens: Es mögen unterschiedliche Erfahrungen in der Mitte der Siebzigerjahre gewesen sein. Ich wurde damals von einem irakischen Kulturfunktionär nach Irak eingeladen, und Saddam Hussein war gerade dabei, seine Macht zu befestigen. Ich war in Polen gewesen, in Francos Spanien, in Griechenland nach dem zweiten Putsch – ich kannte Städte, die in Furcht lebten. Aber was ich in Bagdad erlebte, die Atmosphäre der Angst, war unvergleichbar. Es war die Hölle – eine unglaubliche Herrschaft des Schreckens. Für mich war also die Auseinandersetzung mit der Baath-Partei und ihrer Ideologie, die sich aus dem rechten europäischen Nationalismus und dem Faschismus speist, eine alte Geschichte.

Schneider: In den Augen vieler bist du zum beredtsten Verteidiger des Irakkriegs – zu einer der besten Waffen der Bush-Regierung – geworden. Wie kam es dazu, dass du diese Rolle übernommen hast?

Hitchens: Wäre es nach mir gegangen, hätten wir Saddam Hussein schon wesentlich früher entmachtet. Ein prägendes Ereignis für mich war das verspätete Eingreifen der Nato in Bosnien Mitte der Neunzigerjahre – praktisch alle Republikaner waren gegen jede Art der Intervention, mit Ausnahme von G. W. Bush,

John McCain und ein paar anderen und den Neocons. Damals, bei der serbischen Belagerung von Sarajevo (1992 bis 1994), fing ich an, neu nachzudenken. Damals habe ich zum ersten Mal gefordert, dass die USA Gewalt einsetzen sollten. Dann wurde – auf Initiative von Ahmed Chalabi hin – der Iraq Liberation Act im Kongress verabschiedet, der übrigens von Bill Clinton und Al Gore unterstützt wurde. Aber die beiden wollten den Friedensnobelpreis ohne Krieg, sie waren nicht bereit, den vollen Preis zu bezahlen.

Schneider: Immerhin hat Clinton nach dem Hinauswurf der UN-Inspektoren Fabrikanlagen in Bagdad bombardiert. Und die Republikaner höhnten damals, das tue er nur, um von seiner Affäre mit Monica Lewinsky abzulenken.

Hitchens: Stimmt. Die Republikaner waren damals nicht für Clintons Strafaktion.

Schneider: Aber als G.W. Bush einige Jahre später eine Verbindung zwischen dem Anschlag auf das World Trade Center und Saddam Hussein herstellte – hat dich das überzeugt?

Hitchens: Niemand von der Regierung hat jemals behauptet, dass Saddam Hussein etwas mit dem 11. September zu tun hatte.

Schneider: Aber warum haben dann 70 Prozent der Amerikaner vor dem Krieg geglaubt, dass Saddam Hussein hinter dem Attentat steckte? Sogar jetzt, nachdem dieser Mythos widerlegt ist, glauben viele Amerikaner das.

Hitchens: Mein Lieber, 20 Prozent der Amerikaner glauben, dass Bush hinter dem Attentat steckte. Die Leute glauben alles Mögliche.

Schneider: Das ist jetzt aber eine schwache Ausrede.

Hitchens: Du musst mir zeigen, dass jemand aus der Regierung tatsächlich diese Beschuldigung erhoben hat.

Schneider: Ich zitiere aus einer Sammlung der BBC News: »Der sicherste Weg, um Angriffe auf unser Volk zu vermeiden, ist, dem Feind dort entgegenzutreten, wo er lebt und seine Pläne ausheckt. Wir bekämpfen diesen Feind heute in Irak und Afghanistan, damit wir ihm nicht wieder auf unseren Straßen und in unseren Städten begegnen« (Präsident Bush in einer Fernsehansprache im September 2003). »Wir wissen, dass Irak al-Qaida-Kämpfer bei der Herstellung von Bomben und Giften und tödlichen Gasen trainiert hat« (Außenminister Colin Powell bei seiner Präsentation vor dem UN-Sicherheitsrat im Februar 2003). »Wir werden einen Stoß genau ins Herz der geografischen Basis der Terroristen führen, die seit vielen Jahren, und ganz speziell am 11. September, Anschläge gegen uns ausführen« (Dick Cheney in einem Interview zum Irakkrieg). »Saddam Hussein ist ein Risikofaktor in einer Region, von der der Anschlag vom 11. September ausgegangen ist« (Condoleezza Rice im September 2003).

Hitchens: Tut mir leid, diese Wette verlierst du. Es gibt in diesen Zitaten keine direkte Anklage, dass die irakische Regierung hinter dem Attentat steckte.

Schneider: Die amerikanische Regierung hat diese Anklage nicht explizit erhoben, aber sie hat jede Menge Anspielungen unter die Leute gebracht, die auf Saddam Hussein als den Täter deuteten. Und genau dieser Eindruck hat sich dann auch unter den Amerikanern durchgesetzt.

Hitchens: Man hätte einen viel besseren Fall für diese Verbindung nennen können: Irak hat Scheich Ahmed Jassin, einem der Urheber des ersten Attentats auf das World Trade Center im Jahre 1993, zehn Jahre lang Zuflucht gewährt. Die amerikanische Regierung hat entschieden, diesen Fall nicht zu benutzen, ich weiß nicht, warum. Ich an ihrer Stelle hätte es getan. Es ist eine Tatsache, dass Irak immer wieder Terroristen Unterschlupf gewährt hat, so auch dem palästinensischen Terroristen Abu Abbas, dem Drahtzieher der Entführung des Passagierschiffs *Achille Lauro*.

Schneider: Aber das alles liegt doch über ein Jahrzehnt zurück. Und die Genannten waren nicht islamistische Terroristen.

Hitchens: Die Amerikaner haben den Eindruck einer Verbindung zwischen Saddam Hussein und dem Terrorismus gewonnen, weil es diese Verbindung gab, weil der Irak immer wieder ein Zufluchtsort für Terroristen gewesen ist und weil das Regime von Irak weltweit das einzige war, das dem Attentat vom 11. September Beifall gespendet hat. Keine andere Regierung hat das getan.

Schneider: Im *New York Times Magazine* vom 29. Oktober 2006 lese ich, dass Saddam Hussein in Angst, ja in Panik war vor dem Islamismus, sogar ein Angebot von Ali Khan, dem Vater der pakistanischen Atombombe, ihn mit Atomwaffen zu versorgen, ausschlug ...

Hitchens: Vielleicht schlug Saddam Hussein das Angebot aus, weil er es für eine Falle hielt. Saddam Hussein war paranoid, er traute seinen eigenen Leuten nicht.

Schneider: Sogar die ISG (Iraq Survey Group – eine aus Pentagon- und CIA-Gutachtern zusammengesetzte Regierungskommission, *Anm. d. Red.*) erklärt in ihrem jüngsten Bericht, dass Saddam Husseins Programm für Massenvernichtungswaffen bereits 1991 beendet war und dass es keinerlei Hinweis auf eine Verbindung von Saddam Hussein mit dem Terroranschlag auf das World Trade Center gibt.

Hitchens: Ich glaube nichts davon ...

Schneider: Da bist du aber der Einzige ...

Hitchens: Bin ich nicht, aber es würde mich nicht stören, wenn ich der Einzige wäre. Ich habe bessere Informationen.

Schneider: Du meinst Saddam Husseins angebliche Versuche, sich Tonnen von atomwaffentauglichem Uran, dem sogenannten *yellow cake,* in Niger zu beschaffen? Ich kenne einige deiner Artikel dazu und auch den, in dem du dich gegen die Einwände eines Kollegen vom *Times Magazine* verteidigst. Ich muss dir sagen, ich finde deine Verteidigung nicht überzeugend. Deine Beweisführung ist spekulativ: ›Zwei hochverdächtige Leute sind zum gleichen Zeitpunkt in Niger gewesen und können nicht zufällig gleichzeitig dort gewesen sein …‹

Hitchens: Die Regierung hatte im Fall Saddam Hussein recht, jeweils von der schlimmsten Annahme auszugehen.

Schneider: Aber wenn diese Annahme begründet war, warum hält die Regierung nicht daran fest?

Hitchens: Ich kann dir nicht erklären, warum die Regierung ihr Argument in der Niger-Frage aufgegeben hat. Sie hat überhaupt den ganzen Fall des Irakkriegs sehr schlecht gemanagt. Wahrscheinlich ist es für sie bequemer, die ganze Sache zu vergessen, als darauf zu bestehen.

Schneider: Ich hatte vor einem Jahr die Gelegenheit, mit Hans Blix zu sprechen. Und er sagte: Die einfache Wahrheit ist: Die Inspektionen haben funktioniert. Saddam Hussein ist entwaffnet worden.

Hitchens: Das hat er auch im Fall von Nordkorea gesagt – und hatte unrecht. Außerdem war es nicht Blix, der Saddam Hussein entwaffnet hat, sondern sein Vorgänger Rolf Ekéus.

Schneider: Ich weiß, dass er der Zeuge ist, auf den du dich immer berufst …

Hitchens: Weil er tatsächlich der beste und informierteste ist. Was die Verbindungen zwischen dem Baath-Apparat und bin Laden betrifft – da habe ich meine eigenen Quellen, und ich traue ihnen.

Schneider: Sprechen wir von der gegenwärtigen

Lage. Wahrscheinlich bist du anderer Meinung als ich: Aber sind wir jetzt nicht in einer viel gefährlicheren Situation als vor dem Krieg? Mit einem erstarkten Iran, dessen nukleare Pläne und Kapazitäten man sich leider nicht einzubilden braucht, und einem Irak, der durch den Krieg in der Tat zu einem Sammelbecken für den internationalen Terrorismus geworden ist? Warum kannst du nicht einfach sagen: Ich habe mich geirrt?

Hitchens: Weil ich mich nicht geirrt habe. Einmal angenommen, wir hätten im Irak alles gefunden, was wir dort vermutet haben. Also Irak wäre voll mit Massenvernichtungswaffen und mit al-Qaida-Trainingslagern. Dann hätte es immer noch – und dann erst recht – einen islamistischen Gegenschlag gegen die Besetzung gegeben, es hätte den grenzüberschreitenden Verkehr der islamistischen Terroristen gegeben, und es hätte die Folterungen in Abu Ghraib gegeben. Mit anderen Worten, wir hätten dieselben Probleme wie heute. Zweitens glaube ich generell nicht – dies ist mein Streit mit der Linken –, dass der islamistische Terrorismus und seine Aktionen davon abhängen, was wir tun und wo wir gerade sind.

Schneider: Aber es gibt doch gar keinen Zweifel daran, dass der Irakkrieg ein gewaltiges Reservoir von neuen Rekruten für den islamistischen Terrorismus geschaffen hat. Lawrence Wright schreibt in seinem neuen Buch *The Looming Tower,* dass nicht nur viele Muslime, sondern auch viele Islamisten nach dem

Anschlag auf das World Trade Center den USA das Recht auf einen Gegenschlag zuerkannten …

Hitchens: Daran glaube ich nicht …

Schneider: … er hat Hunderte von Interviews mit arabischen Gesprächspartnern geführt. Er behauptet weiter, dass der Krieg in Afghanistan anfangs sehr erfolgreich war und etwa 80 Prozent der al-Qaida-Kämpfer vernichtet hat – die Organisation habe physisch und moralisch vor dem Aus gestanden. Erst der Irakkrieg, so Lawrence Wright, habe diese Situation zugunsten einer fast schon geschlagenen al-Qaida verändert und ihr neue Kräfte zugeführt.

Hitchens: Ich glaube nicht, dass irgendwelche Meinungsumfragen in der muslimischen Welt – oder auch hier bei uns – uns irgendwohin führen. Nach dem 11. September schien es ja so, als wäre die Welt voller Sympathie für die USA. Aber diese Sympathie hielt nicht lange vor …

Schneider: Glaubst du nicht, dass die amerikanische Regierung den Terroristen zu viel Ehre erwiesen hat, indem sie ihnen den Krieg erklärt hat? Dass sie mit dieser Überreaktion eine kleine Gruppe von Fanatikern innerhalb der muslimischen Welt aufgewertet und ihr erlaubt hat, sich als wichtigster Feind, als Kriegsgegner der größten Supermacht der Erde, zu fühlen?

Hitchens: Das sehe ich ganz anders. Wir haben es zu lange mit einer Politik der Unterreaktion versucht. Unterreaktion, das war lange Zeit die gängige Praxis. Als Salman Rushdie wegen eines Romans zum Tode verurteilt wurde, sagte Vater Bush, dies sei für die USA nicht von Belang. Vom ersten Attentat auf das World Trade Center bis hin zur Sprengung amerikanischer Botschaften in Afrika mit Hunderten von Toten – niemand kann behaupten, dass die Politik der Unterreaktion nicht ausprobiert worden ist. Sie hat nichts bewirkt.

Schneider: Aber hat die Politik der Überreaktion funktioniert?

Hitchens: Wenn ich einmal alle Fehler und auch Verbrechen der Bush-Politik beiseitelasse: Ich glaube, keine Politik, keine Strategie hätte uns erspart, was wir jetzt vor uns haben – die mörderische Skrupellosigkeit der sogenannten Aufständischen; die Gefahr der Zerstörung der irakischen Gesellschaft, die sie durch die systematische Auslösung von Sektenkriegen betreiben. Ein traumatisierter Irak, eine Gesellschaft, die die Idee eines solidarischen Zusammenhalts nicht kannte, stand uns auf jeden Fall bevor, ob wir nun intervenieren würden oder nicht. Meine Meinung war immer, dass Amerika im Irak, und dies lange vor 2001, seine Verantwortung wahrzunehmen hatte. Wir hatten und haben eine Verantwortung für die Wiederherstellung der irakischen Wirtschaft und Gesellschaft. Wegen des ersten Irakkrieges und der amerikanischen Politik, die dazu führte.

Schneider: Hast du nicht manchmal das Gefühl, dass dich deine Position in die Nähe von Leuten bringt, die du nicht ausstehen kannst?

Hitchens: Du hast völlig recht. Aber das ist für mich nichts Neues.

(Erschienen in DIE ZEIT, 12.7.2007, Nr. 29)

Das Interview mit Christopher Hitchens stellt einen absonderlichen Fall von Unbeirrbarkeit, um nicht zu sagen: von Unbelehrbarkeit, dar. Denn zu dem Zeitpunkt, da wir das Gespräch führten, waren nicht nur die UN-Kontrolleure, sondern war auch die vom Oberbefehlshaber G. W. Bush geschickte Untersuchungsgruppe zu dem Schluss gelangt, dass Saddam Hussein keine Massenvernichtungswaffen in seinem Land versteckte. Die übliche Reaktion von Prominenten auf eine derart eindeutige Widerlegung ist, dass sie ihre frühere Überzeugung leugnen oder neu interpretieren, was sie im oben genannten Fall denn auch in aller Eile taten – siehe Josef Joffes Interview mit früheren Kriegsbefürwortern, in: DIE ZEIT, 23.10.2008. (Schade an Joffes Artikel ist nur, dass er nicht auch sich selbst befragt hat.) Damit verglichen bleibt Hitchens Unerschütterlichkeit ein einsames Exempel. Wie kann einer der berühmtesten Journalisten der angelsächsischen Welt sich darauf berufen, er habe bessere Informationen als der Rest der Welt? Und sie dann nicht nennen? Die Antwort ist vielleicht, dass Hitchens sich seiner Mitverantwortung für den Krieg durchaus bewusst war und sich lieber in einer unhaltbaren Position verkeilte, als sich davonzuschleichen.

Im Dezember 2011 ist Christopher Hitchens an

Speiseröhrenkrebs gestorben. Ich habe während seines langen Kampfes mit seiner Krankheit viele Mails mit ihm gewechselt; der Irakkrieg ist darin kein Thema mehr gewesen. Aber Hitchens wäre nicht Hitchens, hätte er Donald Rumsfeld und Dick Cheyney nicht doch noch eine kräftige Ohrfeige versetzt. Er beschloss, am eigenen Leibe die berüchtigte Verhörmethode namens »Waterboarding«, die Cheyney und Rumsfeld legalisiert hatten, zu testen. Tatsächlich hat er sich dieser Verhörmethode unterzogen, um sie beschreiben zu können. Allerdings hatte er dabei, so schreibt er, das einzigartige Privileg, »diese Prozedur auch abbrechen zu können«. Er tat es – im Unterschied zu manchen Folteropfern von al-Qaida, die erst nach Minuten aufgaben – nach wenigen Sekunden. Christopher Hitchens beendet seine meisterhafte Reportage, nachdem er den Anlass fast vergessen zu haben scheint, mit dem Satz: »Und übrigens: Glauben Sie mir: Es ist Folter!«

Die deutschen Tugenden

(Januar 2012)

Vor einigen Monaten wurde ich von einer italienischen Zeitung angerufen. Man bat mich um einen Kommentar zum Ergebnis einer weltweiten BBC-Umfrage. Danach war Deutschland von rund 30 000 Umfrageteilnehmern aus 28 Ländern – zum dritten Mal nacheinander! – zum beliebtesten Land der Welt erklärt worden. Ich erwiderte, dass ich zum ersten Mal von diesem Befund hörte und die Tatsache, dass offenbar kaum eine deutsche Zeitung davon Notiz genommen hatte, als ebenso erfreulich empfinden würde wie die Nachricht selber.

Bevor das Bild vom freundlichen und beliebten Deutschen im Getöse um den Euro untergeht, möchte ich einen Nachruf auf diese Spezies riskieren. Die BBC-Umfrage galt dem Einfluss verschiedener Nationen in der Welt, ihren sozialen Errungenschaften, ihrem Lebensstil und ihren Produkten. Gerade in den drei vergangenen Krisenjahren hat sich gezeigt, dass deutsche Maschinen, Werkzeuge, Autos – ganz im Gegensatz zu vielen Ramsch-Produkten der deutschen Finanzwirtschaft – wertbeständig und in der ganzen Welt begehrt sind. Sie sind nicht billig, aber sie halten, was sie versprechen. 1500 deutsche mittelständische Betriebe haben sich den Ruf erworben, die jeweils Besten ihrer Branche in der Welt zu sein. Nur eingefleischte Preußenverächter werden bestreiten, dass dieser Erfolg sich einigen jener Tugenden verdankt, die als »deutsche« bzw. »preußische Tugenden« gefeiert und geschmäht werden: Disziplin, Genauigkeit, Pflichtbewusstsein, Unbestechlichkeit.

Wer wie ich immer wieder in Südeuropa lebt, kann bezeugen, welche Verheerungen das Fehlen gerade der letztgenannten Tugend bewirken kann.

Zu Recht hat Oskar Lafontaine in einer berühmten Replik auf Helmut Schmidt bemerkt, mit solchen »Sekundärtugenden« könne man auch ein KZ betreiben. Mit dergleichen Verve hatte die 68er-Bewegung den Kampf gegen die »deutschen Tugenden« aufgenommen. Dennoch war und wäre es engstirnig, in der rauschhaften Verlängerung dieser Kritik die unstreitigen Leistungen zu leugnen, die die Deutschen einigen dieser Tugenden verdanken.

Sollte Angela Merkel allerdings vorhaben, die Europäer auf die deutschen Tugenden einzuschwören, wird sie scheitern. Es liegt ja auf der Hand, dass im traditionellen deutschen Wertekanon ein paar wichtige Posten fehlen: z. B. Großzügigkeit, Freiheitsliebe, Humor und der Glaube an das europäische Projekt.

(Erschienen im Tagesspiegel am 30.1.2012)

Die SPD und die Menschenrechte

(Juni 2013)

Nach dem Urteil der Historiker erschöpfte sich der Aufstand vom 17. Juni 1953 keineswegs in einem Massenprotest gegen Normerhöhungen und Lebensmittelpreise. Es war eine Freiheitsbewegung, die eine Vorläuferrolle für ähnliche Unruhen im Inneren des kommunistischen Blocks spielte. 1956 folgten Aufstände in Ungarn und Polen, 1968 der »Prager Frühling«, ab Sommer 1980 die Solidarność-Bewegung in Polen. Obwohl diese Aufstände – mit Ausnahme der Solidarność-Bewegung – mithilfe von sowjetischen Panzern niedergewalzt wurden, gelang es den kommunistischen Führern in den Satellitenstaaten nie, das Verlangen ihrer Bürger nach Freiheit nachhaltig zu unterdrücken. Das Versprechen Michail Gorbatschows im Revolutionsjahr 1989, er werde keine Panzer zur Unterdrückung der Demonstrationen einsetzen, führte zum Fall der Mauer und zum Ende der kommunistischen Herrschaft in Mittel- und Osteuropa.

In diesen Tagen beobachten wir fasziniert die Demonstrationen in Istanbul und Ankara. Es handelt sich um eine Protestbewegung in einem ganz anderen – in einem islamisch geprägten Kulturkreis. Aber auch hier ist der unmittelbare Anlass – der Streit um eine Grünanlage am Taksim-Platz – nur der Auslöser für Forderungen nach mehr Demokratie und Freiheit.

»Bei den Menschenrechten«, hat der ehemalige Bundeskanzler Helmut Schmidt kürzlich gesagt, handele es sich um »eine westliche Erfindung«; weder im Alten noch im Neuen Testament sei von ihnen die Rede; man solle die chinesische Regierung – in seinen Augen »die beste Regierung der Welt« – damit in Ruhe lassen. Aber sollen das Folterverbot, die Gleichberechtigung der Frau und die Meinungsfreiheit für Bürger in anderen Kulturkreisen nicht gelten, weil es sich um »westliche Erfindungen« handelt?

Ich erlaube mir zu spekulieren, dass jedes Folteropfer auf der Erde ziemlich genau dieselben Schmerzen empfindet, gleichgültig ob es sie in der Türkei, in China oder in den USA erleidet. Auch die Glühbirne, das Internet und das Handy sind übrigens im Westen erfunden und von der ganzen Welt adaptiert worden. Es schmerzt einen unverbesserlichen SPD-Wähler wie mich, dass keiner ihrer Führer diesem Ausspruch des auch von mir verehrten Altkanzlers ausdrücklich widersprochen hat – auch nicht sein Schachpartner Peer Steinbrück. Zumal sich hier eine gewisse Traditionslinie erkennen lässt. Ich denke etwa an das absurde, rituell abgespulte Gospel des ehemaligen Bundeskanzlers Gerhard Schröder vom »lupenreinen Demokraten Putin«. Ich erinnere mich aber auch an die bösen Worte von SPD- und Gewerkschaftsführern an die Adresse der Solidarność-Bewegung: Von einer »katholischreaktionären« Bewegung war damals die Rede; »wir bedauern, dass dies notwendig wurde«, sagte Bundeskanzler Helmut Schmidt zum Putsch des Generals Jaruzelski im Dezember 1981.

Fast alle Dissidenten aus der DDR, die ich damals kennenlernte, haben sich von der SPD als »Entspannungsgegner« ausgegrenzt gefühlt. Inzwischen bestreitet niemand mehr, dass der beharrliche »unvernünftige« Protest der Polen beim Sturz des Kommunismus in Europa eine entscheidende Rolle spielte. Am Ende ist die Diktatur nicht durch die verdienstvolle Politik der kleinen Schritte, sondern durch eine Revolution hinweggefegt worden.

Einen solchen Irrtum muss eine Partei sich eingestehen können. Natürlich erwartet niemand, dass Politiker bei ihren Geschäften mit autoritären Regimen die Menschenrechtsagenda vor sich hertragen. Aber sie sollten sie auch nicht als störendes Beiwerk betrachten.

Es hat sich erwiesen, dass die von der französischen und der amerikanischen Revolution erkämpften Menschenrechte inzwischen auch in nicht westlichen Gesellschaften wie in der Türkei, in Russland und China begehrt werden. Zugegeben, es sind Minderheiten, die vielleicht gefährliche reaktionäre Kräfte auf den Plan rufen könnten und, wenn überhaupt, erst in Jahrzehnten mehrheitsfähig werden. Aber auch am 17. Juni 1953 war es eine Minderheit, die rebellierte.

(Erschienen am 19.6.2013 im Tagesspiegel
unter dem Titel »Kein störendes Beiwerk«)

Helmut Schmidts Äußerungen über China und die Menschenrechte sind etwas länger und seltsamer, als in diesem Artikel wiedergegeben. Die »Menschenrechte in China« seien nicht »sein Bier«, sagte er. Außerdem eine westliche Erfindung – die Azteken, die Olmeken und die Tolteken hätten die Menschenrechte nicht gekannt, und auch in der Bibel kämen sie nicht vor.

Es sagt etwas über die Deutschen und ihr Verhältnis zur Freiheit, dass sie dem Ordnungspolitiker Helmut Schmidt unter allen deutschen Kanzlern den Vorzug geben.

Unser Mann bei Rosneft

(September 2017)

Wieder einmal wird in Deutschland darüber gestritten, ob Politiker jenseits der Logik der Macht einer übergeordneten Richtschnur folgen sollten. Je nach Beruf und Bildungsgrad der Diskutanten wird dieser Leitfaden mit den Namen »Moral«, »Anstand« oder nach Kant als »der bestirnte Himmel über mir und das moralische Gesetz in mir« benannt.

Die Entscheidung von Gerhard Schröder, einen Führungsposten im russischen Gaskonzern Rosneft anzunehmen, hat eine neue Runde dieser Debatte in Gang gesetzt. Natürlich ist die Frage nach dem moralischen Gesetz in Schröders Brust durch die Tatsache eingeschränkt, dass wir es in seinem Fall nicht mit einem amtierenden, sondern mit einem Bundeskanzler a. D. zu tun haben. Gleichwohl greift Schröders Rechtfertigung, es handele sich um eine Entscheidung über sein Leben, die er »nicht den Medien überlassen« wolle, zu kurz. Nach wie vor ist er ein besonders prominenter und gut vernetzter Repräsentant der Bundesrepublik; und er ist in dieser Qualität von Putin in den Aufsichtsrat des vielleicht mächtigsten russischen Staatskonzerns berufen worden.

Dass er sich selber als eine Art Mittler versteht, der

an einer wichtigen Schaltstelle der deutsch-russischen Beziehungen im Einsatz ist, hat er nicht abgestritten. Diese Rolle, die er bereits mit der Annahme eines Chefpostens bei Gazprom übernahm, hat dazu geführt, dass er seither nicht ein einziges kritisches Wort über seinen Arbeitgeber Putin geäußert hat. Zwar hat ihm der Journalist Reinhold Beckmann die Formulierung vom »lupenreinen Demokraten Putin« als Frage in den Mund gelegt, aber Schröder hat sie ohne Wenn und Aber beantwortet: »Ja, ich bin überzeugt, dass er das ist.« Er sei sicher, dass Putin Russland »zu einer ordentlichen Demokratie machen will und machen wird«.

Eben weil Gerhard Schröder selber den Job bei Rosneft als eine Art Mittleramt versteht, macht er sich zum Anwendungsfall der Eingangsfrage: Gibt es moralische Grenzen, denen ein ehemaliger Bundeskanzler unterworfen ist, wenn er sich in den Dienst eines allmächtigen Autokraten stellt?

Ich möchte diese Frage durch eine Rekapitulation der Gespräche klären, die ich mit Gerhard Schröder in den Jahren seiner Kanzlerschaft hatte. Ein paar Monate vor seinem Wahlsieg im September 1998 lernten wir uns kennen. Ich kam nach einem längeren Aufenthalt gerade aus den USA zurück und gab meiner Verwunderung über das missmutige und bewegungsunfähige Heimatland in einem SPIEGEL-Artikel Ausdruck (siehe »Das mutlose Land«).

Eine entscheidende Rolle bei unseren Begegnungen spielte der Journalist und Redenschreiber Reinhard

Hesse – einer der kreativsten Köpfe in Schröders erster Mannschaft, der mit 48 Jahren ganz plötzlich an einem Hirntumor verstarb. Dank dieser Treffen entstand eine Art freundschaftliches Verhältnis zu Gerhard Schröder, den ich als einen neugierigen und zuhörbereiten Politiker schätzen lernte – Arroganz schien ihm gänzlich fremd zu sein. Wir trafen uns zweimal zum Tennis – für mich eine eher ungute Erinnerung, weil Schröder, der nach meiner Einschätzung der weitaus schlechtere Spieler war, gegen mich gewann – vor allem deswegen, so meinte ich, weil er mich mit seinen gehässigen Bemerkungen über meinen Ballwurf beim Aufschlag aus dem Konzept brachte und einen selbstmörderischen Siegeswillen an den Tag legte.

Ein paarmal lud er mich in sein privates Büro im Kanzleramt ein. Es war ein winziges Zimmer in Axel Schultes raumverschwenderischem Pharaonenbau, in dem der Hausherr nur schlafen konnte, wenn er ein an die Wand geklapptes Bett herabließ. Dort leerten wir die eine und auch die andere Flasche Rotwein – im Zweifelsfall Geschenke des französischen Präsidenten Jacques Chirac – und sahen zu, wie die Lichter in Berlin ausgingen. Wenn ich am nächsten Morgen mit einem Brummschädel aufwachte, fragte ich mich, wie Schröder es schaffte, um sechs oder sieben Uhr ein Flugzeug zu besteigen, einen Pressetermin wahrzunehmen oder einfach nur das Land zu regieren. Er schaffte es.

Über die Einladung zu seinem 60. Geburtstag hatte ich mich gefreut. Als ich dann erfuhr, dass die Party mit über 400 Gästen in einem Theater in Hannover stattfinden und Putin mit dem Kosaken-Chor anreisen würde, sagte ich meine Teilnahme unter einem Vorwand ab. Schröders Freundschaft mit dem russischen Potentaten hatte mir von Anfang an missfallen.

Nach meiner Erinnerung sprachen wir zum ersten Mal über Putin, als Schröder von der Moskauer Siegesfeier zum 60. Jahrestag des 9. Mai 1945 zurückkehrte. Die Tatsache, dass ein russischer Präsident einen deutschen Kanzler zum ersten Mal zur Teilnahme an dieser Siegesfeier eingeladen hatte, hatte Schröder tief beeindruckt. Diese Einladung erschien ihm als ein überwältigendes Zeichen der Versöhnung, das er und die Bundesrepublik auch seiner Freundschaft mit Putin zu verdanken hatten. Ich sah keinen Grund, ihm zu widersprechen.

Als er sich kurz nach seinem Rücktritt als Bundeskanzler im Jahre 2005 beim Gazprom-Konzern verpflichten ließ, erkundigte ich mich nach seinen Gründen. Putin habe ihm keine Wahl gelassen, erklärte Schröder, entweder jetzt oder nie, habe das Angebot gelautet. – Und warum nicht einfach sagen: nie? – Schröder ließ keinen Zweifel daran, dass ihm gerade dieser Job wichtig sei, keineswegs nur aus Gründen seines persönlichen Wohlergehens – zu denen er sich übrigens, was ich sympathisch fand, immer bekannte.

In diesem Gespräch und früheren Unterredungen entwickelte er eine Argumentation, die etwa so verlief: Die Europäer und gerade auch wir Deutschen neigten dazu zu vergessen, wie lange die Demokratie auf dem europäischen Kontinent gebraucht habe, sich zu einem funktionierenden Regierungssystem zu entwickeln. Nach ihren ideellen Anfängen in der amerikanischen und der französischen Revolution habe es Jahrzehnte, im deutschen Fall sogar 150 Jahre gedauert, bis sich die Demokratie durchgesetzt habe. Die Zeit zwischen den Anfängen und der gesellschaftlichen Anerkennung dieser Regierungsform sei von Restaurationen, Rückfällen in die Monarchie, Kompromissen zwischen parlamentarischen und monarchischen Regierungsformen geprägt gewesen – von Ausbrüchen nationalistischer und rassistischer Exzesse ganz zu schweigen. Warum verlangten wir von Staaten, die gerade erste Schritte in Richtung Demokratie wagten, eine Entwicklung, für die wir selber mehr als ein Jahrhundert benötigt hatten, in fünf oder zehn Jahren zu vollziehen? Gerade einem deutschen Politiker stehe es gut an, Geduld und Zurückhaltung im Umgang mit Putins Russland zu üben, zumal den wenigsten Leuten klar sei, welche Kräfte rechts von Putin auf ihre Stunde warteten.

Nur ein moralischer Purist wird leugnen, dass Schröders Argument Gewicht hat. Es ruft den klassischen Konflikt zwischen Gesinnungs- und Verantwortungsethik auf, den Alfred Weber allen Politikern ins Gewissen geschrieben hat. Und dass der Pragmatiker Schröder eher einem moralischen Relativismus zuneigte, wird niemanden wundern, der ihn kennt. Aber wo genau hat dieser Relativismus seine Grenzen?

Einmal angenommen, Putin sei der Mann, der Russland über tausend Hindernisse zur Demokratie führen will, für den ihn Schröder offensichtlich hält: Muss er aus Respekt vor diesem höheren Ziel zum Beispiel auch die Serie von Morden an politischen Gegnern Putins beschweigen – die Morde an Anna Politkowskaja, Boris Nemzow, Stanislaw Markelow, Natalja Estemirowa, um nur einige zu nennen? Wird er sich seinem guten Gewissen zuliebe mit den Urteilen gegen ein paar jugendliche Tschetschenen zufriedengeben, die für die Ermordung Nemzows verantwortlich sein sollen? Er muss ja nicht sagen, was der amerikanische Senator McCain sagt: »He's a killer.« Aber kann er diesen Gedanken gänzlich unterdrücken?

Vielleicht. Dies alles, könnte Schröder entgegnen, sehe ich, aber es geht mich nichts an, es ist Putins Sache. Als höherer Angestellter kann ich allenfalls im internen Gespräch mit meinem Arbeitgeber deutsche oder gar übergeordnete Interessen geltend machen, keinesfalls öffentlich. Ich kann und werde mich nicht in die inneren Angelegenheiten Russlands einmischen.

So weit, so schlecht. Aber auch, wenn man sich mit dieser fiktiven Antwort zufriedengibt, wird klar: Schröder kann Putin nur als Mittler dienen, wenn die Voraussetzung seines Engagements zutrifft: dass Putin »sein Land zu einer ordentlichen Demokratie machen will und machen wird«.

Dafür spricht so gut wie nichts. Im Inneren hat Putin die Anfänge von Meinungsfreiheit und Gewaltenteilung bis auf wenige Reste aufgelöst, die NGOs unterdrückt, der Entrechtung und Enteignung der Landbevölkerung durch vom Staat gestützte Immobiliengesellschaften zugesehen, die Kriminalisierung der Homosexualität verschärft. Statt die staatlichen Archive über den Gulag offen zu halten, hat er die Rehabilitierung Stalins in Russland befördert; kein einziger Täter des Gulag ist je vor Gericht gestellt worden.

Und wie steht es mit Putins Verhältnis zu den Ländern, die sich nach dem Fall der Mauer von der sowjetischen Vormacht befreien konnten und sich der EU anschlossen? Bekanntlich hat Putin die Auflösung der Sowjetunion als »die größte geopolitische Katastrophe des 20. Jahrhunderts« bezeichnet. Das Selbstbestimmungsrecht von Völkern, die das geografische Pech hatten, in der Nähe Russlands zu leben, hat er nie anerkannt. In Syrien hat er die Planlosigkeit und die Fehlentscheidungen des Westens ausgenutzt und den bereits auf ein Viertel seines Territoriums zurückgedrängten regierenden Massenmörder und Folterer Baschar al-Assad wieder an die Macht gebracht. Mit seiner finanziellen und politischen Unterstützung rechtsextremer Parteien in Europa hat er deutlich gemacht, dass er die Werte der westlichen Demokratien für einen Irrweg der Geschichte hält. Er hat keinen Zweifel daran gelassen, dass er das autokratische Modell, das er in Russland durchgesetzt hat, für überlegen hält.

Es ist wahr, dass der Westen auch mit ausgemachten Autokraten und sogar mit Diktatoren Beziehungen unterhalten muss. Aber zur Aufrechterhaltung und Vertiefung solcher Beziehungen ist ein tüchtiger Diplomat, der von seinem Land bezahlt wird, entschieden besser geeignet als ein ehemaliger Bundeskanzler, der in Putins Diensten steht. Besonders dann, wenn dieser Bundeskanzler auch noch ein enger Freund seines Arbeitgebers ist.

Gerhard Schröder ist und bleibt ein großer Staatsmann. Mit seiner Agenda 2010 und seiner Weigerung, sich an G. W. Bushs Krieg gegen den Irak zu beteiligen, hat er sich riesige Verdienste um die Bundesrepublik erworben. Die Summen, die er als Aufsichtsratschef von Rosneft erwerben wird, sind Verdienste, die nur auf seinem Konto Spuren hinterlassen werden.

(Erschienen am 18.9.2017 in der FAZ)

Schröders enge Bindung an Putin war für mich von Anfang an der Störfaktor in unserer Freundschaft gewesen. Vor seinem Rücktritt hatte ich noch mit Bewunderung verfolgt, wie er seinen letzten, den vorgezogenen Wahlkampf im Jahre 2005 führte und den 10-Punkte-Vorsprung Angela Merkels in einer atemberaubenden Aufholjagd – mit teilweise demagogischen Versprechen – auf einen halben Punkt reduzierte. Nach dem verlorenen Wahlkampf verlor dann unsere Freundschaft rasch an Schwung. Gelegentlich haben wir uns nach seinem Rücktritt noch getroffen, aber nur noch zufällig. Wenn es passierte, fragte er mich gut gelaunt wie immer, wie es mir gehe, und ich erwiderte seine Frage mit der Frage, wie es seinem Freund Putin gehe. Pass auf, sagte er dann, immer noch freundlich: Entweder reden wir jetzt über Putin und sitzen nach zwei Sätzen an getrennten Tischen. Oder wir sparen das Thema aus und machen uns einen schönen Abend.

Einmal bin ich auf diesen Vorschlag eingegangen und habe mit Schröder und einigen Bekannten einen sehr angenehmen und unterhaltsamen Abend verbracht. Eigentlich wie früher – nur unter strikter Aussparung dieses einen Themas. Danach kam es zwischen uns bei unseren zufälligen Begegnungen nur noch zu einem mehr oder weniger herzlichen Kopfnicken – von Weitem. Trotz seiner ebenso unbegreiflichen wie unverzeihlichen Nähe zu Putin rechne ich dem Bundeskanzler a. D. Gerhard Schröder hoch an: Er ist in meiner Lebenszeit der einzige Politiker gewesen, der ein überfälliges Reformvorhaben für Deutschland in Angriff genommen hat. Er wusste, dass ihn die Durchsetzung dieses Vorhabens seinen Job kosten konnte oder kosten würde. Er hat es durchgezogen, hat Deutschland wieder zu einem der effizientesten Industrieländer der Welt gemacht – und seinen Job verloren. Seither kämpft seine SPD darum, sich von ihrer größten Leistung seit Willy Brandts Entspannungspolitik – von der in der Tat fehlerhaften und ergänzungsbedürftigen Schröder'schen Reform – zu lösen und alle Spuren zu ihrem Urheber zu verwischen. Ich fürchte, sie hat es inzwischen fast geschafft und steht dicht vor der Selbstauflösung.

Die Lehren der Geschichte

Über den Missbrauch von Schuld

(Oktober 2010)

Wer im Ausland an einem Gespräch über Deutschland teilnimmt, bekommt seit einigen Jahren bereits im zweiten oder dritten Satz ein Lob zu hören: Kein anderes Volk habe sich so ehrlich und so rücksichtslos den Verbrechen der Vergangenheit gestellt wie das deutsche.

Der deutsche Gesprächspartner errötet tunlichst angesichts solcher Komplimente, schüttelt vielleicht auch beschämt den Kopf, aber kann den Befund nicht ernsthaft in Abrede stellen. Wenn man andere Kandidaten für die Entwicklung eines fälligen kollektiven Scham- und Schuldgefühls zum Vergleich heranzieht, etwa Österreich, das sich jahrzehntelang als Opfer des bejubelten Einmarsches der Nazis ausgab, oder Frankreich, das das Kunststück fertig brachte, sich als Nation des Widerstandes auszugeben, an dem – so schätzen amerikanische Historiker – gerade mal zwei Prozent der Bevölkerung teilnahmen, oder Italien, in dem Silvio Berlusconi immer noch das Erbe Benito Mussolinis verteidigt, oder Russland, das kaum einen Schergen des millionenfachen Gulag-Mordes vor Gericht gestellt hat, schneiden die Deutschen als Klassenbeste ab.

Ich mache in der Regel nur den Einwand geltend, dass die Deutschen – im Unterschied zu den oben genannten Nationen – angesichts der Einzigartigkeit ihrer Verbrechen und einer bedingungslosen Kapitulation nicht die geringste Chance hatten, ihre Schuld auf Dauer zu verleugnen oder sich gar als Opfer darzustellen. Tatsache ist, dass die überwältigende Mehrheit der Deutschen, wenn auch mit 20- bis 30-jähriger Verspätung, inzwischen die deutsche Schuld eingestanden oder sie, wie das psychologische Fachwort heißt, »verinnerlicht« hat. (Und dies so gründlich, dass viele Deutsche selbst dem kürzlich wieder ausgestrahlten englischen Machwerk »Das dreckige Dutzend« von 1966, in dem ein Spezialkommando Hunderte von Nazi-Offizieren mitsamt deren Frauen und Kindern abmetzelt, Beifall zollen.)

Keine andere Formel genoss in der Geschichte der beiden deutschen Nachkriegsstaaten so viel Autorität und erzeugte so viel Resonanz wie der beschwörende Hinweis auf die »Lehren der Geschichte«. Kein anderer Satz ist aber auch so oft missbraucht worden. Denn was sind eigentlich die Lehren der Geschichte? Und wer bestimmt, welche Lehren die richtigen sind und wie diese Lehren anzuwenden sind? Bekanntlich hat sich auch die RAF auf die Lehren der Geschichte berufen.

Unter den zahlreichen »Nie wieder«-Schwüren der Nachkriegszeit stand die Lehre »Nie wieder Krieg, nie wieder Faschismus!« ganz weit oben.

Die untergegangene DDR stellt vielleicht den eklatantesten Fall einer falschen Anwendung dieser Lehre dar. Ihre Gründerväter beriefen sich auf eine Lesart der Geschichte, der zufolge der Nazi-Faschismus das zwangsläufige Produkt von Kapitalismus und Imperialismus war. (»Kapitalismus führt zum Faschismus, Kapitalismus muss weg!« So lautete übrigens auch der Refrain der 68er.) In dieser Gewissheit ließen sich Walter Ulbricht und seine Leute nicht beirren durch den Einwand, dass andere kapitalistische Staaten wie etwa England, Dänemark, die USA keineswegs faschistisch geworden waren, sondern vielmehr alle Kräfte einsetzten, um den Faschismus zu bekämpfen. Millionen Deutsche, die nicht das Glück eines Wohnorts westlich der Elbe hatten, wurden in dem Glauben erzogen, dass die Errichtung eines sozialistischen Arbeiter-und-Bauern-Staates auf deutschem Boden die einzig mögliche und konsequente, die »wahre« Antwort auf den Faschismus sei. Die Bindekraft dieses Glaubens war beträchtlich: Bis kurz vor dem Ende der DDR waren viele ihrer Bürger überzeugt, dass sie trotz aller wirtschaftlichen Defizite und der Verweigerung ihrer Freiheitsrechte – zumindest im Prinzip – im »besseren Deutschland« lebten.

Inzwischen weiß man, wie diese DDR-Lektion aus der Geschichte ausgegangen ist – was die Partei »Die Linke« nicht daran hindert, den Glauben an das »bessere Deutschland« namens DDR hochzuhalten.

Aber auch im westdeutschen Teilstaat, der auf Demokratie und soziale Marktwirtschaft setzte, entfalteten fragwürdige, eher gefühlte als reflektierte Lehren der Geschichte ihre Wirkung. Ein Beispiel ist der nach wie vor befangene Umgang der Republik mit ihren Zuwanderern. Bekanntlich wurde die Entscheidung, Hunderttausende von billigen Arbeitskräften aus dem europäischen Ausland – erst aus Italien, später aus der Türkei und Jugoslawien – nach Deutschland einzuladen, zunächst aus rein wirtschaftlichen Gründen getroffen. Nicht zufällig nannte man die Millionen, die dem Ruf folgten, »Gastarbeiter« – von Gästen erwartet man, dass sie demnächst wieder gehen. Bereits 1973 kamen deutsche Ökonomen und Politiker – wiederum aus wirtschaftlichen Gründen – zu dem Schluss, einen Anwerbestopp zu verkünden: Weitere Gastarbeiter wurden nicht gebraucht. Der damals regierende Kanzler Willy Brandt entschloss sich zu einer noblen Geste: Diejenigen, die allen Anreizen zur Rückkehr widerstanden und in Deutschland bleiben wollten, sollten ihre nächsten Familienangehörigen nach Deutschland holen dürfen. Viele sehen heute in dieser noblen Geste den Ursprung aller Fehlentwicklungen. Aber sie hätte nicht zur Überlastung der Sozialsysteme und zur Ausbildung von Parallelgesellschaften geführt, wäre sie durch klare Integrationsforderungen – obligatorische Sprachlehrgänge, strikte Durchsetzung der Schulpflicht, Einübung in die einzige verteidigungswerte deutsche »Leitkultur« namens Verfassung – begleitet worden. Die CDU entzog sich dem Problem, indem sie sich 40 Jahre lang blind stellte. Noch im Jahre 2000, als bereits jedes zweite oder dritte Kind in den Volksschulen der großen Städte von Migranten-Eltern stammte, beteuerte Kanzler Helmut Kohl, Deutschland sei kein Einwanderungsland.

Die SPD und die Grünen, die auf eine Anerkennung der Realität drängten, waren durch ihre vermeintlichen »Lehren der Geschichte« behindert. Unter den »Nie wieder«-Formeln stand ihnen die Lehre »Nie wieder Rassismus!« besonders nahe und wurde lautstark eingesetzt, wenn immer ein tapferer Bezirksbürgermeister in Berlin obligatorische Deutschkurse für Migranten verlangte. »Wir können doch unschuldigen Ausländern nicht unsere schreckliche Sprache aufzwingen«, hieß es. Von »Zwangsgermanisierung« und von der deutschen »Mördersprache« war die Rede. Es kam zu einer unheiligen Allianz zwischen linken Schuldgefühlen und dem Abscheu der Konservativen vor den anfallenden Kosten der Integration.

Zu einer Zuspitzung des Wettkampfs um die richtigen Lehren der Geschichte kam es bei der Debatte um die Änderung des Artikels 16 des Grundgesetzes. Er besteht aus den vier Worten: »Politisch Verfolgte genießen Asyl.« Dieser großartige Satz war selbstverständlich eine Reaktion der Väter und Mütter unserer Verfassung auf die Millionen von Verfolgten, die in den Nazi-Jahren gezwungen waren, Deutschland Hals über Kopf zu verlassen und Asyl im Ausland zu suchen. Es war ein Satz, der die fälligen Lehren aus der deutschen Vergangenheit zog. Seine Autoren hatten jedoch mit dieser Garantie nicht gemeint (und konnten nicht vorhersehen), dass Millionen von Armuts- und Wirtschaftsflüchtlingen aus aller Welt unter Berufung auf den Artikel 16 Zuflucht in Deutschland suchen würden, die dann bis zur juristischen Klärung ihres Asylbegehrens jahrelang – auf Kosten der Sozialsysteme – bleiben würden. In den Jahren nach der Wende stieg die Welle der Asylsuchenden beständig an. Zu den Flüchtlingen aus den armen Ländern kamen die »Heimkehrer« deutscher Herkunft aus Russland, Polen, dem Baltikum, die nach dem damals noch geltenden Bürgerschaftsgesetz alle Anspruch auf einen deutschen Pass, eine Wohnung und einen Arbeitsplatz hatten. Anfang der Neunzigerjahre verzeichnete die um die DDR erweiterte, aber immer noch kleine Bundesrepublik Deutschland eine Million und mehr Zuwanderer pro Jahr– mehr als der Flächenstaat USA. Es brauchte eigentlich nichts weiter als ein Minimum von Realitätssinn, um zu erkennen, dass ein Staat, der diesem Zustrom aus Respekt vor den Lehren der Vergangenheit tatenlos zusah, genau die Gefahren heraufbeschwören würde, die er aus ebendiesem Respekt unbedingt vermeiden musste: Ausbrüche von Ausländerhass und rassistischer Gewalt.

Ich weiß immer noch nicht, ob die 1993 beschlossene Änderung des Asyl-Artikels, die ich zusammen mit einer winzigen Minderheit von Intellektuellen befürwortete, der richtige Weg war. Aber die Vorschläge der

Grünen und der SPD-Basis erschöpften sich damals in pauschalen und rituellen Vorwürfen des Rassismus. Auf ihrem Parteitag 1992 sprachen sich die Grünen für »offene Grenzen« und »ein Bleiberecht für alle« aus. Es war nicht das erste und das letzte Mal, dass selbst ernannten Vergangenheitsbewältigern die Ausstellung ihres guten Gewissens wichtiger war als die Lösung gegenwärtiger Probleme.

Ich vermute, dass sich der kuriose Erfolg von Thilo Sarrazins Buch: »Deutschland schafft sich ab« vor allem der reflexartigen Ablehnung durch fast die gesamte politische Klasse und die Talkshow-Prominenz verdankt. Zugegeben: Sarrazin hat es seinen Gegnern durch seine täppischen Spekulationen über ein »jüdisches Intelligenz-Gen« und über die Erblichkeit der Intelligenz leicht gemacht, ihn in die Nähe des Rassismus zu rücken. Aber die hysterische Fixierung der Meinungsführer auf diesen Nebenaspekt seiner Argumentation – den Sarrazin gar nicht benötigt hätte, um seinen Punkt zu machen – hat eine überraschende Solidarisierung mit ihm ausgelöst. Millionen Deutsche, die in den Umfragen beharrlich ihre Sympathie mit Sarrazin bekunden, wollen offenbar nicht einsehen, dass ein Autor, der auf eine offensichtliche Fehlentwicklung aufmerksam macht, wegen seiner Entgleisungen gleich auf die Strafbank des Rassismus und des völkischen Gedankenguts gesetzt wird. Ist es etwa kein Missstand, wenn ein guter Teil der muslimischen Einwanderer vom Tag ihrer Ankunft an in den sozialen Netzen der Bundesrepublik landet, in denen sie oft über Generationen bleiben? Besteht kein Grund zur Sorge, wenn 72 Prozent der türkischstämmigen Migranten, egal welchen Alters, keinen Berufsabschluss haben und nur für Hilfsarbeiterjobs infrage kommen, die immer weniger benötigt werden? Ist nicht tatsächlich die Zukunft in Gefahr, wenn immer mehr junge Muslime in Deutschland – zu denen sich eine wachsende Zahl von jungen Deutschen ohne Berufsabschluss gesellt – nicht mehr am wirtschaftlichen und gesellschaftlichen Leben teilnehmen und sich in aggressiven und demokratiefernen Parallelwelten einmauern? Kein Zweifel, unter denen, die Sarrazin zustimmen, finden sich auch erklärte Rassisten. Aber will man der deutschen Mehrheit, die Sarrazin verteidigt, wirklich einen kollektiven Rückfall in den Rassismus attestieren? Der Wahrheit näher kommt wohl die Vermutung, dass viele Deutsche es schlicht satthaben, sich die Wahrnehmung einer – durch Realitätsverleugnung und unreflektierte Schuldgefühle – fehlgeleiteten Zuwanderungspolitik durch das Warnschild: »Achtung, Rassismus!« verbieten zu lassen. Es trägt übrigens nicht zur Entspannung bei, wenn jetzt auch viele der akademisch gebildeten Muslime und die Sprecher der muslimischen Verbände die Karte mit dem Wort »Rassismus!« ziehen. Es gibt keine Lehre der Geschichte, die es den Deutschen verbieten würde, sich die Zuwanderer, die das Land dringend benötigt, auszusuchen und Anforderungen an die zu stellen, die bereits in

Deutschland leben – vorausgesetzt, das Gastland stellt die Mittel zur Integration bereit und lässt den Willen zu einem gleichberechtigten Miteinander erkennen.

Das schwierigste Kapitel unter den Lehren der Geschichte betrifft den Umgang mit den deutschen Verbrechen an den Juden und das Verhältnis zu Israel. Auf keinem anderen Gebiet war die Forderung an die Deutschen, sich ihrer Vergangenheit zu stellen und Konsequenzen für die Gegenwart und Zukunft zu beschließen, dringlicher und zwingender. Angesichts der Einzigartigkeit der deutschen Schuld schienen die Lehren eindeutig zu sein und auf der Hand zu liegen. Bekanntlich bedurfte es jedoch zahlloser Mahnungen und Proteste Israels und der internationalen Öffentlichkeit, um die Deutschen an die Bringschuld zu erinnern, die aus dem Eingeständnis ihrer Schuld folgt. Nach jahrzehntelangem Streit um die Höhe der Wiedergutmachung und die Rückgabe bzw. Entschädigung jüdischen Eigentums scheint ein Zustand der Einigkeit erreicht. Auch die skandalös verspätete Bereitschaft der deutschen Justiz, Nazi-Verbrecher vor Gericht zu stellen und antisemitische Umtriebe in nuce zu verfolgen und zu bestrafen, hat zu einem Vertrauen zwischen Deutschland und Israel geführt. Es gibt aber auch Konsequenzen, deren Weisheit bestritten wird – und dies von eher unverdächtigen Beobachtern.

Ich erinnere mich, mit welcher Erleichterung ich amerikanischen Kollegen im Woodrow Wilson Center in Washington D.C. von dem Gesetz gegen die

Leugnung des Holocaust erzählte, als ich dort 1996 eine Fellowship wahrnahm. Meine Gesprächspartner – die meisten unter ihnen waren Juden – wollten meine Begeisterung nicht teilen. Offenbar hätten wir in Deutschland immer noch ein ambivalentes Verhältnis zur Meinungsfreiheit, sagten sie; denn die Meinungsfreiheit schließe auch die Äußerung eindeutig falscher Meinungen ein. Nur im offenen Meinungskampf könnten solche falschen Meinungen korrigiert und besiegt werden. Ich gestehe, dass ich von dieser Reaktion verblüfft war, zumal ich ihr in Deutschland kaum begegnet war. Ich entgegnete – und entgegne immer noch –, dass im Ursprungsland des Holocaust nicht dieselbe Toleranz geübt werden könne wie in anderen Ländern. Allerdings hatte ich nicht den Eindruck, dass ich meine Gesprächspartner überzeugte. Wieder einmal war ich auf die Bestreitbarkeit vermeintlich zwingender Lehren der Geschichte gestoßen.

Eine weitere – in meinen Augen – zwingende Lehre aus den Verbrechen gegen die Juden besteht in der Verpflichtung der Bundesrepublik, das Existenzrecht Israels zu verteidigen. Aber folgt daraus, dass die Deutschen auch die Siedlungspolitik der gegenwärtigen Regierung Israels – und fast aller vorangehenden Regierungen – verteidigen müssen? Darf ein Freund Israels, der davon überzeugt ist, dass diese Siedlungspolitik die Existenz Israels gefährdet, in Deutschland seine Meinung deutlich machen? Zum Beispiel in der BILD-Zeitung, deren Journalisten bei Vertragsabschluss ihre uneingeschränkte Solidarität mit Israel unterschreiben müssen? Darf er Zweifel am Demokratieverständnis eines jüdischen Staates anmelden, das seinen arabischen Bürgern nicht dieselben Rechte gewährt wie seinen jüdischen Bürgern? Selbstverständlich darf er das, antworten die meisten jüdischen Verbände. Aber in der Praxis sieht sich ein solcher Bedenkenträger, zuerst übrigens von besonders eifrigen nicht jüdischen Vergangenheitsbewältigern, eben doch in die Ecke des Antisemitismus gestellt. Der große kürzlich verstorbene jüdische Historiker Tony Judt, der sich mit solchen und anderen Bedenken das Etikett »self-hating Jew« erworben hatte, wurde in New York von mehreren Veranstaltern wieder ausgeladen. Kürzlich hörte der deutsche Außenminister Walter Steinmeier von seinem Gastgeber Netanjahu, Judäa und Galiläa dürften nicht »judenrein« werden. Hat irgendjemand hierzulande diesen Satz als das bezeichnet, was er ist: eine moralische Erpressung? Schließlich bezog sich das Nazi-Wort »judenrein« auf ein Vertreibungs- und Vernichtungsprogramm in Gebieten, in denen Juden seit Jahrhunderten heimisch waren. Der israelische Premier jedoch wollte mit diesem Appell an das deutsche Schuldgefühl das Bleiberecht von jüdischen Siedlern in einem eroberten Gebiet verteidigen, auf das sie allenfalls kraft einer biblischen Verheißung Anspruch haben. Wer kann an den Friedenswillen einer Regierung glauben, die Friedensgespräche unterbricht, um das Territorium Israels zu erweitern?

Während in Israel und unter jüdischen und nicht jüdischen Intellektuellen in den USA eine lebhafte Debatte über diese Fragen eingesetzt hat, ist hierzulande eher eine Vermeidungshaltung zu beobachten.

Ich rede hier keineswegs irgendeiner »Schluss-Debatte« das Wort. Die Erforschung der Nazi-Verbrechen und die Anerkennung der daraus resultierenden Schuld bleibt eine der wichtigsten Leistungen der deutschen Nachkriegspolitik, und ich denke, meine Generation hat einiges zu dieser Leistung beigetragen. Aber wenn Schuldgefühle zu quasi automatischen Vermeidungshaltungen führen und ihr Einfluss auf politische Entscheidungen nicht benannt wird, bringen sie unweigerlich Tabus und politische Verrenkungen hervor.

Offensichtlich ist es eine Sache, ein kollektives historisches Versagen anzuerkennen, eine andere Sache ist es, daraus die richtigen Lehren zu ziehen. Keineswegs ist ausgemacht, dass aus dem Eingeständnis einer Schuld wie von selbst eine kluge, in die Zukunft weisende Politik entsteht. Die Fixierung auf die Vermeidung begangener Sünden kann durchaus zu einer Blockierung des Denkens und zu neuen Sünden führen.

(Erschienen am 25.10.2010
in DER SPIEGEL)

Zwischenstation: Great Britain

Beobachtungen zur britischen Mentalität

(März 2016)

London bleibt für Kontinental-Europäer ein Faszinosum und ein Rätsel. Eine 8,7-Millionen-Stadt, die auf einer Insel in der Nordsee liegt und wohl doch die einzige Weltmetropole Europas ist. Eine Metropolis, die einmal das Zentrum eines weltbeherrschenden Imperiums war und nun Hauptstadt eines mittelgroßen Staates ist, dessen Teile auseinanderstreben. Die Alma Mater einer Weltsprache, die in den USA, Indien und Australien gesprochen wird, aber auch zur Lingua franca des europäischen Kontinents geworden ist. Würde das Vereinigte Königreich die EU verlassen, so bliebe die EU mit einer gemeinsamen Sprache zurück, deren Herkunftsland sich von ihr verabschiedet hat.

Ich war seit über 20 Jahren nicht mehr für längere Zeit in London gewesen. Dank eines Literaturpreises hatte ich dieses Privileg für drei Monate.

Als ich in Londons East End ausstieg und meinen Koffer in einer Wohnung auf dem Campus der Queen Mary University auspackte, war ich von dem Ausblick überwältigt. Die Wohnung lag im obersten Geschoss eines modernen Apartmenthauses. Nach Osten hatte ich einen weiten Blick nach Stratford und auf das Olympiastadion, das für die Sommerspiele 2012 errichtet worden war. Im Westen schimmerten die Wolkenkratzer von Canary Wharf, eines brandneuen Stadtviertels, das in den von den Nazis zerstörten Docklands – den ehemaligen Werften Londons – errichtet worden war. Am schönsten war es nachts, wenn die himmelhohen Lichter von Canary Wharf und von Stratford mein Schlafzimmer in eine Pilotenkanzel zu verwandeln schienen.

Meine Wohnung hatte eine Tücke. Sämtliche Türen waren mit dem Aufkleber »firedoor« und einem robusten automatischen Schließmechanismus ausgestattet. Diese Türen schlugen mir unerbittlich in den Rücken, wenn ich sie – etwa mit zwei Einkaufstüten in der Hand – nicht schnell genug passierte. Wenn ich einen Stuhl unter den Türsturz stellte, ertönte binnen Sekunden ein ohrenbetäubender Alarm. Als ich mich nach dem Sinn dieses Schließmechanismuses erkundigte, erfuhr ich, dass Feuertüren auch in Stadtwohnungen zum Standard gehörten. Wahrscheinlich gehe diese Obsession auf ein kollektives Trauma zurück, das im großen Brand von London seinen Ursprung habe.

Diese Katastrophe liegt gut 350 Jahre zurück.

Meistens habe ich mich mit der »Tube« durch London bewegt. Diese älteste Untergrundbahn Europas fährt deutlich leiser als die New Yorker Subway und ist entschieden kundenfreundlicher. Die Züge rollen sanfter über die Gleise als in Manhattan; die Sitze in den Waggons sind bequemer, die Ansagen durch die Lautsprecher diskreter. Aber wahrscheinlich verdankt sich dieser Eindruck auch der Höflichkeit des Personals und der Passagiere. Das Drücken und Vordrängeln vor den Ticket-Schaltern und -Automaten ist verpönt. Selten kommt es beim Hasten durch die Tunnel und Treppen vor, dass man aneinanderstößt oder das aggressiv ausgestoßene »'cuse me« der New Yorker hört. Und fast jeder, den man um eine Auskunft bittet, nimmt sich für seine Antwort Zeit.

In der Londoner Tube passierte es mir denn auch zum ersten Mal in meinem Leben, dass eine junge Frau aufstand und mir ihren Sitzplatz anbot. Ich war derart verblüfft, dass ich mich bedankte und das Angebot annahm – mir war klar, dass mir eine solche Erfahrung mindestens noch weitere zehn Jahre in Berlin versagt bleiben würde.

Hat das Überleben guter Umgangsformen, von Traditionen überhaupt, etwas mit dem Inseldasein, mit der »splendid isolation« des Vereinigten Königreichs zu tun? Fragt man einen Briten, hört man früher oder später den Satz, die Insel habe seit gut 1000 Jahren keine »fremden Heere« auf ihrem Territorium gesehen. Der letzte Eroberer, der sich einer erfolgreichen Invasion rühmen könne, sei ein Herzog von der Normandie gewesen, der die Engländer im Jahre 1066 bei der Schlacht bei Hastings schlug und dann als Wilhelm der I. gekrönt und eingemeindet wurde.

Vermutlich hat dieses tausendjährige Ungestörtsein durch »fremde Heere« viel zum britischen Selbstbewusstsein und zum Festhalten an manchmal skurrilen, manchmal erstaunlich produktiven Traditionen beigetragen. Man muss nur einmal an einem Londoner Nachmittag an einem populären Ritus namens »High Tea« oder an der Universität von Cambridge an einem Kerzenlicht-Dinner namens »High Table« teilnehmen, um die Macht solcher Traditionen zu erfahren. Die fantastische Präsenz des britischen Königshauses ist nur das sichtbarste Beispiel für das kunstvolle Balancieren zwischen Gegenwart und Vergangenheit.

Dank dieser historisch gewachsenen Abständigkeit nehmen die Briten in Europa eine Sonderstellung ein. Über die anhaltenden Wirkungen dieser Eigenständigkeit sollte man sich keine Illusionen machen. Als er zum ersten Mal das deutsche Wort »Wertegemeinschaft« las, schrieb ein bekannter britischer Kolumnist, habe er es für den Namen eines Vororts von Stockholm gehalten.

Entsprechend distanziert verfolgt die englische Presse denn auch den Umgang Deutschlands mit den Flüchtlingsströmen. Man liest und hört in England durchaus Lob für die deutsche Kanzlerin und ihr tapferes Eintreten für die syrischen Kriegsflüchtlinge. Aber man verwahrt sich gegen »die deutsche Neigung«, den anderen Ländern Europas moralische Lektionen zu erteilen. Wenn Angela Merkel »for emotional reasons« bereit sei, eine Million und mehr Flüchtlinge aufzunehmen, bitte sehr, wer würde sie denn dafür schelten?! Aber man solle die Briten doch bitte nicht mit Forderungen nach »einer gerechten Verteilung« belästigen. Vollends absurd erscheint den Briten die Behauptung, es gebe nach oben keine Grenze. Längst hat der britische Premier David Cameron die Obergrenze für sein Land benannt: 20 000 Flüchtlinge aus Syrien, verteilt auf die nächsten fünf Jahre! Unter dem Eindruck der Flüchtlingskrise hat sich die Front der Europagegner deutlich verstärkt.

Prompt hat denn auch der englische Premier bei seinen Verhandlungen über britische Sonderrechte in der EU die Verringerung des »Drucks der Flüchtlingsfrage« zu einer Hauptforderung erhoben. An Camerons Entscheidung, die Deutschen mit der Bewältigung dieser Frage allein zu lassen, melden die britischen Intellektuellen, mit denen ich sprach, zwar meist Kritik an. An seinen sonstigen Forderungen über eine »EU-Reform« – strikte Ablehnung eines europäischen »Superstaats«, Respektierung der britischen Währung, Einschränkung sozialer Leistungen für Immigranten aus der EU – haben sie nichts auszusetzen. Dass das Königreich ein quasi natürliches Recht auf eine Sonderrolle habe und diese Sonderrolle gut für Europa sei, steht für die Briten fest. Mit ihrer Forderung nach einer engeren politischen Union beißt die deutsche Regierung in Großbritannien auf Granit.

Allerdings könnte sich der drohende »Brexit« als ein doppelschneidiges Schwert erweisen. Für die EU würde der Austritt Großbritanniens vor allem einen kaum zu verschmerzenden politischen und kulturellen Verlust bedeuten. Der reiche Norden der EU würde sich dann einer Übermacht von hoch verschuldeten und demokratisch ungefestigten Süd- und Oststaaten gegenübersehen. Die Briten würden ihrerseits mit diesem Schritt – nach dem Urteil ihrer eigenen Experten – nicht nur erhebliche wirtschaftliche Einbußen, sondern auch die Abspaltung Schottlands riskieren.

Merkwürdigerweise geben sich Briten wie Schotten derzeit überzeugt, dass eine Abspaltung Schottlands vor allem Vorteile hätte. Allerdings können die Schotten bessere Gründe für ihre Einschätzung nennen: Der Großteil der Ölvorkommen in der Nordsee – und auch der einzige Atomhafen des Königreichs – liegt im Hoheitsgebiet Schottlands. Nach dessen Abspaltung bliebe ein Klein-Britannien mit einer keltischen Region namens Wales zurück, die ebenfalls nach Autonomie strebt. Aus der »splendid isolation« könnte leicht eine »miserable isolation« werden.

Die Briten wissen um diese Gefahr. Das bedeutet aber nicht, dass sie sich, angeführt von den Hedgefonds und dem Europagegner Nigel Farage, nicht doch für einen Brexit entscheiden.

Völker verhalten sich, gerade wenn es um existenzielle Entscheidungen geht, nicht immer rational. Nicht einmal die zu Recht für ihren Pragmatismus gerühmten Briten sind dagegen gefeit, im Namen ihrer Souveränität und ihrer Wut auf Brüssel für den Brexit zu votieren.

Gleich nach meiner Ankunft war ich zu einer Veranstaltung des Foreign Office und der Deutschen Botschaft eingeladen. Ziel der Veranstaltung war die

Promotion einer Initiative namens »Think German Network«. Die Veranstaltung fand im Foreign & Commonwealth Office statt, und zwar im berühmten Locarno-Saal, in dem im Jahre 1925 die Locarno-Verträge unterzeichnet worden waren. Der »Dress Code« war in der Einladung in Kursivschrift mit »Lounge Suit« vermerkt. Im prunkvollen Treppenaufgang waren riesige Gemälde mit halb oder ganz nackten »Wilden« aus der Kolonialzeit des British Empire zu sehen – Dokumente einer Epoche, von der sich das Empire erstaunlich unblutig verabschiedet hat.

Im Locarno-Saal stand ein erlesenes, mit persönlichen auf Pergament gedruckten Einladungen bestelltes Publikum. Hinten an der Wand waren ein paar Stühle mit goldverzierten Lehnen aufgereiht, aber niemand setzte sich. Auch im Kronsaal der Königin, erklärte mir eine Verlegerin, müsse man stehen. Und warum? Damit sich die Gäste beim Warten auf den Beginn der Veranstaltung miteinander bekannt machen und sich, wie es heute heiße, »vernetzen« könnten. Der angenehme Effekt dieser Gepflogenheit sei vor allem, dass eine Veranstaltung mit stehendem Publikum garantiert in 45 Minuten vorbei sei.

Tatsächlich habe ich dank dieser mir unbekannten, aber weisen Tradition mit mindestens zehn mehr oder minder hochgestellten Persönlichkeiten – darunter ein Staatssekretär und zwei Generäle – kurzweilige Gespräche geführt und die entsprechende Anzahl von Business-Karten erhalten.

»Aber hat man Ihnen auch Weihnachtskarten in die Hand gedrückt?«, fragte mich die Verlegerin 45 Minuten später. Was für Weihnachtskarten? Ich erfuhr, dass es sich um weitgehend fiktive Einladungen zur Kontaktaufnahme zwischen den Jahren handele. Aber wehe, man nehme die Einladung wörtlich und finde sich am Weihnachtsabend ein!

Am besten, fand die englische Verlegerin, habe Johanna Schopenhauer, die Mutter des deutschen Philosophen, in ihren Reisebeschreibungen die britische Grundhaltung beschrieben: »Stay away and keep in touch!«

(Geschrieben im März 2016
für den Focus, aber
nicht veröffentlicht.)

[Aus meinen Aufzeichnungen]

November 2015. *Oxford – eine einzigartige Mischung aus Kloster + Intelligenz + Verkommenheit. Die Geschichte von David Cameron, des britischen Premiers: Angeblich legte er bei einem Initiationsritus seiner Verbindung in Oxford seinen Schwanz in einen abgeschlagenen Schweinskopf. Dies sollte just in dem College passiert sein, in dem ich meinen Vortrag hielt. Alle, die ich in Oxford danach fragte, hielten das für möglich oder wahrscheinlich. ... Am meisten beeindruckte mich ein Ritual, das High Table heißt. Es beginnt mit einer Gästeliste, in der Frauen so gut wie nicht vorkom-*

men. Es war dann doch eine Frau – eine Expertin für die Literatur des 11. und 12. Jahrhunderts –, die mir die Hierarchie beim High Table erklärte. Alle tragen entweder einen Talar – abgestuft nach ihren akademischen Würden – oder einen schwarzen Anzug mit schwarzem Schlips. Mir wurde ein Gäste-Talar zugeteilt. Der Aperitif wird in einem nur für den Aperitif bestimmten Raum eingenommen. Eine Treppe tiefer findet das Dinner statt. Der Prinzeps vollführt einen Hammerschlag und deklamiert: »Beneficiamus!«, wenn ich recht verstanden habe. Und los geht's. Das Essen ist vorzüglich, die Weine ebenso, die Stimmung ausgelassen. Alle Fakultäten sitzen nebeneinander, es kommt zu ernst-heiteren Gesprächen, die sehr wichtig genommen werden. Ich saß zur rechten Hand des Prinzeps, eines Nobelpreisträgers in Biochemie, der sich exakt eine halbe Stunde lang überaus interessiert und geistreich mit mir unterhielt. Danach wand er sich dem links neben ihm sitzenden Gast zu, einem hohen religiösen Würdenträger. Wer gut vernetzt ist, kann jeden Abend zu einem anderen High Table gehen. Gegen Ende werden in endloser Folge Portweine herumgereicht. Ich war nobel beschwipst und sehr begeistert, als ich mein Zimmer aufsuchte.

»Politisch Verfolgte genießen Asyl«

Besuch bei Pegida

(Januar 2015)

Selten habe ich erlebt, dass eine unartikulierte und ratlose Oppositionsbewegung wie die der selbst ernannten »Patriotischen Europäer gegen die Islamisierung des Abendlandes« in der liberalen Öffentlichkeit derart heftige Reaktionen ausgelöst hat. Es gab kaum einen Talkshowgast mit Häufigkeitsautorität, kaum einen prominenten Politiker, kaum einen Kirchenmann, der nicht rechtzeitig vor Weihnachten 2014 ein Bannwort gegen Pegida hätte hören lassen.

Wovon ist die Rede? Pegida hat seit ein paar Monaten in Dresden mit einigem Erfolg ein paar sogenannte Montagsdemonstrationen veranstaltet. Am Montag vor Weihnachten 2014 liefen in Dresden nach Angaben der Polizei 17 500 Menschen mit. Nach meiner Schätzung haben sich vor der Semperoper nicht einmal 10 000 Leute eingefunden.

Aber warum war ich überhaupt dort? Ich hatte seit zwei Monaten die öffentliche Schelte gegen Pegida verfolgt. Und hatte den Verdacht, dass kaum einer von denen, die sich so energisch über »diese Schande« äußerten, je vor Ort gewesen war, mit den Demonstranten gesprochen und sich dafür interessiert hatte, welche Motive das Unwesen speisten. Ein Empörungswettbewerb, so schien mir, war im Entstehen, bei dem ein Teil der Nation einen anderen Teil als fremdenfeindlich, dumm und rassistisch titulierte. »Das Dumme muss auch dumm genannt werden«, befand Friedrich Schorlemmer im Deutschlandfunk.

Kurz vor Weihnachten tauschten Monika Maron und ich uns über unsere Verwunderung aus. Beinahe gleichzeitig entstand die Frage: Warum fahren wir nicht einfach hin? Zwei Tage später saßen wir im Auto auf dem Weg nach Dresden – zur letzten Montagsdemonstration vor Weihnachten. Der Augenschein war undramatisch, ja geradezu langweilig. Man sah deutsche, sächsische und Berliner Fahnen. Wenn einer eine Fahne der NPD zu entfalten suchte, wurde er von den Ordnern sofort daran gehindert. »Wir sind eine überparteiliche Bewegung«, betonte der Redner Lutz Bachmann und verkündete, dass man sich durch keine Partei unterwandern lasse. Nach ihm sprach ein holländischer Gesinnungsgenosse, danach ein französischer, den man nicht verstand.

Entgegen meiner Erwartung gab es viel mehr junge Teilnehmer als ältere – erstaunlich wenig Bierflaschen und kaum Betrunkene – und entschieden mehr Männer als Frauen, kaum Kinder. Alle waren sie – für mein Gefühl – sehr weiß. Aber hätte sich ein einheimischer muslimischer oder schwarzer Beobachter, der wie Monika Maron und ich am Rand gestanden hätte, bedroht fühlen müssen? Das weiß ich nicht.

In meinem unmittelbaren Umfeld hörte ich den einen oder anderen rechtsradikalen Spruch: »Die Grenzen dicht machen! Keinen mehr reinlassen!«

Ich zweifle nicht daran, dass es unter den Demonstranten Glatzen, Hooligans, Neonazis – kurz, erklärte Ausländerfeinde gibt. Aber dass sie die Mehrheit abgeben, kann ich so wenig behaupten wie diejenigen, die dies als eine bewiesene Tatsache ausgeben. Wie verlässlich sind sogenannte Extremismusforscher, die solche Behauptungen aufstellen? Haben sie einen Scanner im Handy, der ihnen das Meinungsprofil von 10 000 Demonstranten erstellt? Können sie irgendwelche belastbaren Zahlen vorweisen?

Derzeit scheint die Bewegung vor allem vom Gefühl der Diskriminierung zu leben. Die ersten 20 Minuten seiner Rede verwendete Lutz Bachmann, der zwielichtige, offenbar unbestrittene Führer der Bewegung, auf die Aufzählung von feindlichen Äußerungen über Pegida. Die einzigen Wörter, die die Menge mit Inbrunst skandierte, waren »Lügenpresse« und »Wir sind das Volk«.

Aber was will dieses Volk? Offenbar nichts, was in irgendeiner Weise mit den Zuständen in Dresden oder Sachsen zu tun hätte. Alle Missstände, die benannt wurden, bezogen sich auf Berlin, Amsterdam, London, Brüssel, die als Beleg für eine diffuse Angst vor Kontrollverlust und Überfremdung dienten.

Mit Beifall wurde eine absurde Behauptung von Horst Seehofer aus dem Jahre 2010 bedacht: »Wir sind kein Zuwanderungsland« – womit Seehofer nur eine ebenso falsche Äußerung von Helmut Kohl aus dem Jahre 2001 zitierte. Auch Angela Merkel wurde an eine wilde Kampfansage von 2010 erinnert: »Multikulti ist total gescheitert.« Die Veranstalter beriefen sich auf falsche Versprechen, von denen die Verkünder längst still und heimlich Abstand genommen hatten. Hier demonstrierte »ein Volk«, das sich von seinen einstigen politischen Repräsentanten verkauft und verraten fühlte.

Und weiter? Sehr wohl wurde seitens der Veranstalter zwischen Kriegsflüchtlingen und Wirtschaftsflüchtlingen unterschieden; auch äußerte man sich nicht prinzipiell gegen Asylanten, sondern gegen solche, die nach der Verweigerung der Anerkennung nicht abgeschoben werden. Außer einer Replik auf den Einfall eines grünen Abgeordneten, in christlichen Kirchen auch muslimische Gesänge einzuführen und christliche Lieder in Moscheen, hörte man wenig Neues.

Nein, die Bewegung, die ich in Dresden sah, macht mir keine Angst; allerdings bin ich auch weit davon entfernt, sie sympathisch zu finden. Etwas Spießiges und Unfrohes haftete der Veranstaltung vor der Semperoper an. Lutz Bachmanns im Kumpelton vorgebrachte Spitzen gegen »die Parteien und die Politiker« hatten Stammtisch-Niveau; wer darüber lachte, lachte aus Kumpeltreue mit.

Im Übrigen steht Pegida quer zu allem, wofür ich in meinem politischen Leben eingetreten bin. Eine Bewegung, in der ich nur weiße Gesichter sehe und die zu Weihnachten unter freiem Himmel mühsam Weihnachtslieder vom Blatt absingt, um sich ihrer Identität zu versichern, alarmiert mich nicht, sie stimmt mich eher traurig. Vorherrschend war bei den Versammelten ein Gefühl der Abwehr und des Bedrohtseins. Von diesem Gefühl, das durch die öffentliche Reaktion auf Pegida gefüttert wird, lebt Pegida.

Die Bewegung spricht gerade in Dresden über Zustände, die sie gar nicht kennt. In ganz Sachsen gibt es etwa 4000 Muslime, der Ausländeranteil in Sachsen beträgt 2,2 Prozent.

Das Potenzial von Pegida liegt vor allem in der Unartikuliertheit der Bewegung und der geradezu panischen Reaktion der Politiker und der Meinungsathleten in den Talkshows. Die Antwort besteht gerade nicht, wie es sich der Vorsitzende der Türkischen Gemeinde, Safter Cinar, wünscht, in der Verweigerung jedes Dialogs mit Pegida, sondern in der Eröffnung einer breiten Aufklärungsoffensive über die Veränderungen, die Europa angesichts der Migrantenströme unweigerlich bevorstehen, und über die Regeln, die Europa den Migranten abverlangen muss, um seine Werte zu verteidigen. Voraussetzung eines solchen Dialogs, an dem nicht nur islamische Verbände, sondern auch säkulare Muslime teilnehmen sollten, wäre die Bereitschaft der Mehrheitsgesellschaft, mit sich selber und mit der Realität in ein Gespräch einzutreten und nicht jeden, der die drohenden und schon manifesten

Folgen einer retroaktiven Einwanderungspolitik benennt, als Fremdenhasser und Rassisten in die Ecke zu stellen.

(Erschienen am 3.1.2015
in DIE WELT)

Der lange Weg der Deutschen zur Convivenza

(Oktober 2015)

Wer sich an die Bundesrepublik der Sechziger- und Siebzigerjahre erinnern konnte, rieb sich angesichts des Wunders der Freundlichkeit und Hilfsbereitschaft im Sommer 2015 die Augen. Ein seit dem Ende des 2. Weltkriegs nicht mehr gesehener Strom von Kriegs- und Armutsflüchtlingen suchte Zuflucht in Deutschland. Und etwas Unerwartetes geschah. Überall in der Republik boten Freiwillige den Fremden über Wochen und Monate ihre Hilfe an. Die Behörden gestanden ein, dass sie den Ansturm ohne den Einsatz der Freiwilligen nicht annähernd bewältigt hätten.

So hatte ich das Deutschland, in dem ich aufgewachsen war, nicht kennengelernt. Westdeutschland war in den Nachkriegsjahren ganz offen, sozusagen unverklemmt, ausländerfeindlich gewesen. Ich erinnere mich der Hinweise, die ich in den Schaufenstern von Zimmervermittlungen sah, als ich im Jahre 1962 nach Westberlin kam. »Keine Vermittlung an Studenten und Ausländer!« Es gab damals keine Behörde, die an solchen Schildern etwas auszusetzen fand. Abschätzig sprach man – und dies nicht nur in Berliner Eckkneipen – von »dem Itaker«, »dem Jugo«, »dem Türken«.

Übrigens waren die Ängste vor den Italienern und Griechen ziemlich die gleichen, die heute in einschlägigen Internetforen gegen die Flüchtlinge aus dem Nahen Osten laut werden: Angst vor Diebstahl und Einbruch, Angst vor Vergewaltigung, Angst vor Überfremdung. Der Begriff »Ausländer« schien mit der Nachsilbe »-problem« fest verbunden zu sein. Wer in einer Gesellschaft mit einem süd- oder osteuropäischem Akzent deutsch sprach, musste sich die dringende Erkundigung gefallen lassen: »Woher kommen Sie?« – in der die Nachfrage mitklang: Und wann gehen Sie wieder?

Die 68er-Bewegung hat mit ihrem internationalistischen Furor – wenn auch durchaus selektiv – zu einer Art mentaler Einbürgerung der Migranten in Deutschland beigetragen. Der bisherigen Kultur der Ablehnung beziehungsweise der Wahrnehmungsverweigerung setzte sie allerdings eine Art Pflichtliebe entgegen. Im Alltag hatte die Ausländerfreundlichkeit der Linken dann durchaus Grenzen.

Ich erinnere mich eines Kompliments in den Siebzigerjahren, das mir ein etwas älterer Genosse anlässlich meiner Geburtstagsparty machte. Besonders imponiert habe ihm, sagte er, dass ich zu »so einem intimen Fest« auch zwei oder drei Ausländer eingeladen hatte.

Spätestens in den Achtziger- und Neunzigerjahren gingen die Kinder meiner Generation mit Kindern muslimischer Herkunft in die Schule. Manchmal kamen zwei türkische Freundinnen unserer Tochter zum »sleep over« zu uns nach Hause. Aber dann standen regelmäßig um sieben Uhr abends die Väter der türkischen Mädchen vor der Tür, um sie abzuholen. Natürlich versuchten wir, die Väter umzustimmen, mit ihnen zu diskutieren. Zähneknirschend sahen wir ein, dass wir gegen das Diktat dieser Väter machtlos waren, und verfluchten uns gleichzeitig dafür, dass wir ihnen nachgaben.

Die Kehrseite der Xenophilie der 68er war der obligate Hass auf Deutschland und alles Deutsche, mit dem die kritische Intelligenz meiner Generation geschlagen war. Wenn ein Linker sich im Ausland vorstellte, sagte er lieber, er sei Europäer beziehungsweise Berliner. Eine groteske Blüte trieb diese Selbstverleugnung in einer Debatte um ein Neuköllner Gymnasium hervor. Als die mehrheitlich muslimische Schülerschaft beschloss, die Umgangssprache im Pausenhof solle künftig Deutsch sein, kritisierte der Grünen-Abgeordnete Christian Ströbele den Beschluss als »Zwangsgermanisierung«.

Es war der damals politisch korrekte Hass der Linken auf »d i e deutsche Kultur« und der entsprechende Selbsthass, der im Jahr des Mauerfalls Parolen wie »Deutschland verrecke!« oder »Ausländer, lasst uns mit den Deutschen nicht allein!« auf Dächern und Wänden erscheinen ließ.

In den ersten Jahren nach der Wiedervereinigung kam der Hass dann wieder aus der rechten Ecke – in Gestalt von Brand- und Mordanschlägen gegen Ausländer. Wer damals in einer der sich rasch bildenden

Initiativen gegen Fremdenhass aktiv wurde, konnte nicht übersehen: Die Organisatoren des Hasses und die Logistik (Geld, Faxgeräte, Plakate) kamen aus dem Westen; die breitere Basis dafür fand sich im abgewickelten Osten. Überhaupt scheint zu gelten, dass Ausländer als umso störender empfunden werden, je weniger es von ihnen gibt. Auf die Frage des Allensbacher Instituts für Demoskopie, ob es in (West-)Deutschland eher zu viele oder zu wenige Ausländer gebe, erwiderten 79 Prozent der Befragten im Jahre 1984: »Zu viele.« Im Jahre 2008 – also 18 Jahre nach der Wiedervereinigung – fanden nur noch 53 Prozent, dass es »zu viele« seien. Inzwischen war aber die Zahl der Ausländer von 4,4 Millionen auf 7,3 Millionen gestiegen.

Die DDR mit ihrer homogenen Bevölkerung und dem vermeintlich per Staatsgründung erwiesenen Antifaschismus, der den Bürgern eine Art Unschuldsbonus ausstellte, hat den Deutschen insgesamt ein schwieriges Erbe hinterlassen. Dass viele Bürger in den neuen Ländern diesem Bonus nicht mehr trauen, beweist der Erfolg ziviler Initiativen, die inzwischen jedem Auftritt des fremdenfeindlichen Mobs mutig entgegentreten.

Angesichts der skizzierten Vorgeschichte kann ich an der herzlichen Aufnahme der syrischen Flüchtlinge nichts Schlimmes finden. Ich sage es ohne Zögern: Deutschland hat sich zu meinen Lebzeiten fast bis zur Unkenntlichkeit verändert – und zwar zum Besseren. Dazu hat Angela Merkel mit ihrem protestantisch fröhlichen Satz »Wir schaffen das!« einiges beigetragen. Mit ihrer Ansage hat sie der Hilfsbereitschaft der vielen Zuversicht und Autorität verliehen.

Es war dann geradezu fahrlässig, diesen generösen Satz durch die Zusicherung zu überbieten, dass es nach oben keine Grenze gebe.

Selbstverständlich gibt es hinsichtlich der Aufnahmefähigkeit eines Landes Grenzen. Wie der oben zitierte Allensbacher Vergleich zeigt, ist diese Grenze elastisch und kann sich innerhalb weniger Jahre entscheidend verschieben. Die Grenze ist dann erreicht, wenn der zivile Konsens einer Gesellschaft an den Folgen eines unkontrollierten Zustroms zerbricht.

Im Übrigen: Welche Absicht verfolgte Angela Merkel mit ihrem Besuch beim türkischen Despoten Erdoğan, wenn nicht das Ziel, für viel Geld und andere, schwer erträgliche Zugeständnisse eine Obergrenze für Deutschland zu erkaufen?

Erstaunlich bleibt, wie viele Fragen die Regierung Merkel im ersten Schwung des Willkommens unbeantwortet gelassen hat: Wie viele Angehörige werden den bisher aufgenommenen Flüchtlingen auf dem Wege der Familienzusammenführung folgen? Werden auch die Zweit- oder Dritt-Frauen auf diesem Weg nach Deutschland gelangen? Wie sollen die Schulen mit dem Andrang der Flüchtlingskinder fertigwerden? Werden die Eltern deutscher Kinder nicht immer öfter auf Privatschulen ausweichen mit der Folge, dass es zu einem Boom von Privatschulen kommen wird? Wie wird der viel beschworene Integrationsunterricht aussehen? Berlin ist das einzige Land der Bundesrepublik, das sich für einen obligatorischen Ethik-Unterricht entschieden hat.

Bisher ist Deutschland dem Streit um die Durchsetzung der Werte der Aufklärung und der Demokratie aus dem Weg gegangen. Angesichts der enormen Zahl der Neubürger lässt sich diese Aufgabe nicht länger aufschieben. Kulturelle und religiöse Autonomie versus universale Menschenrechte und umgekehrt – dieses Thema wird die Debatten der nächsten Jahrzehnte beherrschen.

(Erschienen am 29.10.2015
in DIE ZEIT unter dem Titel:
»Wenn der Konsens zerbricht«)

Moralischer Narzissmus

(April 2018)

Bei einem gesetzten Essen in einer Stiftung in Berlin sagte ein junger Künstler neben mir, er verstehe die heftige Diskussion über die Flüchtlinge nicht. Zehn Millionen Flüchtlinge in Deutschland – damit habe er überhaupt kein Problem. – »Im Jahr?«, fragte ich? – »Warum nicht?«, gab er zurück.

Ich will hier nicht untersuchen, ob dieser Vorschlag den Flüchtlingen helfen würde und von Deutschland zu bewältigen wäre. Vielmehr interessiert mich, welchen Gewinn diese Meinung ihrem Inhaber verschafft. Offensichtlich geht es dabei gar nicht um einen ernsthaften Vorschlag zur Lösung des Problems, sondern um das Profil, das sie dem Meinungsträger verleiht. Sie stellt seine Großzügigkeit ins Licht, die Unbedingtheit seiner Moral, die Schönheit seiner Haltung: Ich, der ich diese Meinung vertrete, scheint er zu sagen, bekenne mich damit zu den Anständigen im Land. Und ob mein Vorschlag realisierbar ist oder nicht, ist ein Thema für kleinere Geister.

In der angelsächsischen Debattenkultur gibt es ein paar handliche Ausdrücke für die hier skizzierte Attitüde. »To win the moral highground« oder »going for the feelgood argument« sind nur einige von ihnen. In

England und in den USA gehört es zur Routine, dem Verfechter einer ebenso edlen wie realitätsfernen Meinung durchaus egoistische beziehungsweise narzisstische Motive zu unterstellen. Hat er ernst zu nehmende Argumente, oder sonnt er sich nur in der moralischen Überlegenheit seiner Haltung?

Das Misstrauen gegen realitätsferne Bekenntnisse wie »Jeder Flüchtling ist ein Geschenk!« oder »Natürlich kann man seine Ausweispapiere in den Wogen des Mittelmeers verlieren!« ist in Deutschland nicht gerade ausgeprägt. Solche Bekenntnisse genießen geradezu so etwas wie Artenschutz. Das hat weniger mit dem Mangel an einem geeigneten Vokabular als mit einer Gefühls- und Denkblockade zu tun. Wegen der Verantwortung der Deutschen für die schlimmsten Verbrechen der jüngeren Geschichte geben deutsche Wortführer leicht der Versuchung nach, sich als »Engel der Geschichte« zu gebärden.

Ob es um das Klima, um die Genforschung, um den Tierschutz, um militärische Einsätze zum Schutz der Menschenrechte geht – in keiner anderen Kultur Europas gibt es eine derartige Häufung von moralischen Gemeinplätzen, die sich auf angeblich nicht hinterfragbare Lehren der Geschichte berufen. »Krieg ist kein Mittel der Politik mehr«, heißt eine dieser Lehren, obwohl ihr jede Nachrichtensendung über den Nahen Osten Hohn spricht. »Diese Frage kann nicht militärisch, sondern nur diplomatisch gelöst werden«, lautet eine andere. Natürlich ist sie so halb richtig wie die erste. Leider bleibt ihren Vertretern meist nur übrig, die durch Krieg veränderten Machtverhältnisse dann diplomatisch abzusegnen.

Nicht, dass ich mir diese wünschenswerten Leitsätze nicht zu eigen machen möchte. Aber es liegt auf der Hand, dass sie an der Lage der Vertriebenen, Gefolterten und Ermordeten nichts ändern und nur das Gewissen ihrer Verkünder beruhigen.

Und nun die Flüchtlinge.

Ich behaupte, dass der Riss, der seit Angela Merkels großherziger Entscheidung, die in Budapest und Wien gestrandeten Flüchtlinge aufzunehmen, durch das Land geht, wenig oder nichts mit dem Für und Wider dieser Entscheidung zu tun hat. Was das Land gespalten hat, war und ist die Art, wie die Folgen dieser Entscheidung von der politischen Elite und einer selbst ernannten Phalanx »der Anständigen« vorgetragen und verharmlost wurden.

Kein Zweifel, die enorme Hilfsbereitschaft, die die deutsche Bevölkerung den Flüchtlingen entgegenbrachte, hat zunächst alle Fragen in den Hintergrund gedrängt. Aber als die Fragen aufkamen, wurden sie eher durch moralische Appelle als durch sachgerechte Auskünfte beantwortet.

Niemand hört gerne, dass er ein schlechter Mensch sei und aus der Geschichte nichts gelernt habe, wenn er die Frage nach den Grenzen der Belastbarkeit eines Staates stellt. Es bleibt ein Skandal, dass diese völlig legitime Frage von vier Parteien – von der Linken, von den Grünen, von der SPD und von der CDU – bis zur Wahl 2017 als Indiz für eine rechte Gesinnung geächtet wurde. Und dies, obwohl längst abzusehen war, dass nur ein Teil der Flüchtlinge tatsächlich aus Syrien und anderen Kriegsgebieten kam. Nach Angaben des Mediendienstes »Integration« sind seit Beginn des Bürgerkrieges (2011) nicht mehr als 700 000 Syrer nach Deutschland geflohen – Stand November 2017. Aus dieser Zahl lässt sich schließen, dass mit ihnen Hunderttausende von Armutsflüchtlingen aus Afrika und anderen armen Ländern kamen, die durch die offenen Grenzen nach Deutschland strömten und, auf deutschem Boden angekommen, das Zauberwort »Asyl« ausstießen. Über 250 000 Migranten sind derzeit in Deutschland ausreisepflichtig. Nach Abschluss der noch ausstehenden Asylentscheidungen werden dieses Jahr wahrscheinlich noch einmal Zigtausende abgelehnte Asylbewerber hinzukommen – die Mehrzahl von ihnen sind junge muslimische Männer.

Jeder weiß, dass es so gut wie unmöglich ist, die Ausreisepflicht so vieler Menschen durchzusetzen. Selbstverständlich haben auch Armutsflüchtlinge das Recht auf ein besseres Leben. Allerdings steht fest, dass Deutschland nicht alle nehmen kann, die mit diesem Wunsch die Reise nach Europa antreten.

Kurz vor der Wahl im Herbst 2017 hat Bundespräsident Frank-Walter Steinmeier gemahnt, wir müssten »die Unterscheidung zwischen Flüchtlingen und Migranten wieder gewinnen«. Hätten er oder Angela

Merkel diesen Satz, verbunden mit einem Plan zu seiner Umsetzung, ein Jahr früher geäußert, der Höhenflug der AfD wäre weniger spektakulär ausgefallen.

Tatsächlich hat die große Koalition der Wohlgesinnten aus vier demokratischen Parteien der AfD ein Monopol über die Verhandlung einer Frage zugeschanzt, die jeden aufmerksamen Bürger interessieren musste. Und damit nicht genug: Die erwähnten vier Parteien haben die Protestwähler, die die AfD aus Wut über die Verweigerung ihrer Stammparteien wählten, dem rechten Lager zugeordnet und sie als »Rassisten« und »Neonazis« diskreditiert.

Ich zweifle nicht daran, dass es bei der AfD einen Haufen solcher Leute gibt. Aber es spricht nichts dafür, dass diese Partei, die bei der Europawahl 2014 circa 7 Prozent erreichte, sich innerhalb von zwei Jahren ein gewaltiges Reservoir von Krypto-Nazis erschlossen hätte. Die ideologische Ächtung der Frage nach der Grenze der Belastbarkeit und der Integrationsfähigkeit – eine Frage, die Schweden, das aufnahmefreudigste Land Europas, mit der vorläufigen Schließung seiner Grenzen beantwortete – ist nichts anderes als eine Anmaßung gewesen: moralischer Narzissmus.

Ich halte die Angst vor einer demokratiefeindlichen Einflussnahme durch die orthodoxen islamischen Verbände und ihre Klientel in Deutschland für berechtigt. Bis heute drückt sich die Koalition der Wohlgesinnten in Deutschland um den Befund herum, dass die Integration der Muslime in einem beträchtlichen Ausmaß gescheitert ist. Trotz der notorischen Widersprüche zwischen den Umfrageergebnissen der Meinungsforschungsinstitute (Bertelsmann versus Wissenschaftszentrum Berlin) kann niemand leugnen, dass ein großer Teil der europäischen Muslime die Gesetze ihrer Religion über die Verfassung ihrer Gastländer stellt.

Die Wahlentscheidung türkischer Wähler zu Erdoğans Referendum lieferte dazu einen Hinweis: 67 Prozent der wahlberechtigten Berliner Türken stimmten Erdoğans Machtergreifung und der Abschaffung der Demokratie in der Türkei zu.

Sofort wurde dieses Ergebnis von wohlwollenden deutschen Interpreten umgedeutet: Es habe ja nicht einmal die Hälfte der Wahlberechtigten an dieser Wahl teilgenommen.

Man stelle sich vor, man würde dasselbe Argument für die Wahl von Donald Trump in Anspruch nehmen (denn auch dort waren es ja kaum mehr als 50 Prozent der Wähler!), sofort würden dieselben Leute von einer gefährlichen Verharmlosung sprechen. Übrigens haben auch in Großbritannien und in den USA ansässige Muslime zu Erdoğans Referendum ihr Votum abgegeben. Die Zustimmung lag, anders als in Kontinental-Europa, im unteren zweistelligen Bereich. Hier haben die Verharmloser der enormen Zustimmung deutscher Türken zu Erdoğans Selbstermächtigung etwas zu erklären. Aber ich höre nichts.

In der Tat weiß niemand genau, wie viele Muslime in Deutschland eine säkulare Orientierung haben beziehungsweise einem aufgeklärten Islam zuneigen – und am wenigsten weiß dies die Ditib, der größte türkische Verband der Muslime, der von der Religionsbehörde in Ankara bezahlt und gesteuert und vom deutschen Staat gefördert wird. Ich nehme an, dass es sehr viel mehr säkulare Muslime gibt, als der Ditib lieb ist – was durchaus als Warnung gegen unsere Gepflogenheit gemeint ist, alle Bürger, die aus islamischen Ländern zu uns kommen, nach ihrer Religionszugehörigkeit einzuordnen. Zu befürchten ist, dass die beschwichtigende Formel von »der großen Mehrheit unserer muslimischen Mitbürger« kaum mehr als eine Selbstbeschwörung ist. Und es steht fest, dass die erklärten Abtrünnigen von der Orthodoxie der »Gläubigen« nach wie vor und mitten in Europa mit Fatwas, Todesdrohungen und Anschlägen auf Leib und Leben bedroht werden. Der frei denkende in Deutschland lebende Publizist Hamed Abdel-Samad und die türkischstämmige deutsche Anwältin Seyran Ates, die eine für alle religiösen Richtungen offene Moschee in Berlin gegründet hat, können sich in Deutschland nicht ohne Polizeischutz bewegen.

Es ist wahr: Deutschland, ein Einwanderungsland seit Jahrzehnten, hat sich seit dem Beginn der türkischen Einwanderung gegenüber der Aufgabe der Integration blind und taub gestellt – das ist die eine Seite des Problems.

Die andere, von den Multikulti-Schwärmern verleugnete Seite ist, dass ein guter Teil der muslimischen Eingewanderten in den Errungenschaften der Aufklärung einen unerträglichen Angriff auf ihren Glauben sieht.

Nichts hat die Autorität der demokratischen Parteien in Deutschland so beschädigt wie die Diskriminierung dieser Sorgen ihrer Bürger als »rassistisches Gedankengut«. Ein guter Teil der politischen Elite hat sich als ein Kollegium von besserwisserischen Erziehern aufgeführt, das seine lieben unwissenden Kinder vor falschen Schlussfolgerungen zu warnen hatte. Die absurden Verharmlosungsformeln nach jedem großen Attentat – das alles habe »nichts mit Religion zu tun« (so Sigmar Gabriel nach dem Attentat im Pariser Bataclan); die großen Berliner Solidaritätsbekundungen »mit unseren muslimischen Mitbürgern« nach den Attentaten in Paris; das feige rituelle Händchenhalten mit den Führern der orthodoxen von Ankara bezahlten türkischen Verbände – haben nur zu einer gewaltigen Erosion des Vertrauens geführt.

Bis auf die Scharfmacher bei der AfD können die meisten Bürger sehr wohl zwischen Islam und Islamismus unterscheiden. Sie können auch zwischen den Forderungen der Religionsfreiheit und einer falschen Toleranz unterscheiden, die es zulässt, dass im Namen der Religionsfreiheit wesentliche Grundrechte außer Kraft gesetzt werden.

Wenn ein Imam, Vater eines auffällig gewordenen Schülers einer Schule in Berlin-Pankow, einer Lehrerin den Handschlag verweigert, kann er sich auf Gebote seiner Religion berufen. Der »religiöse« Ursprung des Gebots ist jedoch die archaische Anschauung, dass Frauen wegen der Menstruation unreine Wesen sind und deswegen keinen Anspruch auf den Handschlag seitens eines gläubigen muslimischen Mannes haben. Kann sich eine Gesellschaft, die die strikte Trennung von Religion und Gesellschaft erkämpft hat, auf einen solchen Rückfall einlassen?

Sie kann und darf es nicht, wenn sie die Verfassung und die Gleichheit der Geschlechter ernst nimmt. Am wenigstens kann sie hinnehmen, dass ein Berliner Gericht der Klage des Imams gegen diese Lehrerin recht gibt und ihm das Recht auf eine Entschuldigung zuspricht.

Müssen es deutsche Schulen hinnehmen, dass halbwüchsige muslimische Mädchen von ihren Eltern daran gehindert werden, am Schwimmunterricht oder an Klassenausflügen teilzunehmen? Sie können es nur im Namen einer falschen Toleranz dulden, die die religiösen Gebote einer Minderheit über die Gleichheit der Geschlechter stellt.

Vor Kurzem war im *Tagesspiegel* zu lesen, dass 2000 Berliner Kleinkinder aus muslimischen Familien den obligatorischen Kita-Unterricht versäumen. Der dadurch entstehende Rückstand in der Bildung lasse sich kaum aufholen, sagen die Experten. Aber leider fehle den Behörden jede Handhabe, die Pflicht zur Teilnahme bei den Eltern durchzusetzen.

Die Folgen der entsprechenden Bildungsdefizite hat am Ende die Gesellschaft zu bewältigen.

In einer Grundschule in Berlin wurde ein jüdisches Mädchen mit dem Tod bedroht, weil sie nicht an Allah glaubt. Gravierender noch als diese Meldung war der Umstand, dass diese Drohung von der Schulleitung zunächst »als eine Diskussion unter Kindern über Religion« verharmlost wurde.

Und dann habe ich noch eine Frage an die selbst ernannten Erzieher der Nation: Würden Sie Ihr Kind auf eine Grundschule schicken, dessen Schülerschaft zu 75 bis 90 Prozent aus muslimischen Migrantenkindern besteht, die zu Hause kein Deutsch sprechen und deren Umgangssprache im Pausenhof Türkisch oder Arabisch ist?

Ich würde dem Beispiel der Ministerpräsidentin Manuela Schwesig folgen und mein Kind, wenn ich es mir leisten könnte, lieber auf eine Privatschule schicken. Und mich nicht darauf herausreden, dass der Schulweg kürzer sei.

Allein in der Stadt München seien circa 800 muslimische Mädchen zwischen vier und acht Jahren mit der Beschneidung ihrer Klitoris bedroht, meldet die *Münchner Abendzeitung*. Es ist noch nicht so lange her, dass auch diese Praxis (mit einem angeblichen Hadith Mohammeds) unter frommen Muslimen als ein legitimes religiöses Ritual gerechtfertigt wurde.

Wer sich angesichts dieser Beispiele keine Sorgen über die Einflüsse des Islam auf unseren Alltag macht und sie als »Islamophobie« abtut, hat seine fünf Sinne nicht beisammen. Naturgemäß sind es kluge Frauen aus allen politischen Lagern, die sich als Erste zu diesen Sorgen bekennen. Gegenstand dieser Sorgen ist nicht irgendein »wahrer«, von falschen Übersetzungen gereinigter Islam, wie ihn uns namentlich deutsche Islamwissenschaftler nahebringen wollen. Es ist der schmutzige, aggressive und spontan gelebte Islam, der in vielen Köpfen und Herzen der Einwanderer lebt und die Trennung von Religion und Gesellschaft und die Gleichheit der Geschlechter weder kennt noch anerkennt.

Was mich jedoch am meisten empört, ist der – ja, ich muss an dieser Stelle das pathetische Wort bemühen – Verrat eines guten Teils der linken und liberalen Intelligenz in Deutschland. Seltsamerweise ist es ausgerechnet die Phalanx der »Anständigen« im Lande, die die Angriffe der islamischen Gegenaufklärung auf die demokratische Kultur verteidigt.

Ein Beispiel ist die Verteidigung des Kopftuchs und auch der Burka durch hoch motivierte »AnwältInnen« der Grünen und der sogenannten Linken. Es kann überhaupt keinen vernünftigen Zweifel daran geben, dass fünf- bis zehnjährige Mädchen aus frommen muslimischen Elternhäusern gar keine Chance haben, über das Tragen eines Kopftuchs oder einer Burka selber zu entscheiden. Diese angeblichen Insignien ihrer Religion – im Koran ist davon nicht die Rede – sind den Mädchen von Macho-Interpreten dieser Schrift und ihren frommen Eltern aufgezwungen worden – nicht anders, wie die HJ-Kluft in Hitler-Deutschland oder die

Blauhemden der FDJ in der DDR halbwüchsigen Kindern von gläubigen und liebevollen Eltern aufgenötigt wurden. Es ist eine Schande, dass der Nikab, der von selbstbewussten Frauen in allen Ländern, in denen die Scharia herrscht, als Zeichen der Unterwerfung empfunden wird, von linken deutschen Ideologinnen als Insignie einer »kulturellen Autonomie« gefeiert wird. Wer die Frauen der vom IS beherrschten und dann von Kurden befreiten Dörfer im Irak gesehen hat, die sich im Augenblick der Befreiung als Erstes den Nikab vom Kopf rissen, hat es schwer, dieses Kleidungsstück als Zeichen einer »ganz anderen Art der Emanzipation« zu würdigen.

Er oder sie kann sich immer noch einreden, dass sich diese Befreiungsgeste als ein neuerlicher Unterwerfungsakt unter die Befreier interpretieren lässt – und natürlich fehlt es nicht an solchen Interpretationen. Unter dem Strich bleibt der Verdacht, dass die beredten Konvertitinnen, die in den Talkshows vom emanzipatorischen Glück der Verborgenheit unter ihren Burkas und Nikabs schwärmen, keinerlei Notiz von der Not ihrer »Schwestern« in der islamischen Welt nehmen. Als interessante Luxuswesen, die von Talkshow zu Talkshow weitergereicht werden, verteidigen sie in Deutschland die Unterdrückung der Frauen im Islam.

Ein demokratisches Land von 80 Millionen, das auf die Errungenschaften der Aufklärung stolz wäre, könnte mit den Anschlägen der islamischen Gegenaufklärung selbstverständlich fertigwerden. Normalerweise werden sich Einwanderer und Flüchtlinge gleich welchen Glaubens den Regeln des Gastlandes anpassen. Ein Land jedoch, das seinen Neubürgern gar keine Regeln vorgibt – weil es sich über diese Regeln nicht einig ist, weil es die Nikabs und Burkas (vielleicht doch!) für eine kulturelle Bereicherung hält, weil es die Verletzung von Grundrechten im Namen der Religionsfreiheit für verhandelbar erklärt –, hat schlechte Karten. Es wird genau die Aufweichung seiner demokratischen Kultur durch den Islam erleben, die in den Augen der moralischen Narzisse nur eine Einbildung von Rassisten ist.

Im gegenseitigen Interesse läge es nahe, dass sich die vernünftigen Linken, Liberalen und Konservativen mit den säkularen und gemäßigten Muslimen im Land zusammentun. Von einer solchen Allianz ist einstweilen wenig zu sehen.

(Erschienen am 30.4.2018 in der WAMS)

Schluss mit dem Massenmord in Aleppo!

(Dezember 2016)

Die Vernichtung der Stadt Aleppo und ihrer Einwohner ist eines der furchtbarsten Verbrechen, das seit Jahren unter unseren Augen begangen wird. Man muss keineswegs untaugliche Begriffe wie Holocaust oder Genozid bemühen, um die Ungeheuerlichkeit und den Skandal dieses Verbrechens zu benennen. Die Welt schaut zu, wie die zweitgrößte Stadt Syriens eingeebnet wird, wie ihre Schulen und Krankenhäuser mit finaler Entschlossenheit dem Erdboden gleichgemacht werden – es gibt keine einzige Schule, kein einziges Krankenhaus mehr in Ost-Aleppo.

Alle Bürger Aleppos, die sich dem Massenmörder Assad nicht ergeben wollen, sind mit Tod und Vertreibung bedroht.

Ich habe mir einmal eine halbe Nacht lang Videos über die Folterungen angeschaut, die in den Kellern des von Assad beherrschten Stadtteils jeden Tag, jede Nacht an sogenannten »Regimegegnern« und »Terroristen« verübt werden. Ich konnte danach nicht schlafen und sagte mir am anderen Morgen: Glück gehabt, dass dies für mich der einzige erlittene Schaden war – dass ich nicht schlafen konnte.

Aber wie kann es sein, dass wir diese Verbrechen mit all unseren »Nie wieder«-Schwüren geschehen lassen, ohne dass sich ein klarer Protest der Zivilgesellschaft gegen die Verantwortlichen regt?

Wo sind die Friedensfreunde aller Fraktionen, die sonst bei jeder Gelegenheit – wenn Amerika, Israel oder die NATO involviert sind – zu Tausenden vor der US-Botschaft demonstrieren?

Warum haben sie nie zu einer machtvollen Kundgebung gegen das Verbrechen der russischen Bombardements in Aleppo zusammengefunden?

Es ist nicht wahr, was uns so viele um »Ausgewogenheit« bemühte Kommentatoren sagen: dass es sich beim Kampf um Aleppo um einen »Stellvertreterkrieg« handele, in dem zwei Weltmächte um ihre jeweilige Einflusssphäre ringen.

In Aleppo stehen sich nur noch zwei »Kriegsparteien« gegenüber: Der russische Präsident Putin, der an der Seite des Diktators Assad den totalen Sieg herbeibomben will, und eine Assad-feindliche Zivilbevölkerung, unter der eine kleine Truppe von Rebellen ums Überleben kämpft. Ich schließe nicht aus, dass sich einige der Rebellen, die einmal friedlich für Freiheit und Demokratie auf die Straße gingen, in ihrem Todeskampf inzwischen mit Isis-Kämpfern zusammenschließen. Es dürften kaum mehr als ein paar Hundert sein.

Es ist aber genau diese Konstellation, auf die Putin und Assad hingearbeitet haben: »Wir, Putin und Assad, gegen den Islamischen Staat!« Folglich gehören alle, die sich nicht ergeben – Kinder, Frauen, Alte, Kranke –, zum Islamischen Staat und dürfen entsprechend »behandelt« werden.

Herr Putin, schlafen Sie eigentlich gut? Sind Ihre Träume von neuer imperialer Macht und Ihre Rachegefühle wegen Obamas dummer Beleidigung die Vernichtung so vieler unschuldiger Menschen wert? Was sind Ihre Ziele?

Wollen Sie durch die Vernichtung Aleppos wieder »die Augenhöhe« zur Supermacht USA gewinnen? Wie gefällt es Ihnen, an der Seite eines verhassten und ohne Ihre Hilfe längst entmachteten Massenmörders Assad zu stehen?

Mister Putin! Stellen Sie das Bombardement Aleppos ein. Jetzt!

(Erschienen am 6.12.2016
in Der Tagesspiegel)

Noch einmal Flugblatt-Texte schreiben? Diese Tätigkeit war in der zweiten Hälfte der Sechzigerjahre meine literarische Hauptbeschäftigung geworden. Trotz dieses langen Trainings weist der hastig hingeschriebene Text ähnliche Fehler auf wie mancher der früheren Versuche: Zwar sind falsche Anklagen wie »Genozid« oder »Holocaust« vermieden, aber dann menschelt es zu sehr – ›Herr Putin, schlafen Sie eigentlich gut?‹ (Natürlich tut er das); die direkte Ansprache im Reagan-Stil: ›Mister Putin! Stellen Sie das Bombardement Aleppos ein! Jetzt!‹, drückt vor allem Ohnmacht aus.

Und dennoch stehe ich zu diesem Text. Flugblätter gehorchen dem Diktat des richtigen Zeitpunkts und der Dringlichkeit. Der Aufruf, sich am 6.12.2016 vor der Russischen Botschaft unter den Linden einzufinden und gegen die Bombardierung Aleppos zu protestieren, kam eher zufällig zustande. Drei Tage zuvor – ein paar Monate nach dem »Putsch« – war ich von einem längeren Aufenthalt in Istanbul zurückgekehrt und hatte ein befreundetes Ehepaar gebeten, ein paar Freunde zum Abendessen einzuladen, damit ich nicht zehnmal dieselbe Geschichte zu erzählen hätte. Bei diesem Treffen wandte sich das Gespräch sehr bald der Bombardierung Aleppos zu, und Michael Naumann sagte zu mir: Falls du noch mal deine alten Laufschuhe anziehst und vor der Russischen Botschaft demonstrieren gehst, bin ich dabei! Und plötzlich waren sich alle in der Runde einig, dass genau dies zu geschehen hätte. Innerhalb von drei Tagen organisierten wir die Protestdemonstration, wobei Uli Schreiber die enorme Reichweite seines Adressbuchs bewies. Die meisten von uns waren seit Jahren nicht mehr demonstrieren gegangen und nun genötigt, wieder Slogans auf Pappschilder zu malen. Wir rechneten mit einer schwachen Beteiligung, weil die Zeit zwischen Ankündigung und Demonstration zu kurz war. Es kamen dann doch an die 400 Teilnehmer, darunter syrische Flüchtlinge, aber auch Repräsentanten der

Grünen – Cem Özdemir, Marieluise Beck, Ralf Fücks u. a. Vor allem kam die Presse. Es stellte sich heraus, dass seit Jahren keine einzige Demonstration vor der Russischen Botschaft stattgefunden hatte – viele Journalisten begrüßten die Aktion.

Die unerwartete Popularität unserer Aktion rief politische Gegner auf den Plan. Der Sprecher einer Professorengruppe von Attac Deutschland warnte uns davor, Plakate wie »Aleppo – Putins Schande!« umherzutragen; der langjährige Syrienexperte Prof. Günter Meyer habe befunden, die »Hauptverantwortung liege bei den USA!«. Ich schrieb zurück, dann sei es wohl das Beste, wenn die Professorengruppe vor der Botschaft der USA gegen die Bombardierung von Aleppo protestiere.

Ihr seid nicht allein! Oder doch?

(Februar 2017)

Es war ein bewegender Augenblick, als die Schriftstellerinnen Asli Erdoğan und Necmiye Alpay am 26. Januar die 23-köpfige Delegation von PEN International in Istanbul begrüßten. Beide hatten ein knappes halbes Jahr im Gefängnis gesessen und waren erst vor wenigen Tagen vorläufig auf freien Fuß gesetzt worden. Sie sprachen präzise und furchtlos über Anlass und die Umstände ihrer Haft, aber zeigten keine Spur von Erleichterung. Ihre Pässe waren ihnen bei der Freilassung nicht ausgehändigt worden, sie dürfen Istanbul nicht verlassen und warten auf ihren Prozess. Die Staatsanwaltschaft hat sich gar nicht erst bemüht, die Anklage – »Unterstützung einer terroristischen Vereinigung« – zu belegen. Die Vorwürfe beziehen sich auf die Mitarbeit an einer kurdisch-türkischen Zeitung und ein paar aus dem Zusammenhang gerissene Zitate.

Asli Erdoğan, die an einer chronischen Krankheit leidet, wirkte in ihrer eleganten Kleidung besonders geschwächt, um nicht zu sagen, in den Grundfesten ihrer physischen Widerstandskraft erschüttert. Sie habe keine Ahnung, was ihr und ihren Mitstreitern bevorstehe, sagte sie im Gespräch mit mir, und könne ihre vorläufige Freiheit nicht genießen. Sie fühle sich nach wie vor als Gefangene, die aus ihrer Zelle nur in ein größeres Gefängnis namens Istanbul entlassen worden sei.

Während der Tage der PEN-Mission wurden weitere Journalisten verhaftet. Darunter Turhan Günay, der legendäre Schöpfer einer literarischen Beilage, die die Leser der unabhängigen Zeitung »Cumhuriyet« seit Jahrzehnten mit Beiträgen über die literarischen Neuerscheinungen in aller Welt versorgte.

Willkür und Unvorhersehbarkeit im Umgang mit der Opposition haben Methode: Die bereits am 31. Oktober 2016 festgenommenen Journalisten von »Cumhuriyet« warten bis heute auf eine Anklageschrift und einen Prozess. Dank des Ausnahmezustands sind die bisher geltenden Fristen für die Dauer von Untersuchungshaft und die Vorlage einer Anklageschrift außer Kraft gesetzt. Das Ziel scheint zu sein, alle, die Erdoğans Griff nach unumschränkter Macht im Wege stehen, in einen Zustand der Rechtlosigkeit zu versetzen, in dem niemand weiß, was man noch sagen und tun darf.

Inzwischen sitzen 151 Journalisten und Schriftsteller in Haft. Die Türkei ist – mit den Worten des PEN International – zum größten Journalistengefängnis der Welt geworden. Die Inhaftierten können ihre Familienangehörigen einmal pro Woche für 20 Minuten sehen, allerdings nur durch ein Sichtfenster; das Gespräch findet durch einen Telefonhörer statt. Ihre Anwälte haben für eine Stunde pro Woche Zugang zu ihnen, bekommen aber häufig keinerlei Einsicht in die Akten des Angeklagten, den sie vertreten.

Am zweiten Tag fuhr die PEN-Delegation in zwei Kleinbussen zum Gefängniskomplex Silivri. Jennifer Clement, die Präsidentin von PEN International, hatte den türkischen Behörden den Besuch angekündigt, aber keine Antwort erhalten. Der Gefängniskomplex liegt etwa 70 Kilometer westlich von Istanbul und besteht aus mehreren Haftanstalten, denen Siedlungen für die Wachmannschaften vorgelagert sind. Die meisten der verhafteten Journalisten und Autoren sind im Gefängnis 9 untergebracht.

Es schneite, als wir auf dem kahlen, windigen Platz vor dem Komplex anlangten. Unsere Busse wurden von der Gendarmerie in die Mitte des Platzes gewinkt und sofort von Mannschaftswagen und einem gepanzerten Räumungsfahrzeug umstellt. Ein Leutnant sammelte unsere Pässe ein und untersagte jegliches Fotografieren. Außer einer erbärmlichen Imbissbude und einigen parkenden Autos war aber nichts zu sehen. Das Eingangstor war weit weg, ebenso die Gefängnisse selbst. Der kanadische Autor John Ralston Saul, dessen Vater in der kanadischen Armee gedient hatte, erklärte mir, warum er die Maßnahmen der Gendarmerie für dilettantisch hielt. Das Räumungsfahrzeug hätte direkt vor unseren Bussen postiert werden müssen, um sie bei einem von uns ausgehenden Angriff sofort umzukippen; die Mannschaftswagen hätten hinter uns Aufstellung nehmen müssen, um gegen einen Angriff mit Granaten geschützt zu sein.

Nun gut, sagten wir uns, den Einsatzleitern war vermutlich klar, dass von 23 meist bejahrten Autoren keine akute Gefahr ausging. Allerdings bestätigte sich im weiteren Verlauf der Eindruck einer erstaunlichen Planlosigkeit und eines Befehlswirrwarrs bei der Gendarmerie. Es dauerte ewig, bis wir die Pässe wiedererhielten; kaum hatten wir sie zurück, wurden sie abermals eingesammelt – ein Vorgang, der sich bei der Rückfahrt noch dreimal wiederholte. Das bestimmende Bild, das uns vom Ausflug blieb, waren Uniformierte mit Handy am Ohr, die auf einen Befehl warteten, der nicht kam.

Das anfangs verkündete Fotoverbot wurde am Ende aufgehoben. Wir erhielten die Erlaubnis, uns im hinteren Teil des Platzes für ein Gruppenfoto aufzustellen; mitgebrachte Plakate mit der Aufschrift: »Ihr seid nicht allein!« durften wir allerdings nicht zeigen. So entstand denn ein Bild von frierenden Damen und Herren, die im Schneegestöber auf einem kahlen Feld zu einem Foto im Nirgendwo zusammenrückten.

Die Willkür und Planlosigkeit, die wir erlebten, ließ erahnen, wie furchtbar sich der Zustand der Inkompetenz und Rechtlosigkeit auf die Lage der Gefangenen in der Türkei auswirkt. Seit dem missglückten Putschversuch vom 15. Juli 2016 hat die Regierung nicht nur Autoren und Journalisten, sondern Zehntausende von Angehörigen der Armee, von Lehrern und Universitätslehrern, von Richtern und Staatsanwälten entlassen oder verhaftet und rund 100 000 Pässe ungültig gestempelt. Entlassene verlieren nicht nur sofort ihre Bezüge, sondern gleichzeitig ihre Titel und Pensionen. Die gewaltigen Lücken in der Armee, im Schulwesen und Verwaltungsapparat durch diese »Reinigung« werden mit kaum qualifizierten AKP-Anhängern aufgefüllt. Die wichtigste Voraussetzung für einen Job ist die Mitgliedschaft in Erdoğans Partei.

Oppositionelle, mit denen ich sprach, erwarten für die nächsten Monate Schlimmes: neue Bombardierungen kurdischer Städte in Südostanatolien durch die türkische Luftwaffe, darauf folgende Terroranschläge der PKK in Ankara und Istanbul, dadurch motivierte Massenverhaftungen im ganzen Land. Ein von oben organisiertes Chaos sehe Erdoğan als beste Voraussetzung für einen Erfolg des Referendums, das auf die Verewigung des Ausnahmezustands hinausläuft.

Es war erstaunlich, ja geradezu rührend, wie oft in den Gesprächen mit den türkischen Kollegen der Name Angela Merkel genannt wurde, die am 2. Februar dieses Jahres in Ankara erwartet wird. Es könne doch nicht sein, dass ausgerechnet die deutsche Kanzlerin, die gegenüber den Flüchtlingen so viel Herz bewiesen habe, vor den Nöten der türkischen Journalisten und Autoren die Augen verschließe. Es könne doch nicht sein, dass sie im Namen eines wackligen Flüchtlingsabkommens das Interesse ihres Landes über die Menschenrechte stelle. Die Türkei sei existenziell auf den Handel mit der EU angewiesen. Wenn die deutsche Kanzlerin ein energisches Wort zur Lage der Menschenrechte in der Türkei sage, könne es selbst ein Macho wie Erdoğan nicht überhören.

(Erschienen am 1.2.2017 in der FAZ)

[Aus meinen Aufzeichnungen]

März 2017. *Aus Erdoğans Nazi-Vergleich spricht eine erstaunliche historische Unwissenheit und Unkenntnis des Völkerrechts, ebenso aus dem Jubel vieler in Deutschland lebender Türken. Warum stellen sich denen nicht die säkularen Türken entgegen? Nur die Aleviten taten es! Und warum sind die Reaktionen der deutschen Politiker so schüchtern? Statt von Diktatur reden sie von einer »autoritären Staatsform«; Merkel meinte tantenhaft, zu Erdoğans Nazi-Vergleich verbiete sich jeder Kommentar! Er verharmlose die Nazi-Verbrechen! Warum eigentlich – weil »die Verbrechen der BRD nicht ganz so schlimm« sind wie die der Nazis?*

Worauf bezieht sich die Überzeugung der SPD, mit einer deutlicheren Reaktion auf die türkischen Unverschämtheiten würde man nur Erdoğans Spiel betreiben – er brauche einen Feind! Wahrscheinlich verhält es sich umgekehrt: Wer einem Macho-Politiker wie Erdoğan mit Schwäche antwortet, betreibt dessen Spiel. Wer ihm seine Grenzen zeigt, zerstört es. Es ist auch viel zu we-

nig, wenn Merkel die hier lebenden Türken umarmt und ihnen bescheinigt, sie gehörten zu Deutschland. Es ist beunruhigend, dass mehr als 60 Prozent der 1,4 Millionen wahlberechtigten Türken für Erdoğan und seine demokratiefeindliche Politik stimmen. Und seine Nazi-Vergleiche offenbar billigen.

Warum ich immer noch an Europa glaube

(Februar 2019)

Zurzeit gibt es vor allem Gründe, an der Zukunft Europas zu verzweifeln. Nie zuvor ist das europäische Projekt in einem derart fragilen Zustand gewesen. Nie hätte ich geglaubt, dass zu meinen Lebzeiten fanatisierte junge Leute mit kaum verfremdeten Hitlergrüßen und »Deutschland den Deutschen!«-Rufen durch die Straßen ziehen würden. Nein, man muss es genauer sagen: Nie hätte ich es für möglich gehalten, dass diese Leute und Schreihälse, die von der Auflösung des europäischen Parlaments und dem Sturz der Brüsseler »Fremdherrschaft« träumen, immer mehr Beifall in der Mitte der Gesellschaft finden.

Kein Zweifel: Die gesellschaftliche Initiative, der Ruf nach radikaler Erneuerung, geht heute von Gruppen aus, die mit Macht und notfalls auch mit Gewalt in eine romantisch verklärte Vergangenheit zurückwollen. In ein weißes homogenes, ethnisch bestimmtes Europa.

Die Meinungsfreiheit, eine der wichtigsten Errungenschaften der Aufklärung, ist inzwischen auch in ihrer europäischen Heimat – zumindest in einigen Ländern der EU – in Gefahr. Überall auf der Welt, wo moderne Autokraten in demokratischen oder halb demokratischen Gesellschaften die Macht erlangen, greifen sie zuallererst nach der Meinungsfreiheit. Autokraten wissen besser als viele Bürger der Demokratien, warum die Meinungsfreiheit das wichtigste aller demokratischen Rechte ist. Denn wenn die Meinungsfreiheit einmal beseitigt ist, kann sich niemand mehr über deren Fehlen – und den Abbau weiterer demokratischer Rechte – erfolgreich beschweren.

Das ist der Grund, warum die Männerfreunde Donald Trump und Wladimir Putin, jeder mit seinen Mitteln, zuallererst gegen die freien Medien schießen. Und die kleineren Mitglieder des Männerclubs wie Recep Tayyip Erdoğan, Victor Orbán und Jaroslaw Kaczynski tun es den Großen nach.

Auch in Deutschland wird der Kampf gegen die Meinungsfreiheit mit dem Kampfruf »Lügenpresse« vorgetragen. Es ist eine Anklage, zu der leider auch die Medien selber mit hysterischen oder gefälschten Berichten Anlässe liefern.

Aber das ist nur die sozusagen internistische Hälfte des Befunds über den Patienten Europa. Es wundert mich, dass die freie Welt immer noch auf ein justiziables Indiz für Trumps Zusammenarbeit mit Putin wartet. Seit Trumps Amtsantritt haben sich beide – vielleicht sogar ohne jede Verabredung – in der Anstrengung übertroffen, alle Bestrebungen zur Zerstörung Europas zu unterstützen. Beide waren sich einig darin, die größte Dummheit der Briten, den Brexit, mit finanziellen Versprechen, in Putins Fall auch mit Trollen und anderen Internet-Hilfen, zu fördern. So gut wie jeder halbwegs prominente europäische Nationalist und Hetzer gegen Brüssel hat einmal mit der Aussicht auf einen Kredit auf einem Bankett neben Putin oder in seiner Nähe gesessen. Trump sekundierte, indem er Autokraten in Polen und Ungarn und den neuen Sultan der Türkei seiner Männerfreundschaft versicherte. Und hat es in der Nachkriegsgeschichte je einen größeren amerikanischen Liebesbeweis für Moskau gegeben als Trumps Andeutung, die USA könnten sich aus der NATO zurückziehen?

Die Bürger Europas müssen sich eingestehen, dass sie mit ihrem Lebensmodell und ihrer Wertordnung auf dieser Welt ziemlich allein sind. Und wenn Marine Le Pen mit ihren französischen, italienischen und deutschen Gesinnungsfreunden bei den anstehenden Europawahlen gewinnt, könnte es mit diesem Lebensmodell rasch vorbei sein.

Um was für ein Lebensmodell handelt es sich?

Ich fürchte, dass viele Europäer, und gerade die Jungen unter ihnen, gar nicht wissen, was es da zu verteidigen gilt.

Ich behaupte, dass das Europa, das sich nach dem 2. Weltkrieg entwickelt hat, unter den verschiedenen Welten, die auf diesem Planeten miteinander konkurrieren, mit Abstand das beste Angebot ist. Fast alle, die auf dieser privilegierten Halbinsel leben und sie in Grund und Boden kritisieren, haben natürlich recht. Sie vergessen nur, wie vergleichsweise gut es ihnen dabei geht. Wenn ich irgendwo anders geboren, arm und bei Verstand wäre, würde ich in Europa leben wollen. Sicher nicht überall in Europa, aber doch in einigen Ländern, die Europa zugerechnet werden.

Die guten Gründe für eine solche Wahl sind in Europa selbst fast in Vergessenheit geraten. Europa hat aus den verschiedenen Spielarten des Kapitalismus die vergleichsweise humanste Version herausgefiltert – ein Spät-Modell, das in Deutschland »soziale Marktwirtschaft« heißt. Die sozialen Netze sind in vielen Ländern Europas großzügiger als irgendwo sonst auf der Welt – 50 Prozent sämtlicher in der Welt gezahlten Sozialleistungen werden von den EU-Ländern aufgebracht. Nirgendwo auf der Welt haben sich die wichtigsten Errungenschaften der Aufklärung – die Meinungsfreiheit, die Trennung von Staat und Religion, die Gleichberechtigung zwischen Mann und Frau – so weitgehend durchgesetzt wie in Europa. In vielen anderen Belangen – ich nenne hier nur ein weitgehend kostenloses Ausbildungswesen, eine vergleichsweise faire Gesundheitsversorgung, einen Strafvollzug, der die Todesstrafe verbietet, eine im Vergleich mit den USA gemäßigte, trotzdem völlig unakzeptable Kluft zwischen Arm und Reich – ist Europa den USA weit voraus.

Der wichtigste Vorteil Europas jedoch ist seine in Jahrhunderten gewachsene Vielfalt. Nirgendwo sonst auf der Welt hat es sich ergeben, dass auf so engem Raum Dutzende von inzwischen wohlhabenden Nationen leben, die sich nach Jahrhunderten von Kriegen und nationalistischen Exzessen einer gemeinsamen Wertordnung zugehörig fühlen. Man muss nur ein paar Hundert Kilometer fahren und trifft auf ein anderes Volk, das eine andere Küche hat, eine andere Sprache spricht und in der Arbeit wie in der Liebe anderen Gewohnheiten folgt. Wer mehrere Sprachen beherrscht, macht die Erfahrung, dass die eigene Sprache und die eigene Sicht auf die Welt in Konkurrenz zu anderen Erfahrungswelten steht. Dank seiner gewachsenen Vielfalt ist Europa zu einem Biotop für ein Unkraut geworden, ohne das keine demokratische Kultur gedeiht: für den Zweifel und die Infragestellung der eigenen, vermeintlich überlegenen Identität. Selbstverständlich gehört die Offenheit gegenüber Fremden, die Aufnahmebereitschaft für Verfolgte aus welchen Gründen auch immer inzwischen zur DNA der europäischen Lebensform.

Es ist wahr: Es gibt kaum eine Wahnidee in der Neuzeit, kaum ein Kollektivverbrechen, das nicht zuerst in Europa ausgebrütet und in die Tat umgesetzt worden wäre. Aber wahr ist auch, dass es immer auch, und gerade zu Beginn solcher historischen Verbrechen, Warner und Dissidenten gab wie Giordano Bruno, Bartolomé de las Casas, Nikolaus Kopernikus, Galileo Galilei, Alexander von Humboldt, Emmeline Pankhurst, Albert Einstein, Rosa Luxemburg und Hannah Arendt, die sich diesen Irrwegen entgegenstellten. Bekanntlich war Europa nicht imstande, sich aus eigener Kraft vom Wahn des Faschismus und des

Kommunismus zu befreien. Aber auf den Mut und die Unbeirrbarkeit seiner Dissidenten und Aufklärer gründet sich die politische Kultur und Anziehungskraft des heutigen Europa.

Ich bin der Letzte, der die Defizite des europäischen Einigungsprozesses leugnen würde. Zu lange haben es die Brüsseler Anführer dieses Prozesses versäumt, die Ansprüche der Bürger auf ihre nationale Identität und Autonomie anzuerkennen. Selbstverständlich haben die Nationen in der EU ein Recht darauf, zu entscheiden, wie viele und welche Migranten sie aufnehmen wollen. Seltsamerweise haben gerade die Deutschen aus der historischen Schande Nazi-Deutschlands eine Art Privileg abgeleitet: nämlich das Recht, sich als Engel aufzuspielen und dem Rest der Welt aufgrund sogenannter Lehren der Geschichte vorzuschreiben, ob und wie viel Nationalgefühl und Anspruch auf kulturelle Identität noch gestattet sei.

Zum Glück sind nicht nur linke und rechte Populisten dem europäischen Unkraut, dem Zweifel, ausgesetzt, sondern auch Brüsseler Beamte, aus deren Entscheidungen manchmal der helle Irrsinn spricht. Auch und gerade Wissenschaftler müssen mit den Zwängen des Gruppenkonsensus kämpfen und sind nicht immun gegen die Verführung des Denkens. Und wo sind eigentlich die redebegabten und neugierigen Vermittler aus Brüssel, die den Völkern Europas in deren jeweiliger Sprache klarmachen, dass die eine oder andere der in Brüssel getroffenen Entscheidungen durchaus dem

Nutzen der Bürger dient – und deren Einwände nach Brüssel zurücktragen? Die Brüsseler Beamten waren nicht einmal imstande, die Abschaffung der Roaming-Kosten, die allen Bürgern Europas zugutekommt, als eine Leistung der EU zu verkaufen.

Vor allem hat Brüssel die wichtigste Voraussetzung für das Gedeihen von multiethnischen Gemeinschaften vernachlässigt. Eine solche Gemeinschaft kann nur bestehen, wenn sie ihren Neubürgern von Anfang an klare und unmissverständliche Regeln vorgibt. Sie muss sogar besonders hart auf diesen Regeln bestehen, um den inneren Zusammenhalt der Gemeinschaft zu garantieren. Sie kann nicht dulden, dass religiös oder kulturell begründete Ansprüche der Neubürger den Kern des europäischen Wertesystems – die seit der Aufklärung erkämpften Freiheitsrechte des Individuums – außer Kraft setzen. Insofern sind die linken Anwälte einer bedingungslosen Toleranz die Totengräber der Lebensform, die sie zu verteidigen meinen.

Am Beispiel Brexit lässt sich studieren, wie rasch sich ein zunächst gar nicht ernst genommener Vorschlag in eine Katastrophe verwandeln kann. Ursprünglich handelte es sich wohl um eine Schnapsidee, die sich ein ehrgeiziger politischer Clown namens Boris Johnson ausgedacht hatte. Der Abnehmer der Idee, Premierminister David Cameron, spielte mit dieser Idee, um im politischen Geschäft zu bleiben, und riskierte ein Referendum. Gleichzeitig bekundete er – ebenso wie zunächst der Ideenstifter Boris Johnson – seinen Abscheu gegen einen Brexit. Dank einer mit grotesken Lügen und Fehlinformationen vorgetragenen Kampagne des von allen unterschätzten Gegenspielers Nigel Farage erzielte das Referendum eine knappe Mehrheit für den Brexit.

Die stimmfähige Jugend Großbritanniens ist mit daran schuld, dass es zu diesem Unfall gekommen ist. Zwar war sie in ihrer überwältigenden Mehrheit gegen den Austritt Großbritanniens aus der EU. Aber als es am 23.6.2016 – einem Donnerstag! – darauf ankam, fanden die Inhaber dieser womöglich entscheidenden Stimmen diese oder jene Verabredung wichtiger oder bereiteten sich auf eine coole Wochenend-Party in London, Barcelona, Mailand oder Berlin vor. Sie konnten sich einfach nicht vorstellen, dass es mit dem Zauber des freien Zugangs zu diesen Städten dank einer Abstimmung, an der sie nicht teilnahmen, urplötzlich zu Ende sein könnte.

Vielleicht besteht der größte Denk- und Gefühlsfehler der europaaffinen Intelligenz darin, dass sie den Fortschritt des europäischen Projekts für selbstverständlich nimmt. Aber fast alles, was davon bisher gelungen ist, verdankt sich nicht einem historischen Selbstlauf oder irgendeinem »ehernen« Gesetz der Geschichte, sondern dem Willen kluger Politiker und einer engagierten Zivilgesellschaft. Und alles, was jetzt und in Zukunft scheitert, wird der Schläfrigkeit oder der schieren Abwesenheit solcher Akteure zuzurechnen sein.

So gut wie nichts, das in der Geschichte geschieht, muss geschehen. Es geschieht und ist geschehen, weil man es hat geschehen lassen.

Europa hat einen guten Teil seiner Jugend seit Jahrzehnten allein gelassen. 20 Prozent aller Jugendlichen zwischen 15 und 24 Jahren sind arbeitslos, in den südeuropäischen Ländern sind es 30 bis 50 Prozent. Warum sollten sich diese jungen Leute für ein Europa begeistern, das ihnen das Allerwichtigste nicht gibt: das Recht und die Möglichkeit, von der eigenen Hände Arbeit zu leben?

Im Ernst: Haben wir etwas Besseres zu verteidigen als eine Lebensform, die die Freiheitsrechte des Individuums auf ihre Fahnen schreibt? Gibt es irgendeine Alternative auf diesem Planeten, der irgendein Mensch mit Lebenslust und Verstand den Vorzug geben würde?

(Erschienen am 25.2.2019 in der NZZ)

Zum Schluss

Mit welchem Kopf denkt man, wenn nicht mit dem eigenen?

(Februar 2020)

Immanuel Kants Aufforderung »Habe den Mut, dich deines eigenen Verstandes zu bedienen!« klingt 235 Jahre nach ihrer Veröffentlichung nicht gerade aufrüttelnd. Hat die Aufklärung nicht seit Kants Schrift einen Siegeszug ohnegleichen in der westlichen Welt angetreten? Gibt es im großen Rest der Welt noch nennenswerte Minderheiten oder Mehrheiten, die trotz aller Widerstände gegen die Aufklärung deren technische Errungenschaften verschmähen? Und die Europäer, die Pflichterben der Aufklärung – sind sie nicht bis zum Überdruss darin geübt, sich ihres Verstandes zu bedienen? Braucht es dazu noch Mut?

Die Antwort wäre keiner Bemühung wert, wäre da nicht dieses eine – von Kant selbst hervorgehobene – Adjektiv, das aus dem Satz herausleuchtet: »Habe Mut, dich deines e i g e n e n Verstandes zu bedienen.« Wozu diese Hervorhebung? Welches Verstandes könnte ich mich denn bedienen, wenn nicht meines eigenen? Hätte der kürzere Appell: Habe Mut, dich deines Verstandes zu bedienen, nicht genügt?

Offenbar war Kant keineswegs überzeugt, dass der von ihm ermutigte »mündige Bürger« ganz selbstverständlich seinen eigenen Verstand benutzte, wenn er Urteile fällte und Entscheidungen traf. Weshalb Kant das gesperrt gedruckte Adjektiv denn auch gleich im zweiten Satz seiner Schrift erläutert: »Unmündigkeit ist das Unvermögen, sich seines Verstandes ohne Leitung eines anderen zu bedienen.«

Auf welchen anderen Verstand spielt Kant hier an?

In den Jahrhunderten vor Kant war die Wahrscheinlichkeit ziemlich groß, dass man *nicht* mit dem eigenen Kopf dachte, wenn man dachte. Wer im Mittelalter sagte, dass sich die Sonne um die Erde drehe, wiederholte nur, was ihm die Kirche vorsagte. Und die Strafen waren hoch, wenn man dieser Meinung widersprach. Der Philosoph Giordano Bruno wurde wegen seiner Ansichten über die Unendlichkeit des Weltalls am 17.2.1600 auf Anordnung des Governatore von Rom auf dem Campo di Fiori verbrannt. Der Florentiner Gelehrte Galileo Galilei, der eine Generation später die Theorie des Kopernikus bewies, wonach sich die Erde um die Sonne drehte, wurde durch die Drohungen der Inquisition dazu bewogen, seine Erkenntnis zu widerrufen. Nur nebenbei: Wie lange hat es eigentlich gedauert, bis der Vatikan diese beiden Pioniere rehabilitierte? Im Falle Galileo Galilei bis zum 31. Oktober 1992, im Fall Giordano Bruno bis zum 12. März 2000.

Wäre die Vorherrschaft der katholischen Kirche über das Denken nicht durch die Aufklärung und den Sieg der Demokratie gebrochen worden, würden die Erkenntnisse der beiden oben genannten freien Geister womöglich immer noch auf dem Index stehen. Bleibt nur hinzuzufügen, dass nicht nur diese, sondern die meisten wissenschaftlichen Erkenntnisse – darunter Darwins Evolutionslehre – in Ländern, in denen die Religion das Denken zu beherrschen sucht, auch heute noch unterdrückt werden, zum Beispiel in den besonders frommen Staaten der USA, die dem besonders frommen Kandidaten Donald Trump treu ergeben sind.

Immanuel Kant hatte dank des großzügigen Zensuredikts von Friedrich II. (von 1772) von staatlicher und kirchlicher Seite vorerst nicht viel zu fürchten. So sieht er denn die wichtigsten Ursachen für die fortdauernde Unmündigkeit eines großen Teils der Menschen in ihrer Faulheit und Feigheit. »Habe ich ein Buch, das für mich Verstand hat, einen Seelsorger, der für mich Gewissen hat, einen Arzt, der für mich die Diät beurteilt u. s. w., so brauche ich mich ja nicht selber zu bemühen.« Bei der Benennung dieser Hindernisse für ein Denken mit dem eigenen Verstand zielt Kant sichtlich nicht auf äußere Verbote und Strafandrohungen, sondern auf die Bequemlichkeit des Einzelnen, die ihn davon abhalten, sich »aus der beinahe zur Natur gewordenen Unmündigkeit herauszuarbeiten«. Am Ende, so verspricht Kant, brauche es zu einer »wahren Reform der Denkungsart« nichts weiter als »Freiheit, und zwar die unschädlichste unter allem, was nur Freiheit heißen mag, nämlich die: von seiner Vernunft in allen Stücken öffentlich Gebrauch zu machen«.

Von Zensur spricht Kant nicht und hat sie ja mit seiner preisgekrönten Antwort auf die Frage »Was ist Aufklärung?« auch nicht erfahren.

Erst die totalitären Herrschaftssysteme des Nazi-Faschismus und des Stalinismus haben Unterdrückungsinstrumente des freien Denkens hervorgebracht, die ungleich wirksamer waren als die staatlichen und kirchlichen Inquisitionen des Mittelalters und des ausgehenden Barock. In und nach dieser Periode sind denn auch die großartigsten Werke gegen die Unterdrückung des freien Denkens entstanden: Ceslaw Milosc: *Verführtes Denken*; Alexander Solschenizyn: *Der Archipel Gulag*; Hannah Arendt: *Die totalitäre Herrschaft*; George Orwell: *1984*; Aldous Huxley: *Schöne neue Welt*; Eugen Kogon: *Der SS-Staat* – um nur einige zu nennen.

Das aktuelle chinesische Überwachungssystem mit dem Namen »Sozialkreditsystem« scheint sich dadurch auszuzeichnen, dass es – unter Verzicht auf physische Bedrohungen – die bisher vollständigste Überwachung der Bürger verspricht. Sie wird durch ein elektronisch gesteuertes Punktesystem erreicht, das jede Abweichung des Bürgers vom vorgeschriebenen Verhalten – negative Äußerungen über die Partei, Übertretung der Verkehrsregeln, Vernachlässigung der Eltern, Nichtbeachtung der Müllregeln – mit Minus-Punkten verzeichnet. Entsprechend der Bilanz werden dem Bürger dann soziale Vorteile – z. B. Anspruch auf Fahrkarten für Schnellzüge, auf einen wohnungsnahen Kindergartenplatz, auf eine neue Wohnung – aberkannt.

In demokratischen Gesellschaften sind die klassischen Behinderungen freien Denkens per Verfassung abgeschafft. Nicht von ungefähr garantieren die meisten westlichen Verfassungen gleich im Artikel 1 die Meinungsfreiheit, weil dieses Recht die Basis aller anderen demokratischen Freiheiten ist. Nur dank der Meinungsfreiheit ist gesichert, dass gesellschaftliche, wirtschaftliche und kulturelle Fehlentwicklungen benannt und korrigiert werden können. Ebendiese Möglichkeit, Irrtümer zu erkennen und zu korrigieren, hat die Demokratie allen anderen Staatsformen voraus.

Aber woher weiß der einzelne Bürger eigentlich, dass er sich tatsächlich seines eigenen Verstandes bedient, wenn er sich in einer freien Gesellschaft eine Meinung bildet? Was macht ihn sicher, dass er sich dabei nicht doch wieder von einem anderen Verstand leiten lässt? Öffne die Augen, sperr' die Ohren auf, sagt Bob Dylan, und du bist schon beeinflusst! Bin ich in einer vernetzten Welt überhaupt in der Lage, meinen Verstand zu benutzen, ohne dass ein anderer mir seine Hilfe anbietet oder aufdrängt? Soll ich deswegen nur noch Meinungen vertreten, zu denen ich in mönchischer Abgeschiedenheit gelangt bin?

Nein, so einen Unsinn hat Kant mit seinem Appell an den »eigenen Verstand« nicht gemeint. Offensichtlich nimmt er an, dass jeder Bürger die Fähigkeit, seinen eigenen Verstand zu gebrauchen, mit jedem anderen Bürger teilt und deswegen vernünftig mit ihm kommunizieren kann. Tatsächlich erweisen sich ja fast alle Erkenntnisse und Erfindungen der Menschheit als Resultat einer Zusammenarbeit von vielen Akteuren. Keineswegs will Kant uns ausreden, uns der Meinung, dem Rat oder dem Projekt eines anderen anzuschließen, gesetzt, dieser andere bediene sich dabei seines eigenen Verstandes.

Ob der andere das tut, kann ich nachprüfen, indem ich frage: Auf welche Beobachtungen oder Fakten gründet der andere seine Meinung, seinen Rat, sein Projekt? Hat er die Fakten korrekt beschrieben? Hat er aus seiner Beschreibung der Fakten richtige Schlüsse gezogen?

Nehmen wir als Beispiel den Satz: »In der BRD herrscht inzwischen eine Gesinnungsdiktatur.«

Bei der Untersuchung dieses Satzes im Kontext der Silvesternacht 2017 in Köln wird etwa Folgendes herauskommen: Ja, es gibt eindeutige Belege dafür, dass die Behörden und einige Medien über die massiven sexuellen Übergriffe in der Silvesternacht in Köln verspätet und mit deutlich verharmlosenden Worten berichtet haben. Aber nach der öffentlichen Kritik sind die verschwiegenen Tatsachen auf den Tisch gekommen. Und von einer Diktatur kann schon deshalb keine Rede sein, weil eine Diktatur das Zugriffsrecht der Regierung auf die Berichterstattung impliziert; davon kann keine Rede sein. Ich kann die oben zitierte Meinung also getrost als Quatsch bezeichnen.

Immanuel Kant hatte großes Vertrauen in den Prozess gegenseitiger Aufklärung. In seinen Augen war es »beinahe unausbleiblich«, dass ein Publikum »sich selbst aufkläre, wenn man ihm nur die Freiheit lässt«.

Eine Frage, die Kant nicht untersucht hat, ist die Frage, auf welche Weise Meinungen im Leben eines Individuums bzw. einer Gruppe Karriere machen. Warum halten sich z. B. eindeutig falsche Meinungen bzw. Gerüchte so lange, obwohl sie längst widerlegt sind? Wie oft geht es in einer Debatte überhaupt um die Frage, ob ein Satz wahr ist oder nicht? Kann es sein, dass im Windschatten der garantierten Meinungsfreiheit so etwas wie Meinungsgemeinschaften entstehen, die – ohne über staatliche oder kirchliche Zwangsmaßnahmen zu verfügen – bei ihren Anhängern eine geradezu gespenstische Einstimmigkeit erreichen? Und dies, obwohl eigentlich jeder Satz, den diese Meinungsgemeinschaft von sich gibt, falsch, ja geradezu irre ist?

Einer der großen intellektuellen Schocks meines Lebens bleibt die Erfahrung, dass sich Tausende von Angehörigen meiner Generation, darunter die belesensten und intelligentesten Köpfe, am Ende der antiautoritären Bewegung »freiwillig« einer von drei Mao-Sekten anschlossen. Blitzgescheite junge Leute, die halbe Essays von Wilhelm Reich, Theodor W. Adorno und Walter Benjamin auswendig zitieren konnten, beteten plötzlich die literarisch reizlosen Merksätze von Wladimir Lenin und Mao Tse-tung nach. Obwohl sie sich wenige Monate zuvor noch gegen die bürgerliche

Ehe, gegen das Tragen von Anzügen und weißen Hemden verschworen hatten, entdeckten sie auf einmal die Schönheiten der »proletarischen Disziplin«, gingen zum Friseur, ließen sich die Hälse ausrasieren, putzten ihre Schuhe, trugen Hosen mit Bügelfalten und heirateten, um von der »Arbeiterklasse«, die sie zur Revolution führen wollten, anerkannt zu werden. In diesem Outfit erschienen sie dann morgens um halb sieben vor den Betriebstoren mit ihren Flugblättern. Man muss es sich vorstellen: Tausende von klugen Köpfen redeten sich damals allen Ernstes ein, dass ausgerechnet von Deutschland eine weltweite maoistische Revolution ausgehen könne, ausgehen müsse, die die Welt von beiden Übeln gleichzeitig erlösen würde: vom amerikanischen Imperialismus und vom nicht minder verabscheuungswürdigen sowjetischen Revisionismus.

Warum ich hier von klugen Köpfen rede? Viele von ihnen haben, nachdem sich ihre Parteien Anfang der Achtzigerjahre aufgelöst hatten, erstaunliche Karrieren hingelegt: als Politiker bei den Grünen und Sozialdemokraten, aber auch als Rechtsanwälte, Journalisten und Schriftsteller. Sie alle hatten nicht etwa ein paar Wochen oder Monate, sondern in aller Regel acht Jahre in diesen Kaderparteien treu gedient. Wie konnte es zu einer derartigen Verirrung kommen? Wie konnten Tausende von Akademikern über einen so langen Zeitraum ihren Verstand aufgeben? Selbstverschuldete Unmündigkeit, würde Immanuel Kant gutachten, freiwillige Übergabe des eigenen Verstandes an einen neuen Vormund!

In den amerikanischen Debatten hat sich ein anderer Begriff für das hier beschriebene Phänomen durchgesetzt, dass sich eine Gruppe ohne jeden äußeren Zwang auf ein konformes Denken und Handeln – und gegebenenfalls auch auf ein mörderisches Denken und Handeln – festlegt. Der Terminus heißt »Groupthink« und geht auf den amerikanischen Historiker Christopher Browning und seine Studie »Ordinary Men« zurück. In dieser Studie geht Browning dem Verhalten einer Hamburger Reserve-Polizeieinheit in Polen im Jahre 1942 nach. Obwohl den Polizisten von ihrem Befehlshaber, Major Trapp, zugesichert worden war, eine Befehlsverweigerung würde straflos bleiben, befolgte die riesige Mehrheit der Polizisten den Befehl, sämtliche Juden, hauptsächlich Frauen und Kinder, zu erschießen. Browning erklärt diesen Gehorsam vor allem damit, dass den vielen, die dem barbarischen Befehl folgten, die Zugehörigkeit zu ihrer Gruppe wichtiger war als die Einsprache ihres persönlichen Gewissens.

Die meisten Amerikaner, die den Ausdruck »Groupthink« heute benutzen, denken dabei nicht mehr an das furchtbare Beispiel, von dem der Terminus abgeleitet ist. Es liegt ganz einfach auf der Hand, dass das Phänomen »Groupthink« gerade im Zeitalter des Internets eine Realität beschreibt. Und es ist seltsam, dass der englische Ausdruck im Deutschen kaum bekannt ist und die deutsche Übersetzung »Gruppendenken«

matt erscheint und keine politische Bedeutung gewonnen hat.

Leider haben die prominenten und schriftstellerisch begabten Ex-Mitglieder der K-Gruppen nicht die Zeit und den Mut gefunden, die Zwänge und Verführungen zu beschreiben, die sie als angehende Akademiker dazu brachten, sich den maoistischen Gruppenzielen zu unterwerfen. Die Ausnahme bleibt Gerd Koenen mit seinem Buch »Das rote Jahrzehnt«. Aber auch ihm war es nicht gelungen, sich aus eigenen Stücken von seiner Partei zu lösen. Immerhin habe er es so weit gebracht, beschied er meine Frage, dass er aus der Partei herausgeworfen wurde, bevor sie sich selber auflöste.

Aber diese denkwürdige Verirrung eines Teils meiner Generation war für mich vor allem deshalb ein Schock, weil ich selber in die Entstehung der K-Gruppen verstrickt war. Im Frühjahr 1968 wurde ich aus Trento in Italien als »unerwünschte Person« ausgewiesen. Diesen Titel hatte ich mir durch meine Arbeit in einer Betriebsgruppe der Trentiner Studentenbewegung um den später von der Mafia ermordeten Mauro Rostagno und durch meine Besuche bei Rudi Dutschke zugezogen, der sich in der Villa von Hans Werner Henze in der Nähe von Rom von den Folgen des Attentats erholte. Geadelt durch meine Ausweisung trug ich meine Erfahrungen und Einsichten über die Arbeit in den italienischen Betrieben auf einer Konferenz von ehemaligen SDS-Kadern in Berlin vor. Damals war die KPD/AO (Kommunistische Partei Deutschland / Aufbauorganisation) gerade im Entstehen. Nach meiner Rede boten mir einige der Gründer an, Chefredakteur der geplanten Zeitung »Rote Pressekonferenz« zu werden.

Von den Ideen der Parteigründer, soweit sie damals schon erkennbar waren, trennte mich damals ziemlich wenig. (Über diese Verirrung habe ich in dem Buch »Rebellion und Wahn«), und in mehreren Artikeln Auskunft gegeben.) Was mich jedoch hinderte, das Angebot anzunehmen, war ein Bauchgefühl. Ich blickte in die entschlossenen Gesichter des zukünftigen ZKs der Partei – alles Genossen, die ich seit Jahren mehr oder minder gut kannte – und irgendein Instinkt, nicht etwa mein Verstand, sagte mir: Mit diesen Leuten willst du nicht die nächsten fünf Jahre deines Lebens verbringen!

Andere, die nichts von ihrem Bauch hörten oder ihm keine Stimme gaben, sind dann oft acht Jahre lang dabei geblieben.

Die wichtigste Voraussetzung für den hier skizzierten Fall einer Selbstaufgabe ist wahrscheinlich, dass man bereits zu einer Gruppe von mehr oder minder Gleichgesinnten gehört – in diesem Fall zu einer Gemeinschaft von jungen Leuten, die sich einer revolutionären Veränderung der Gesellschaft verschrieben hatte. Eine verkrachte Liebe, ein schmerzlicher privater Verlust verringert die Bodenhaftung und verstärkt die Empfänglichkeit für den Groupthink. Die Belohnung für die Aufgabe des eigenen Verstands besteht im Gefühl des Auserwähltseins und der Zugehörigkeit zu einer Elite, die an der Befreiung der Menschheit arbeitet.

Wie stark die Kräfte des Groupthink sind, erweist sich im Fall eines Mitglieds, das plötzlich nicht mehr mitspielt. Nicht nur, dass die Gruppe den Abtrünnigen – den Verräter, den Renegaten, den Konvertiten, die konterrevolutionäre Drecksau! – mit schweren ideellen Strafen bedroht. Das stärkste Druckmittel ist die Drohung der Verstoßung aus der »Familie«. Je weiter sich die Gruppe bereits von der Realität entfernt hat, desto schlimmer empfindet der Dissident seine Isolation nach dem Bruch. Plötzlich sieht er sich seiner Freunde, ja aller sozialen Bindungen und Aufgaben beraubt.

Deswegen erfordert der Bruch mit der eigenen politischen Familie – und das Risiko der Ausstoßung – vom Einzelnen ungleich mehr Mut als der Akt der Zustimmung zu einem noch so radikalen Gruppenkonsens.

Zugegeben, ich habe hier ein extremes und historisch eher unbedeutendes Beispiel selbst verschuldeter Unmündigkeit gewählt. Aber es hat sich erwiesen, dass auch privilegierte Gruppen, die durch Bildung und Talent und ihren Zugang zu Informationen dagegen geimpft sein müssten, die Neigung zu einer fatalen Einstimmigkeit hervorbringen. Einen derartigen Fall habe ich in diesem Buch (siehe den Essay »Der 9. November, aus 10 000 km Entfernung betrachtet«) bereits genannt: die Tatsache, dass kaum ein linker oder liberaler Intellektueller diesseits und jenseits der Mauer für die Wiedervereinigung eintrat. Wie konnte ein derartiger Konsens unter Leuten zustande kommen, die doch größten Wert auf ihre geistige Unabhängigkeit legten? Die damals vorgebrachten Gründe halten näherer Betrachtung nicht stand. Ein weiterer, nur halblaut vorgebrachter Grund seitens der DDR-Intellektuellen war wohl die Ahnung, dass eine Vereinigung der beiden deutschen Staaten zum Ende der geliebt-gehassten DDR führen würde – was dann ja auch geschah.

Umso grotesker erscheinen mir die bis heute geübten Verrenkungen, mit denen die DDR gegen Bezeichnungen wie »Diktatur« oder »Unrechtsstaat« in Schutz genommen wird. Selbstverständlich sind die Diktaturen des Nazi-Faschismus und der DDR verschieden. Aber diese Unterschiede zeigen sich erst, wenn man die beiden Diktaturen miteinander vergleicht – statt die DDR von diesem Vergleich auszunehmen.

Nach 30 Jahren, da die Fehler der Vereinigung vor aller Augen liegen, gewinnt die Ablehnung der Wiedervereinigung einen romantischen Glanz. Plötzlich erscheint sie nicht mehr als Beispiel eines ganz erstaunlichen Groupthink, sondern geradezu als prophetisch. Bei dieser Ehrenrettung wird allerdings unterschlagen: Die Gelegenheit zur Wiedervereinigung, damals verpasst, hätte sich allenfalls am Sankt-Nimmerleins-Tag wieder ergeben.

Der spektakulärste Fall der Herstellung eines falschen

Konsenses war die Überzeugung quer durch alle Medien in den USA, dass der Krieg gegen Saddam Hussein unvermeidlich sei. Diese Meinung setzte sich in der größten Demokratie der Erde durch, die mit den besten Reportern, den schnellsten Medien, den umfangreichsten Archiven und den bestinformierten Geheimdiensten ausgestattet war. Nicht nur G. W. Bush und seine Minister, auch unverdächtige, ja ehrwürdige Zeitungen wie die New York Times und die Washington Post schworen ihre Leser darauf ein, dass nichts anderes übrig bleibe, als den Irak anzugreifen, um Saddam Husseins Massenvernichtungswaffen zu zerstören. Auch Hillary Clinton, Joe Biden und viele andere Demokraten hielten diesen Krieg für unausweichlich.

Wie man inzwischen weiß, besaß Saddam Hussein solche Waffen gar nicht. Und offenbar konnte sich kaum ein amerikanischer Experte vorstellen, dass ein arabischer Diktator lieber den Einmarsch der stärksten Armee der Welt riskierte, als UN-Inspektoren in seinem Land zu dulden und danach nackt vor seinen Nachbarn dazustehen – als ein Lügner, dessen Massenvernichtungswaffen gar nicht existierten.

Nach dem Krieg haben sich alle wichtigen amerikanischen Zeitungen bei ihren Lesern – und viele Politiker bei ihren Wählern – für ihre Fehleinschätzungen und Irrtümer entschuldigt, zu dessen Folgen die Entstehung des IS und die bis heute nicht abreißenden Flüchtlingswellen aus Nahost gehören. Aber es fehlt immer noch eine Erklärung dafür, wie das Märchen von Saddam Husseins Massenvernichtungswaffen fast die gesamte, also auch die liberale Öffentlichkeit der USA in ihren Bann schlagen konnte.

Welche Kontrollen der demokratischen Öffentlichkeit haben hier versagt? Wie konnte es geschehen, dass ein integrer Mann wie der Verteidigungsminister Colin Powell sich selber und die Welt-Öffentlichkeit mit der Vorführung von 3D-Grafiken vor dem UN-Sicherheitsrat in die Irre führte? In diesem Augenblick war es, als habe die amerikanische Elite sich dazu entschlossen, einem selbst erschaffenen bösen Vormund die Leitung über ihre Entscheidungen zu überantworten.

Die genannten Beispiele zeigen, dass Kants Empfehlung, sich seines eigenen Verstandes zu bedienen, mit einem hohen Risiko einhergeht. Kaum sind die alten Vormünder davongejagt, melden sich neue, die darauf aus sind, deinen Verstand zu kapern.

Jeden Tag, jede Stunde, jede Sekunde sind alle möglichen Gruppen unterwegs – Parteien, Bürgerinitiativen, NGOs, Plattformen –, die dich davon zu überzeugen suchen, ihr »dringendes Anliegen« zu unterstützen. Und da du – mit deinem eigenen Verstand allein gelassen – nur wenig oder gar nichts ausrichten kannst, bist du geneigt, dich dieser oder jener Gruppe anzuschließen. Wogegen nicht das Geringste einzuwenden ist – vorausgesetzt, dass du deinen eigenen Verstand benutzt hast, als du dich zur Mitarbeit bei dieser oder jener Gruppe entschlossen hast. Schließlich ist erwiesen, dass eine wirksame Einmischung in öffentliche Angelegenheiten auf das Zusammenwirken möglichst vieler vernunftbegabter Bürger angewiesen ist.

Das Problem ist nur, dass so gut wie jede Gruppe, der du im Internet begegnest, von dir eine Art Eintrittsgeld verlangt – sozusagen ein Stück von deinem Verstand. Du kannst dieses abgegebene Stück deines Verstandes auf Verlangen wiederhaben, aber nur, falls du nicht vergessen hast, dass es dir fehlt.

Viele Initiativen, die dir eigentlich sympathisch sind, bedienen sich bei ihren Einladungen und Werbungen eines Neusprechs und oft auch einer neuen Schreibweise. Nur noch bei gänzlich Ahnungslosen ruft das Wort BundeskanzlerIn den Reflex hervor, das große I in der letzten Silbe durch ein kleines i zu ersetzen. Bei einer Nachfrage stellt sich heraus, dass dieses und andere neu verwendete Zeichen wie das Sternchen, der Schräg- und der Unterstrich einem Menschheitsvorhaben dienen: der Gleichstellung von Mann und Frau in der Sprache. Dein Einwand, dass das grammatikalische Geschlecht mit dem biologischen Geschlecht nicht viel zu tun habe, führt nicht zur Entspannung in diesem Streit. Die Frage, warum der Ausdruck »Geflüchteter« dem Wort »Flüchtling« vorzuziehen sei, löst nur einen weiteren Vortrag aus: Ob dir noch nicht aufgefallen sei, dass Wörter mit der Wortendung »-ling« einen abwertenden Beigeschmack haben, wie etwa »Dichterling«, »Schönling«, »Lüstling«. Aber was ist mit Wörtern wie »Frühling,« Liebling«, »Jüngling«?, fragst du. Und was soll diese ganze Einschwörung überhaupt? Eigentlich wollte die Gruppe dich doch nur darüber informieren, dass die Bundeskanzlerin ihr Erscheinen bei einem öffentlichen Gespräch mit Flüchtlingen – Entschuldigung: »mit Geflüchteten« – angekündigt hat. Wie kommt die Gruppe bloß dazu, dir sozusagen als Eintrittsgeld zu der Veranstaltung die Zustimmung zu ihrer Gender-Orthografie und ihrem Neusprech abzuverlangen?

Ein anderer Punkt: Im linken und auch im liberalen Milieu hat sich die Gewohnheit durchgesetzt, die politischen Gegner von der Rechten als Neonazis, mindestens aber als Faschisten zu bezeichnen. Musst du diese Gewohnheit übernehmen, wenn du die AfD bekämpfen willst? Du hast nicht die geringsten Zweifel daran, dass sich auch Faschisten und Neonazis in der AfD herumtreiben. Aber wem dient es, wenn du sämtliche Wähler, Mitläufer und Sympathisanten unter dieser Kategorie verbuchst? Kürzlich hat ein Gericht entschieden, dass man Björn Höcke einen Faschisten nennen darf. Schön und gut, »aber wer hat etwas davon?«, fragte Malte Lehming im *Tagesspiegel*. Wenn Björn Höcke der neue Hitler oder Goebbels ist, dann müssen Hitler oder Goebbels auch etwas von Björn Höcke gehabt haben!

Der inflationäre Gebrauch solcher Vergleiche führt leicht zur Verharmlosung der damit beschworenen Vergangenheit. Man kann einen Schrebergarten-Nazi wie Höcke scharf, sogar vernichtend kritisieren, ohne ihn zu dämonisieren.

Ich hatte kurz vor Weihnachten 2014 zusammen mit Monika Maron eine der ersten Pegida-Demonstrationen besucht (siehe den Bericht »Besuch bei Pegida«), zu einer Zeit also, als der Bundesrepublik die großen Flüchtlingsströme im Herbst 2015 noch bevorstanden. Damals hatte ich davor gewarnt, die Mitläufer alle als Rassisten, Rechtsextreme und Nazis abzutun, und dabei bleibe ich. Und habe wohl doch die Sogkraft des ausländerfeindlichen Kerns dieser Veranstaltungen unterschätzt. Denn die damals vielleicht noch politisch offenen Bürger haben nie die Gelegenheit ergriffen, sich von den demagogischen Ansagen der Scharfmacher zu distanzieren.

Das ideologische Eintrittsgeld, das die AfD ihren Sympathisanten abverlangt, läuft auf die Übernahme einer Verschwörungstheorie hinaus, die sich aus den Konstrukten »Bevölkerungsaustausch«, »islamische Überfremdung« und »Volkstod« zusammensetzt. In den Ausführungen des Flügel-Anführers Björn Höcke kommen noch Verheißungen wie »Selbstveredelung« und »Selbstentfaltung des Volkes« hinzu: »Um nun als Deutsche wieder zu einem vollwertigen ... Volk zu werden, brauchen wir ... eine politische Elite, die unsere Volksgeister wieder erweckt.«

Welche Volksgeister mag Höcke da im Sinn haben? Sind Völker überhaupt mit einem Volksgeist ausgestattet? Und wodurch zeichnet sich ein »vollwertiges Volk« aus? Wodurch ein minderwertiges? Zwischendurch gestattet sich Björn Höcke plötzlich einen scheinbar ausländerfreundlichen Gedanken. Mit der »millionenfachen Invasion von Fremden«, schwadroniert er, werde sowohl den Migranten wie auch den Europäern die »Menschenwürde genommen«: Man könne ja »Heimat nicht nur durch Vertreibung oder Flucht, sondern auch im eigenen Land durch Masseneinwanderung und Überfremdung verlieren ...«. Und nun die Schlussfolgerung: »Wenn wir weniger Burkaträgerinnen auf unseren Straßen und Plätzen sehen wollen, ist es der falsche Weg, diesen Frauen ihre kleidungsmäßigen Gepflogenheiten auszutreiben, sondern man sollte darüber nachdenken, die Zahl der hier lebenden Muslime zu verringern.« Mit keinem Wort erläutert Höcke, wie er denn das Projekt der »Verringerung der Zahl der hier lebenden Muslime« in die Tat umsetzen möchte.

Das beste Mittel, um ein falsches Versprechen, eine Lüge, eine politische Kitschnummer zu erkennen, ist und bleibt die Frage nach der Faktenbasis einer Aussage. Es ist ein fatales Zeichen, wenn die letzte Pisa-Studie ergibt, dass nur einer unter zehn 15-jährigen Europäern eine Tatsache von einer Meinung oder bloßen Behauptung sicher unterscheiden kann. Denn für die wirksamste Beeinträchtigung des Denkens mit dem eigenen Kopf sorgen die sozialen Medien. Wie keine andere Erfindung des digitalen Zeitalters verführen sie zum Groupthink und zur Abgabe der eigenen intellektuellen Verantwortung an die Gruppe. Dabei – dies war ja der Grund für die Euphorie der Anfangsjahre – könnte genau das Gegenteil der Fall sein. Kein anderes Medium bietet ja dem Nutzer eine derartige Vielfalt von Orientierungen und die Möglichkeit, ihren Wahrheitsgehalt zu überprüfen wie das World Wide Web. Jeder, der das möchte, kann sich darin über Gruppen informieren und auch zu ihnen stoßen, die ganz anderer Meinung sind als er.

Die nicht so große Überraschung ist, dass nur wenige Nutzer die Neugier aufbringen und die Mühe auf sich nehmen, die Plattformen dieser anderen Gruppen aufzurufen. Um mit Kant zu sprechen, findet auf dem Riesenspielplatz des Internets eine millionenfache Rückkehr unter das Joch der Unmündigkeit statt. Man gibt sich zufrieden mit den Informationen, die die eigene Meinung stabilisieren, und lässt die anderen, die sie erschüttern könnten, links oder rechts liegen. Am Ende siegt das Bedürfnis nach der Zugehörigkeit zur Gruppe, zur »Familie« über die Neugier und den Trieb des Wissenwollens. Sätze werden nicht mehr darauf geprüft, ob sie wahr sind oder falsch; sie werden als Erkennungszeichen für die Zugehörigkeit zu einer, zu meiner Gruppe wahrgenommen. Entweder gehörst du zu den Klimaleugnern oder zu den Klimahysterikern, zu den Greta-Frommen oder zu den Greta-Hassern, zu den Fleischverweigerern oder zu den Fleischanbetern, zu den Kopftuchgegnern oder zu den Kopftuchverteidigern – Hauptsache, du gehörst zu einer Gruppe – und zwar zur »richtigen«! Und übernimmst dann auch gleich deren Urteil über die Gegengruppe.

Geht es dich etwas an, dass ober- und unterhalb

deiner Netzfamilie tagtäglich Millionen Aufrufe zu Mord, Gewalt und Vergewaltigung durch das Netz geistern? Du willst hier die Argumente der sozialen Medien, warum sie der Flut der Hassmails nicht Herr werden, nicht noch einmal aufzählen; kennst die Beteuerungen der Staatsanwälte, warum sie derartige Straftaten zwar anklagen, aber nicht verfolgen können. Kann es sein, dass die Bürger der liberalen Demokratien des Westens einen hohen, einen viel zu hohen Preis dafür zahlen, dass sie jedem antisemitischen und rassistischen Hetzer, jedem Menschenfeind, jedem Hooligan im Netz Anonymität gewähren? Einer Gesellschaft, die nicht alle Kräfte aufbietet, um diese Angriffe auf die zivile Gesellschaft zu unterbinden, fehlt der Gefahreninstinkt und wohl auch der Überlebenswille.

Angesichts der neuen Menschheitsaufgabe, die Erde vor der drohenden Überhitzung zu bewahren, werden sich die Verführungen zur radikalen Vereinfachung und zum Groupthink vervielfachen. »Es geht um die Rettung des Planeten!« – Einen solchen Slogan, der inzwischen fast seriös klingt, hat es nie zuvor gegeben. Und man kann sicher sein, dass Retter aller Sorten ihren Verstand zur Lösung dieser Aufgabe einsetzen und öfter auch verlieren werden.

Noch einmal: Allein auf deinen eigenen Verstand gestützt, wirst du in Sachen »Rettung des Planeten« nicht viel ausrichten. Du brauchst Kooperation – zuverlässige Mitarbeiter, wissenschaftlich kompetente

Experten, erbarmungslose Zweifler und Kritiker und, ich zögere nicht vor dem Wort: ein paar Genies in der näheren Umgebung. Aber leider kannst du dich trotz aller Umsicht bei der Auswahl der Gruppe, der du dein Vertrauen schenkst, ganz furchtbar irren. Vielleicht einigen sich deine superschlauen Freunde ausgerechnet auf einen Weg, der die Katastrophe beschleunigt, statt sie zu verhindern. Und plötzlich verbieten sie dir, trotz aller vorher abgelegten Schwüre zur absoluten Offenheit, deine Argumente offenzulegen; vielleicht setzen sie dich unter Druck, verleumden dich und bedrohen sogar dein Leben.

Genau in diesem Fall, in dem du ganz auf dich verwiesen bist, brauchst du den Mut, von dem Kant im ersten Absatz seiner Abhandlung spricht. Du brauchst sehr viel Mut, mehr Mut, als du brauchtest, um dich von deiner »selbstverschuldeten Unmündigkeit« zu befreien; mehr Mut, als nötig war, um dich zum ersten Mal deines eigenen Verstands zu bedienen. Du brauchst einen zweiten Mut, um dich gegen die Überzeugung deiner besten Freunde aufzulehnen. Und kannst dabei nicht einmal sicher sein, ob nicht du derjenige bist, der sich ganz furchtbar irrt.

Sicher ist, dass dein und unser aller Verstand – diese von Kant so leidenschaftlich verteidigte »Mitgift der Natur« – das einzige Instrument im Universum ist, das imstande ist, uns einen Weg zum Überleben zu zeigen.

Literaturhinweise zum Schlussessay

Immanuel Kant: Beantwortung der Frage: »Was ist Aufklärung«, Reclam, Stuttgart 2017.

Christopher Browning: Ordinary Men – Reserve Police Battalion 101 and the Final Solution in Poland, HarperCollins, New York 2017.

Malte Lehming: Etwas weniger Hitler, bitte!, in: Der Tagesspiegel, 1.11.2019.

»Nie zweimal in denselben Fluss«. Björn Höcke im Gespräch mit Sebastian Hennig, Antaios, Lüdighausen und Berlin 2018.

Inhalt

Aus Verantwortung für die Umwelt hat sich der *Verlag Kiepenheuer & Witsch* zu einer nachhaltigen Buchproduktion verpflichtet. Der bewusste Umgang mit unseren Ressourcen, der Schutz unseres Klimas und der Natur gehören zu unseren obersten Unternehmenszielen.

Gemeinsam mit unseren Partnern und Lieferanten setzen wir uns für eine klimaneutrale Buchproduktion ein, die den Erwerb von Klimazertifikaten zur Kompensation des CO_2-Ausstoßes einschließt.

Weitere Informationen finden Sie unter: *www.klimaneutralerverlag.de*

FSC
www.fsc.org
MIX
Papier aus verantwortungsvollen Quellen
FSC® C083411

Verlag Kiepenheuer & Witsch, FSC® N001512

1. Auflage 2020

Covergestaltung: Rudolf Linn, Köln
Gesetzt aus der Scala
Satz: Buch-Werkstatt GmbH, Bad Aibling
Druck und Bindung: CPI books GmbH, Leck
ISBN 978-3-462-05379-1

Das Buch

Peter Schneider gehörte zu den wichtigsten Köpfen der 68er-Bewegung, sein Roman »Lenz« wurde damals zum Kultbuch. Sein ganzes intellektuelles Leben lang hat er kritisch zu Politik und Zeitgeschehen Stellung genommen und sich nie gescheut, auch mit den eigenen Irrtümern aufzuräumen. Die hier erstmals versammelten Essays aus den letzten 30 Jahren und seine aktuellen Notizen zeigen ihn als großen Stilisten und unerschrockenen Diagnostiker. Der Band dokumentiert sein Nachdenken über die historischen Wendepunkte, die ihn nötigten, einige seiner alten Gewissheiten zu verabschieden – Wendepunkte wie der Mauerfall, die Kriege in Bosnien und im Kosovo, der islamische Fundamentalismus und die Flüchtlingskrise. Dabei leitet ihn die Frage, wieweit selbst bestimmtes Denken in einer von Gruppendenken und moralischem Narzissmus zugestellten Arena überhaupt noch möglich ist. Der Schwung, der Scharfsinn und der Witz, mit dem Schneider in diesem Buch einem Denken mit dem eigenen Kopf Raum verschafft, machen es zu einem großen Lesevergnügen.

Der Autor

Peter Schneider, geboren 1940 in Lübeck, wuchs in Freiburg auf, wo er sein Studium der Germanistik, Geschichte und Philosophie aufnahm. Er schrieb Erzählungen, Romane, Drehbücher und Reportagen sowie Essays und Reden. Zu seinen wichtigsten Werken zählen »Lenz« (1973), »Der Mauerspringer« (1982), »Rebellion und Wahn« (2008), »Die Lieben meiner Mutter« (2013) und »Club der Unentwegten« (2017). Seit 1985 unterrichtete Peter Schneider viele Jahre als Gastdozent an amerikanischen Universitäten, unter anderem in Stanford, Princeton, Harvard und an der Georgetown University in Washington D.C. Zuletzt erschien sein Roman »Vivaldi und seine Töchter« (2019).

Fotos aus den Jahren 1945, 1964, 1985, 19689, 1976 ...

… 1994, 2005, 2019, 2005 und 2015

Oben rechts: © Konrad-Adenauer-Stiftung, 2005
Mitte rechts: © Brigitte Friedrich, 2005